BUSINESS
MODEL
ANALYSIS

Principle,
Method
and
Application

原理、方法与应用

商业模式
分析

胡宗良◎著

经济管理出版社
ECONOMY & MANAGEMENT PUBLISHING HOUSE

图书在版编目（CIP）数据

商业模式分析：原理、方法与应用／胡宗良著.
北京：经济管理出版社，2024.6. -- ISBN 978-7-5096-
9739-9

Ⅰ．F71

中国国家版本馆 CIP 数据核字第 2024U9K146 号

组稿编辑：王光艳

责任编辑：王光艳

责任印制：许 艳

出版发行：经济管理出版社

（北京市海淀区北蜂窝 8 号中雅大厦 A 座 11 层 100038）

网 址：www. E-mp. com. cn

电 话：(010)51915602

印 刷：北京市海淀区唐家岭福利印刷厂

经 销：新华书店

开 本：720mm×1000mm /16

印 张：15. 75

字 数：266 千字

版 次：2024 年 6 月第 1 版 2024 年 6 月第 1 次印刷

书 号：ISBN 978-7-5096-9739-9

定 价：58. 00 元

　　业界对商业模式（Business Model）的关注大致与计算机的商业应用是同步的，比较可靠的资料显示，20世纪70年代，商业模式概念在计算机杂志上被用于分析企业信息系统和数据信息交互模型的建设，但并没有产生太大的热度。20世纪90年代，随着互联网的大规模应用，商业模式再次被实业界和学术界重视，此后十余年，无论是在实业界还是在学术界，商业模式都受到广泛的关注。

　　进入2010年以后，实业界依然关注各类商业模式的应用，但学术界关于商业模式的研究趋于平淡，出现"实业界热、学术界不火"的局面，这很大程度是由于商业模式在方法论上没有突破，缺少有效的分析工具，导致商业模式仅能在概念层面定性地指导企业商业模式实践，很难提供更深入、更具操作性的方法，也使商业模式研究因缺少与企业商业实践的充分互动而陷入发展缓慢的状态。

　　目前，商业模式研究最多的内容还是商业模式的基本要素，主要包括价值主张、目标顾客、业务（产品）组合、客户关系、关键资源、关键活动、收入来源、成本结构、合作网络，以及这些要素之间的简单结构关系，并且存在一些待解决的问题：对要素的界定比较宽泛，缺少严谨性；在概念名称和内容界定上各有表述；对要素之间关系的描述缺乏有效的理论支持。

　　作为一种尝试，本书在现有商业模式要素理论的基础上，对各要素内容进行进一步的界定和细分，使之能够进行定量化描述，同时梳理出一条以资源转换为主线的逻辑线索，这条线索既符合企业商业实践，又有理论依据，使各个商业模式要素能够精准、合理地联系在一起，不仅可以用于准确分析商业模式的结构，而且还可以用于进一步精准模拟商业模式的运营状态，为提高企业经营绩效提供基于商业模式视角的有效建议。

本书所提出的商业模式分析方法主要观点如下：

第一，企业是资源的集合体（资源观理论），资源根据其在经营活动中的作用，可以分为流量资源和设施资源。流量资源是指可以完全通过经营活动转换到下一环节产出中的资源，设施资源是指不会完全转换到下一环节产出中的资源。所有资源都可以在数量和质量上进行直接或间接测量。

第二，企业所有经营活动可以分解为若干连续的运营活动单元，每个运营活动单元在一定设施资源的基础上，在企业运营能力支持下，能够稳定、连续地完成一组资源到另一组资源的转换，也可以称运营活动单元为资源转换单元。整个企业通过运营活动单元构成一个通过资源投入和产出进行连接的连续资源转换过程，最终实现资源的增值。

第三，每个运营活动单元在进行资源转换时，是由三类基本逻辑决定的：一是生产逻辑，由运营活动的结构方式和技术特点确定；二是交易逻辑，在市场机制基础上，根据市场各方的价值观点确定；三是合作逻辑，企业与外界在合作关系约束下，由双方协作共同确定。

第四，每个企业都有固有的运营体系，由资源基础、组织结构和企业文化构成，呈现各具特色的运营能力，这些运营能力是稳定的、可以测量的，支持企业以一定的效率完成不同的经营活动。

第五，所有运营活动的开展都要置于一个特定的、可测量的外部环境因素体系中考虑，外部环境因素变了，运营效果也会相应改变。

第六，企业内部的一些决策因素是对运营活动的人为控制，比如定价、控制某些投入量、改变运营的优先级等，这些也可以改变运营活动效果。

第七，商业模式价值的评价，就是在一定的外部环境因素下、在特定的企业决策下，分析企业的各个运营活动单元在连续运营后能否稳定、高效地产生资源盈余。产生的盈余越多、越具有稳定性，企业未来发展空间越大，商业模式的价值就越高。

本书的内容分为十一章，具体如下：

第1章为导论。本章概述了商业模式研究历程，并从产业分析学派和资源观理论的视角说明了商业模式作为第三种研究视角的理论合理性。本章还介绍了部分商业模式要素分析方法、商业模式要素分析，这是商业模式分析法的基础。

第2章为基于资源观的商业模式分析框架。本章介绍了本书所提出商业模式分析方法的理论基础、经典资源观理论的拓展、资源观理论与价值链理论的结合，以及将其作为商业模式分析框架的合理性。

第3章为资源分析原理与方法。本章介绍了如何进行企业资源的规范化分析，这是构建商业模式分析框架的关键，即将企业视为资源的集合体，并且贯彻资源是可以测量的原则。只有在对企业资源进行严谨定量和定性分析的前提下，才可以进行进一步的商业模式分析。

第4章为资源转换单元分析原理与方法。本章介绍了资源转换单元结构、分析示例、设置原则、类型，以及资源转换单元资源转换关系的分析步骤。

第5章为构建完整的商业模式分析模型。本章介绍如何将企业整体经营活动划分成不同的资源转换单元，从而构成一个完整的商业模式分析结构，并介绍了如何运营模拟与调试这个分析结构，以及商业模式机制分析。

第6章为基于资源观的商业模式分析方法应用场景。本章介绍了本书所提出的商业模式分析方法应用场景，包括模拟企业运营、发现企业赢利关键、新构企业商业模式，重构商业模式等，并介绍了如何诊断商业模式的保护机制和评价发展机制。

第7章为研发活动资源转换单元分析。本章介绍了企业研究与开发类资源转换单元的一般结构和分析方法。

第8章为生产活动资源转换单元分析。本章介绍了企业生产类资源转换单元的一般结构和分析方法。

第9章为促销活动资源转换单元分析。本章介绍了企业促销类资源转换单元的一般结构和分析方法。

第10章为产品交易活动资源转换单元分析。本章介绍了企业产品交易类资源转换单元的一般结构和分析方法。

第11章为售后服务活动资源转换单元分析。本章介绍了企业售后服务类资源转换单元的一般结构和分析方法。

本书提出基于资源观的商业模式分析方法，希望推动商业模式分析作为一种实用的管理分析工具被应用于企业经营实践。本书的主要使用对象是企业经营者，希望帮助他们更深入地理解企业的赢利逻辑，从而制定出能够发挥商业模式优势、克服商业模式劣势的战略方案。从事企业经营分析的专业分析人士和身处经营一线的职业人士，通过阅读本书可以加深对企业商业模式的理解，从而更有效地进行企业的经营分析和管理工作。对于正在学习的商学院学生，本书内容能帮助他们对企业经营形成更清晰、透彻的理解，为他们未来的职业生涯打下基础。此外，本书在理论上的新尝试也会进一步巩固商业模式管理在企业管理领域的地位，并启发一些学术研究空间。例如，商业模式管理作为一种独特的管理手段，可以在同样的外部环境、内部资源能力条件下创造出一种新的、稳定的企业赢利途径，这将使商业模式理论有可能成为与产业分析理论、资源观理论并列的一种为研究企业赢利来源提供新思路的理论。

目　录

　　关于商业模式定义和性质的讨论已经十分广泛，这里不再重复这些内容。本章重点探讨商业模式是如何创造企业价值的，其与产业分析学派和资源观理论的观点有什么联系。如果我们能说明商业模式能够创造企业价值，那么将为我们研究商业模式提供充分的理由。

　　本章将回顾部分典型的商业模式分析方法，从这些方法中我们发现，无论是学术界还是实业界，对商业模式要素的理解基本相同，这份共识也是本书构建基于资源观的商业模式分析方法的基础。

1.1 商业模式研究历程

商业模式(Business Model)是一个新兴的研究领域，虽然它作为一个概念在20世纪70年代就已经出现，但是直到20世纪90年代中后期，随着互联网和电子商务的兴起，才被企业广泛关注。特别是在互联网企业大量出现的20世纪90年代，商业模式在实业界受到超乎寻常的重视，被认为是企业取得成功的"灵丹妙药"，甚至一些缺乏资源和能力基础的新创企业仅凭一纸写有商业模式的商业计划书就可以受到投资者青睐，获得很高估值。一些传统企业也加入商业模式变革行列，如经营传统媒体的美国时代华纳公司甚至不惜屈尊合并到新兴的美国在线公司，成为交易额超过1000亿美元的合并案，引起业界一片哗然，商业模式也因此受到IT界的狂热追捧。

1999年后，互联网泡沫破灭，商业模式热度有所下降，但商业模式对企业经营的现实意义已经被越来越多企业肯定，甚至还得到法律机构认可。1999年1月，美国联邦最高法院确认，只要借助软件固化的商业模式新颖、独到，并且能产生有形效果，商业模式就可以申请和获得发明专利。此后，戴尔公司为"Build-to-Order"商业模式申请专利36项，为零库存管理申请专利6项。亚马逊公司也申请了182项与电子商务有关的专利，其中，于1999年9月28日取得点击订购(One-Click)专利，并据此起诉其竞争对手巴诺书店的在线网站Barnesandnoble.com专利侵权。2004年10月27日，DE科技公司向美国地方法院提起诉讼，指控戴尔公司侵犯了该公司的全球电子商务专利，这项专利主要涉及处理不同国家之间语言、货币、税款和进口税差异的方法。可见，关于商业模式的设计和创新已经成为一种产权化的知识，其价值得到普遍认可。

在商业模式受到企业家推崇的同时，一些注重经营实务的研究者也开始对商业模式开展广泛的研究，并逐步形成研究热点。根据Osterwalder等(2005)对Business Source Premier数据库的搜索，从1990年到2003年"Business Model"出现在学术期刊中的频率呈逐年增长态势，其中的代表有

Prahalad 和 Hamel(1990)、Cardozo 等(1992)、Amit 和 Zott(2001)等，他们对商业模式的实践意义给予了极大的肯定。

根据李雪蓉等(2016)的研究，检索了 Web of Science 核心合集数据库中标题带有"Business Model"或"Business Models"关键词的文献，并在此基础上再次进行人工筛选，最终得到截至 2014 年 11 月 18 日的 1498 篇文献作为研究样本，得出有关商业模式的研究呈整体增长趋势的结论，如图 1-1 所示。2014 年后，关于商业模式的研究虽然没有进一步快速增长，但是仍然保持较高的热度。

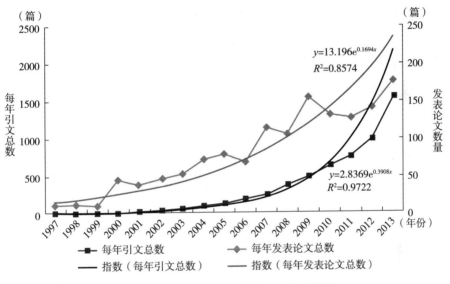

图 1-1　1997~2013 年发表论文和引文数量

资料来源：李雪蓉，张晓旭，李政阳，等. 商业模式的文献计量分析[J]. 系统工程理论与实践，2016(2)：273-287.

不过，关于商业模式的大多数研究成果仍然没有与目前主流的产业经济理论和战略管理理论形成有机结合，总体上是游离在主流理论领域之外，这使商业模式在实业界受到热捧的同时，在学术界的研究却趋于平淡，出现"实业界热、学术界不火"的局面。这种局面的出现很大程度是因为商业模式在分析方法论上没有突破，缺少有效的分析工具，导致商业模式仅能在概念层面指导企业实践，很难提供更深入、更具操作性的方法，进而使商业模式的研究由于缺少与企业商业实践的互动而陷入发展缓慢的状态。

1.2 商业模式是企业价值创造的来源之一

商业模式之所以值得关注，是因为企业商业模式是企业价值创造的来源之一。在传统战略管理理论中，企业创造价值源自两个方面：一是企业在产业中的合理定位，这是产业分析学派观点；二是企业拥有的独特资源，这是资源观理论观点。下面我们将说明商业模式是企业价值创造的来源之一。

1.2.1 企业产业定位能够创造价值

产业定位是指企业通过分析内部资源和外部环境，选择并确定在市场中与竞争对手相比具有明显差异的独特位置和竞争优势，以实现长期可持续发展的战略过程。产业分析学派认为，企业在产业中的合理定位会产生好的绩效，从而创造价值。具体来说，产业定位从两个方面影响企业创造价值：一方面，合理的产业定位可以使企业产品更好地契合需求，给顾客提供更多价值；另一方面，合理的产业定位可以使企业更好地契合外部供应链和合作方，降低企业经营成本。结合起来就是，合理的产业定位可以使提供的顾客价值与经营成本之间差额增加，从而创造企业价值。

1.2.2 企业资源能力能够创造价值

根据资源观理论，资源能力也是企业价值来源。企业的资源能力具有稀缺性、难以模仿性和非替代性，能够在市场中形成独特的竞争优势。高效整合和运用这些资源及能力，不仅能提升顾客价值，还能促使企业快速适应市场变化，实现有效的市场定位，进而在长期内保持竞争力和可持续发展。由于资源能力在一定程度上是依附企业的，不能随意转移，因此资源能力所创造的价值也能够较长期地被企业拥有，这就是企业资源能力能够为企业创造价值的根本原因。

1.2.3 企业商业模式能够创造价值

在战略管理中，上述两种观点已经被广泛接受，即企业合理的产业定位和独特的资源能力都可以为企业创造价值，其中，企业的资源能力是通过支持产业定位来实现价值创造的，但从资源能力到产业定位的中间过程是怎样进行的？这一过程活动是不是也能创造价值？我们的观点是肯定的。从资源能力到产业定位其实是一个复杂过程，有很多工作要做，其中一项重要的工作就是设计资源能力以什么样的模式支持产业定位，这个模式就是企业商业模式。

商业模式的优劣在很大程度上决定了资源能力支持产业定位的效果，如果商业模式优秀，就能在同样的资源能力条件下形成优势的产业定位，创造更多企业价值；反之，则有可能损害应有的企业价值。这个过程类似于一个将资源能力"输送"到产业前线的管道，如果管道设计合理，那么这个过程将增强资源能力的输送效果；如果不合理，则会减弱输送效果。所以，商业模式创造的企业价值是一种"管道价值"。

如图1-2所示，从资源能力到产业定位，中间有一个空白的区域，这就是"管道空间"。如果进一步细分，管道是多方向的，有的面向竞争关系，有的面向市场，有的面向供应链，有的面向合作关系等。商业模式就是通过这个管道创造企业价值的。

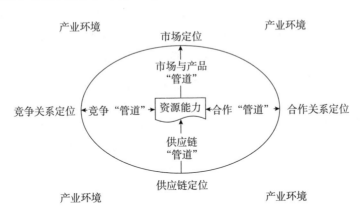

图1-2 商业模式创造"管道价值"示意

1.2.4 过去商业模式创造的价值没有被重视的原因

在信息时代之前，企业生产产品(服务)的手段有限，面向市场需求也相对简单，这意味着从资源能力到产业定位的管道空间有限，相应地，商业模式创造管理价值的空间也有限。举例来说，如果生产手段只有3种选择，市场需求类型也只有3种，那么企业的商业模式最大可能只有3×3=9(种)，

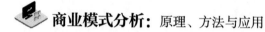

这时企业很容易选择，因此不易建立竞争优势。这一时期的行业发展缓慢，处于成熟稳定状态的时间较长，成功的商业模式因为容易被竞争者模仿而难以建立持续的竞争优势，这些都是这个时代忽视商业模式的主要原因。

现在随着技术进步的快速发展，行业发展速度也越来越快，商业模式变得越来越复杂。比如，技术手段扩展到 10 种，市场需求类型也扩展到 10 种，那么商业模式可能最大扩展到 $10×10=100$（种），比过去扩大了很多倍，商业模式选择的重要性就显现出来了。同时，随着市场化程度的提高，商业模式设计还可以进行纵向延伸和横向延伸，这样商业模式可行的类型更加复杂，使商业模式的可选择性进一步增加，对企业经营的影响也更为显著。

在一个市场和技术快速变化的环境中，行业稳定期会缩短，可能会从过去的几十年缩短到十年甚至几年，留给竞争者模仿的时间也越来越短，这有利于那些在商业模式上具有成功经验和管理能力的企业更容易保持自己的竞争优势。

此外，在市场和技术快速变化的环境中，商业模式对企业经营成果的影响范围和程度也不断扩大，商业模式的调整会涉及企业的方方面面，带来资源能力在企业内部、企业之间的重新布局，甚至能创造出新的需求、新的供应和新的合作关系，成为一些企业经营成功的关键。

我们时常听到一些相对于强大竞争对手而言资源能力并不占优势的企业因为创新的商业模式而获得成功的案例。例如，2015 年在中国网络零售行业，淘宝已经具有绝对的优势地位，拥有支付宝等关键协同业务，全年交易额达 3 万亿元，占网络零售市场的规模超过 80%，拥有强大的资金、技术、人才、用户基础、产业合作和品牌等实力，面对如此庞大的竞争对手，拼多多刚成立时相对弱小，但借助创新的商业模式，仅仅在几年时间就与淘宝母公司阿里巴巴形成抗衡，甚至在市值上一度较大幅度地超越阿里巴巴。拼多多尽管与淘宝的业务相似，但在用户定位上，则侧重于低线城市及农村用户；在推广上，采用社交电商方式，通过"拼团""分享"等吸引用户参与；在商品价格上，强调低价策略；在供应链上，采用 C2M。这些措施使拼多多的商业模式在很大程度上区别于淘宝，从而有效减轻了来自淘宝的直接压力，取得了巨大成功。

1.3 不同管理视角在产业发展中的区别

根据前文阐述我们得知，不同的管理视角，如产业定位视角、资源能力视角和商业模式视角，都可以创造价值，但它们的应用场景是有区别的，这与企业所处的产业演变阶段有关，不同的产业演变阶段适用于不同的管理视角。

1.3.1 产业演变的五个阶段

一个完整产业一般分为四个阶段，分别是萌芽阶段、发展阶段、成熟阶段和衰退阶段。对于很多产业来说，成熟阶段较长，可以进一步分为成熟稳定阶段和成熟停滞阶段。这样产业演变可以被认为是有五个阶段，如图1-3所示。每个阶段都有自己明显的特征。

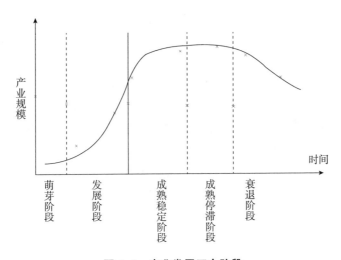

图1-3 产业发展五个阶段

❖ **萌芽阶段**

在这一阶段，一般产业规模很小，甚至没有实质性销售，产业有试验性产品和最初体验顾客，但产品还不成熟，与现有产品相比，存在很多不足，经常受到顾客和业内资深人士的嘲笑。产业内企业收入一般很少（也有例外，如果能很好地融合到成熟产业中，则有可能获得很高收入）。因为收益不确定，所以这个阶段一般需要风险性投资。

❖ 发展阶段

在这一阶段，一般产业产品已具有一定的竞争力，在局部开始受到顾客的欢迎，有稳定的驱动成长动力，但还不太完善，基础设施不足，商业模式的优势没有发挥出来，市场定位、产品形态也没有完全调整好。从财务上看，这时产业内企业已有可观的收入，但经常处于亏损。这个阶段收益已有一定的确定性，一般需要较大规模的私募股权投资。

❖ 成熟稳定阶段

在这一阶段，一般产业产品完全胜过被替代品，财务优势显现，对替代企业呈压倒性优势，并且产业仍然有一定的发展速度，尽管与发展阶段相比增速已经降低了很多(这时往往又会出现新的产业萌芽)。这个阶段收益较为确定，一般需要大量的产业投资。

❖ 成熟停滞阶段

在这一阶段，一般产业产品非常成熟，已经完全取代了前一代产品，财务规模达到最大值，企业现金流充沛，但产业增长速度几乎消失，处于高峰停滞状态。这个阶段一般需要的投资开始减少。

❖ 衰退阶段

在这一阶段，一般产业产品处于被替代位置，受到更新产品替代。这个阶段不仅规模开始萎缩，财务状况也开始恶化，但一般情况下仍然有正的净现金流。这个阶段的投资开始枯竭。

就目前而言，处于萌芽阶段的产业有智能体、低空大载量无人机、人形机器人等；处于发展阶段的产业有直播、VR 制作与应用等；处于成熟稳定阶段的产业有网络出租车、餐饮外卖等；处于成熟停滞阶段的产业有家电生产制造业、电影产业等；处于衰退阶段的产业有钢铁制造、水泥制造、燃油汽车制造等。

1.3.2　不同管理视角在产业各阶段的适用性

产业定位视角重视企业在产业中的定位，资源能力视角重视资源能力的积累，商业模式视角关注商业模式结构的设计。当然，在此基础上肯定还会有综合的管理视角，但无非三种基本管理视角的混合。在不同的产业阶段，上述三种基本管理视角各有其适用性，如表 1-1 所示，其中，五星是最适合，三星是比较适合，一星是不太适合。

表1-1　不同管理视角在产业各阶段的适用性

产业发展阶段	适合产业定位管理视角	适合资源能力管理视角	适合商业模式管理视角
萌芽阶段：产业未成形	★ 企业不宜过早固定产业中的定位	★★★ 开发资源能力是企业的主要任务	★★★★ 企业早期要积极探索各种可能的商业模式
发展阶段：产业发展方向确定	★★★ 企业需要通过产业定位确定发展方向	★★★★ 积累优势资源越来越重要	★★★★★ 企业要确定有效的商业模式才可以持续发展
成熟稳定阶段：产业完全成形	★★★★ 企业需要在产业中确定具有优势的定位	★★★★★ 优势企业需要具有明显的资源能力优势	★★★ 扩大商业模式的优势
成熟停滞阶段：产业竞争加剧	★★★★★ 企业需要通过精准的产业定位应对竞争压力	★★★ 在产业经历长期的稳定后，企业很难建立资源的独特优势	★ 商业模式容易被其他企业模仿，导致其重要性下降
衰退阶段：整个产业价值走向萎缩	★★★★ 企业需要通过产业定位避免企业价值过快下降	★ 整个产业的衰退导致资源能力过剩	★ 商业模式没有壁垒，无法帮助企业有效应对竞争压力

从表1-1可以发现，当产业稳定期较长、变化较慢时，商业模式管理视角的适用期是比较短的，但如果产业稳定期变短，不断有新的产业出现，那么商业模式管理视角的适用期也会变得越来越长，这也是现在商业模式管理变得越来越重要的大背景。

表1-1提供的适用性评价还需要进一步探讨，本书想表达的意思是，不同的管理视角具有不同的适用情景，而商业模式管理视角在其中是值得重视的，且需要我们进一步研究和探索。

1.4　部分商业模式分析方法回顾

尽管至今没有出现人们普遍接受的商业模式分析方法，但是国内外专家学者在这方面的努力一直没有停止，并尝试性地提出过很多分析方法，下面回顾一些有影响力的商业模式分析方法。

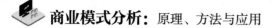

1.4.1 四要素模型

该模型由 Gary Hamel 于 2000 年提出，其认为商业模式应包括以下四大因素：

● 客户界面，包括回应处理与支持、信息与洞察力、企业与顾客的互动关系、定价等因素。

● 核心战略，包括经营宗旨、产品或市场范围、差异化基础等。

● 战略资源，包括核心能力、战略资产、核心流程等。

● 价值网络，包括供应商、合伙人、联合等。

此外，该模型提出商业模式还要具有效率、独特性、一致性，并在利润助推因素的作用下才能充分发挥效力。

1.4.2 三层次六要素模型

Michael Morris 的三层次六要素模型是一个用于全面分析和优化商业模式的框架。该模型分为三个层次，分别从市场、运营和财务对商业模式进行系统分析和优化，每个层次包含两个关键要素。

第一层次为市场层次。一是产品或服务，这一要素关注企业所提供的产品或服务及其独特价值。它分析产品或服务如何满足客户需求，以及在市场中的差异化。二是市场和客户，这一要素关注企业的目标市场和客户群体。它包括市场细分、客户需求分析，以及客户获取和保持策略。

第二层次为运营层次。一是基础设施和管理，这一要素涉及企业内部基础设施和管理流程。它分析企业组织结构、管理体系和运营流程，以确保高效运作和资源优化。二是合作伙伴和网络，这一要素关注企业外部合作伙伴和网络。它分析企业与供应商、分销商、合作伙伴等的关系，以及如何通过这些关系增强竞争力和市场地位。

第三层次为财务层次。一是成本结构，这一要素分析企业的成本组成和结构。它包括固定成本和可变成本分析，以及成本控制和优化策略。二是收入模型，这一要素关注企业收入来源和盈利模式。它分析企业如何通过各种收入渠道实现盈利，并确保财务的可持续性。

1.4.3 商业模式画布

亚历山大·奥斯特瓦德(Alexander Osterwalder)的商业模式画布是一种

用于可视化分析企业商业模式的方法，该方法通过构建九个模块为企业提供一种简洁、直观的方式来描绘其商业逻辑(见图1-4)，帮助企业全面理解和优化其商业运作，使企业管理团队能够更好地理解和沟通其商业模式，并提供识别、改进和创新的机会。这九个模块如下：

♦ 客户细分：识别并定义企业目标客户群体，明确不同客户群体需求和特性。

♦ 价值主张：描述企业为客户提供的独特价值和解决方案，解释产品或服务如何满足客户需求和解决问题。

♦ 渠道通路：分析企业如何通过不同渠道与客户接触，包括销售渠道、分销渠道和沟通渠道，并提供价值。

♦ 客户关系：确定企业如何建立和维持与客户的关系，策略包括个人服务、自动化服务、构建社区等。

♦ 收入来源：识别企业从不同客户群体中获得的收入来源，分析不同收入来源，如销售收入、订阅费、租赁费等。

♦ 核心资源：描述企业需要的主要资源，以便有效地提供价值主张、接触市场、维持客户关系和产生收入。

♦ 关键业务：定义企业必须进行的核心业务活动，以实现其价值主张、进入市场、维持客户关系和获得收入。

♦ 重要伙伴：确定企业需要哪些外部合作伙伴和供应商，以优化业务、降低风险和获取资源。

♦ 成本结构：分析企业在运营过程中产生的所有成本，识别固定成本、可变成本、规模经济等。

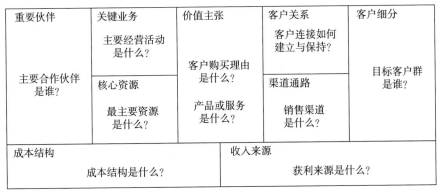

图1-4　奥斯特瓦德的商业模式画布

1.4.4 RTVN 分析框架

Adam J. Bock 和 Gerard George 提出的 RTVN 分析框架是一个用于分析和设计商业模式的框架。这个框架包含如下四个主要组成部分：

♦资源（Resources）：企业所拥有的或能够控制的有价值资产，包括有形资产如设备和资金，以及无形资产如品牌、专利和知识产权。

♦交易（Transactions）：涉及企业与外部实体之间的价值交换，包括与客户、供应商、合作伙伴等进行的商业活动。

♦价值（Value）：企业通过其产品或服务为客户提供独特价值。这通常与解决客户问题或满足客户需求的能力有关。

♦网络（Networks）：企业运营所处的更广泛的商业环境，包括供应链、分销渠道、竞争对手及产业联盟等。

RTVN 分析框架强调了商业模式的动态性和系统性，认为企业商业模式不是孤立的内部结构，而是与外部环境紧密相连的生态系统的一部分。通过分析这四个组成部分，企业可以更好地理解自己的商业模式，发现潜在的改进机会，并制定有效战略来适应市场变化。

1.4.5 魔方模型

翁君弈开发了魔方分析模型，其灵感来源于魔方的多维结构。该模型强调商业模式的多维度、可组合性和动态调整，类似于魔方的各个面可以灵活旋转和组合。魔方模型通过将商业模式分解成多个可独立分析的模块，使企业能够灵活调整和优化每个模块，以适应市场变化和内部管理需求。魔方模型的核心在于以下三点：

第一，多维分析。魔方模型将商业模式分为多个维度，如市场定位、产品和服务、客户关系、渠道、关键资源、成本结构和收入来源等。这些维度类似于魔方的不同面，每个维度都可以独立分析和优化。

第二，模块化设计。每个维度包含多个模块，每个模块都可以独立运作和优化。这种设计使企业能够灵活调整其商业模式的各个部分，快速响应市场变化、抓住新的商业机会。

第三，动态调整。魔方模型强调商业模式的动态调整和持续优化。通过不断旋转和调整各个模块，企业可以找到最佳商业模式组合，提升竞争力和市场适应能力。

1.4.6　交易结构分析法

魏炜和朱武祥的交易结构分析法是一种用于深入理解和优化企业商业模式的方法。该方法主要关注企业在交易过程中的各个关键要素，帮助企业设计和调整其交易结构，以实现最大化价值和效率。交易结构分析法的核心要素包括以下六个方面：

第一，交易主体。确定交易的各个参与方，包括企业、供应商、合作伙伴和客户等，分析各主体的角色、资源和能力，以明确他们在交易中的地位和贡献。

第二，交易客体。明确交易的具体内容，如产品、服务、技术或信息等，分析这些客体特性及其对交易的影响。

第三，交易方式。研究交易的具体方式和流程，包括在线交易、线下交易、直接销售、代理销售等，并评估这些方式的优劣和适用场景。

第四，交易渠道。分析交易渠道和路径，确定最有效的渠道组合，以实现交易的顺畅和高效。

第五，交易定价。探讨交易定价机制和策略，包括成本定价、价值定价、竞价等，确保价格策略能够反映价值并促进交易。

第六，交易风险。评估交易过程中可能面临的各种风险，如市场风险、信用风险、操作风险等，制定相应的风险管理策略。

过往各种商业模式分析方法在分析原理、结构形式、分析流程上各有特点，这是正常的，在商业模式理论没成熟之前，这种状态估计还会持续相当长的时间。鉴于各种分析方法都未取得普遍的认同，也缺乏成功的应用实例，因此本书认为现在对各种商业模式分析方法进行总结还为时过早。但从这些分析法中，我们发现一个有价值的共识，就是关于商业模式分析的基本要素在各种分析方法中一般是相对一致的，主要包括目标顾客、价值主张、产品服务、促销推广、顾客关系、销售渠道、关键资源和能力、合作方式、收入来源、成本结构、盈利机制、竞争壁垒(保护机制)等，大多数分析是直接或间接地运用这些要素构建模型，其中奥斯托瓦德的商业模式画布分析法用直观的可视化图组织了这些要素，是在应用领域较受欢迎、传播较广的方法，由此也说明了这些要素是理解商业模式的关键。

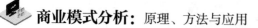

1.5　商业模式要素分析

本部分我们将回顾商业模式要素分析，值得强调的是，对商业模式要素进行分析不仅可以获得对企业商业模式概况的了解，还有利于把握商业模式的发展方向。此外，商业模式要素分析也是相对比较容易操作的，这方面有很多参考资料，只要按要素清单逐一完成就可以。因此，商业模式要素分析不仅是十分必要的，还是完全可行的。

1.5.1　目标顾客

目标顾客是指企业准备服务的顾客对象，这是企业经营的起点，没有目标顾客，企业就失去了存在的基础。在过去，由于外部环境和企业技术条件、资源条件都相对稳定，目标顾客是显而易见和确定的。但在现代商业环境中，对于进行商业模式分析的企业来说，目标顾客选择是必须进行的，因为面对同样的资源条件，企业可以生产不同的产品，以满足不同目标顾客的需求。比如，某冰箱制造企业，可以生产大容量冰箱，以满足大家庭需求；也可以专门生产小容量冰箱，以满足宾馆、办公室、集团宿舍等场合需求。有些时候即使是相同的产品，目标顾客的选择也很重要，如某种调节睡眠功能的保健产品，既可以将目标顾客定位为睡眠功能有障碍的人群，以提高其睡眠质量，也可以将目标顾客定位在礼品市场。前者目标顾客就是使用者，因为多数购买者也是使用者；后者目标顾客就是购买者，但不一定是使用者，因为购买者主要将其作为礼品进行赠送，他们大多不是使用者。面对不同的目标顾客，企业后续的经营管理策略存在较大差异。

对于目标顾客的划分有多种方式，可以从顾客需求的功能性角度划分，即是基本需求还是奢侈需求；可以从顾客的地域来划分，即顾客属于哪个地区；可以从顾客的性质来划分，即是个人消费者、生产者、政府机构还是中间商；可以从顾客的购买方式来划分，即是零星购买还是大批量购买。不同的划分方式及不同的选择，反映了商业模式在性质上的不同。

1.5.2　价值主张

在确定目标顾客的基础上，要进一步确定企业能为目标顾客提供什么价值，或者说企业将向顾客"主张"什么价值，以期获得顾客认可，从而促使顾客产生购买行为。价值主张不是一个独立概念，应该与目标顾客结合起来分析，因为缺少了目标顾客，价值主张就失去了主张对象。在有些模型或分析方法中，目标顾客与价值主张是结合起来的，称为"市场定位"。

不同的目标顾客重视不同的产品价值，比如在购买大件耐用品方面，顾客更关注售后价值，包括售后服务、使用方便性、产品耐用性及使用成本等；在购买快消品方面，顾客则更关注价格、购买方便性、包装等。在设计商业模式时，企业应该在力所能及的范围内选择顾客最容易理解、能给出最高价值评价的价值主张。此外，价值主张还应该能与竞争对手相比，体现出竞争优势，即或者能用更低成本提供同样价值主张，或者能在成本没有优势的情况下提供更优价值主张。

需要注意的是，价值主张不是指企业能够提供的具体产品性能，而是从顾客角度提出的价值要求。以一般消费者为例，假设消费者需求能够用马斯洛的需求模型理论来解释，那么价值主张一定与消费者某个或某几个层次需求相贴合。所以，价值主张表述一定是从顾客角度出发的，体现顾客心理需求特征。

1.5.3 产品(服务)

企业为了实现对顾客在价值主张中的承诺，就需要提供具体产品或服务，这个过程也称价值提供。价值主张与产品(服务)其实是一枚硬币的两面：从顾客角度来看，企业能提供某种价值才是其购买和使用产品(服务)的驱动力；从企业角度来看，企业必须生产出某种具体产品(服务)才能使顾客感受到这种价值。尽管价值主张与产品(服务)密切相关，但并不意味着两者关系是完全固定的，这与产品(服务)购买和使用场景有关，也与企业价值主张有关。比如，奢侈品企业为顾客提供"奢华"价值主张，一般可以借助多种产品(服务)方案实现，如有的选择设计性能，有的选择品牌影响力，有的选择产品的功能性，有的选择独特服务等。

再举一个以同样的产品(服务)实现不同价值主张的例子。假设某企业生产供老人使用的保健药品，那么就可以向不同顾客主张不同价值，企业在设计商业模式时，可以选择其中一个价值主张，也可以选择一个价值主张组合，如表1-2所示。一般情况下，企业会选择其中之一提供产品(服

商业模式分析： 原理、方法与应用

务），因为如果选择一个价值主张组合，那么在面对产品促销推广和客户关系时将面临很大挑战。

表 1-2　一种产品（服务）方案可能实现的多种价值主张

产品	目标顾客	价值主张
供老人使用的保健药品	中青年（间接使用者）	中青年人向长辈和受尊敬的老年人表达爱心和孝心
	老人（直接使用者）	老年人爱护自己，安度幸福的晚年
	医疗机构（专业推荐者）	作为一种医药服务产品，提升医疗效果

确定一个产品（服务）方案，一般需要从以下三个方面入手：

❖ 产品（服务）范围

为实现价值主张，企业应该提供哪些类型的产品（服务）。对于一个新闻网站来说，这个问题可能是："我们是综合型新闻网站，还是某个专业领域或某个特别领域新闻网站?"对于一个大型百货零售商来说，这个问题可能是："我们要在多大程度上引入餐饮、娱乐商家？百货零售面积保持多大比例较为合适？要不要继续销售价值大但利润很低的家电商品?"产品（服务）范围决定了企业实现其价值主张的基本方式。

❖ 产品（服务）形态

我们还需要了解产品（服务）的具体形态是什么，包括产品外观、组成部分、包装方式、服务内容、服务期限等。比如，出售家具的企业，要说明提供的家具是整件的，还是需要组装的；有没有备用部件，或者备用部件是否需要再次购买；家具展示是在线上，还是有实体展示；是否有运输服务；提供多长时间售后服务；服务内容包括哪些；等等。宜家在产品（服务）形态上与同类其他家居企业有较大差异，所以宜家经常被当成一个商业模式的创新典型。

❖ 产品（服务）性能指标

企业提供的产品（服务）要有较明确的性能标准。这个标准可以是绝对的，也可以是与竞争对手比较的相对标准，这对企业能否实现其价值主张

非常关键。对于价值百万以上的奢侈性跑车，百公里加速时间就是一个关键的性能指标；而对于价值二十万元左右的家庭轿车，乘坐空间、舒适性及保养成本则是关键的性能指标。

假设一款彩票产品整体赔付率是 80%，也就是说，返还给顾客的现金是总销售收入的 80%（不考虑税金），在这个前提下，设计三种性能指标不同的具体赔付方案：方案 A——所有顾客都返还 80%；方案 B——50% 的顾客返还 20%，另外 50% 的顾客返还 140%；方案 C——99.999% 的顾客返还 20%，另外 0.001% 的顾客返还 6 万倍。显然，对于购买彩票的顾客来说，方案 C 的价值是最高的，而方案 A 的价值是零。由此说明具体服务性能指标对价值主张有非常大的影响。

1.5.4　促销推广

促销推广就是为了促进某种商品（服务）的销售而进行的推广活动。促销推广要解决的问题是如何将产品（服务）信息传递给目标顾客，激发和强化其购买动机，并促使这种购买动机转化为实际购买行动。

促销推广有很多种方式，如通过公共媒体广告、专业杂志、新闻发布会、店面推广、人员推广、活动推广、网络推广等，在商业模式要素分析中，要说明企业所采用的主要促销推广方式组合，以及各种方式的投入程度。

在产品供应过剩的时代，好产品并不代表一定有好的销售，企业必须有合适的促销推广方式，并能够维护好顾客关系，才能够使商业模式有效地发挥作用。

1.5.5　顾客关系

顾客关系是指企业为维持商业模式持续，与顾客建立的稳定关系，这种稳定关系很多时候是由于促销推广活动而形成的，但也可能是在顾客购买和使用产品（服务）的过程中形成的，所以顾客关系并不完全是促销推广活动的结果，其有独立性质。

顾客关系价值主要体现在三个方面：一是可以降低交易费用，与企业建立了关系的顾客，哪怕是最低限度的关系，也可以减少信息交流费用；二是可以增加收入，顾客因为与企业建立了某种良性关系，会增加对企业的信任度，在同样价格条件下更愿意购买该企业的产品；三是可以在一定程度上锁定顾客，增加顾客再次购买的频次。锁定方式是多种多样的，可以是产品的差异性、顾客使用习惯（顾客不愿意适应新的产品使用方法）、顾客购买习惯等。

建立稳定、紧密的顾客关系将有利于商业模式的良性运行，这也意味着在商业模式运行中可以加大促销推广投入。"高水平促销推广+牢固顾客关系"是一种良性模式，而"高水平促销推广+薄弱顾客关系"可能是一种具有潜在风险的模式。

1.5.6 销售渠道

❖ 销售渠道的作用

销售是实现产品（服务）销售的关键环节，需要具体渠道实体作为支撑。即使企业能够生产出符合价值主张的产品（服务），价值主张又恰好是目标顾客所需要的，但如果产品投放渠道的代价太高，企业无法承受相应成本，或者根本没有合适渠道，就意味着产品（服务）不能够顺利销售。因此，销售渠道对于企业的重要性是不言而喻的，销售渠道对企业实现其价值主张、获得收入起到至关重要的作用，销售渠道有时也称为"价值交付环节"。

❖ 销售渠道的类型

销售渠道可以划分为以下两类：

（1）直接渠道，又称直销渠道，指产品从企业直接流入最终顾客，不经过中间环节，是产销直接见面的渠道。直接渠道是一种短渠道模式，主要有上门推销、邮购、电话销售、电视直销、企业的直营门店等方式。随着（移动）互联网的普及，电子商务越来越成为直接渠道，也将越来越流行。

（2）间接渠道，指产品从生产者流向最终顾客的过程中经过一层或多个层次的中间环节。间接渠道是一种长渠道模式，主要方式有经销渠道、代理渠道等。间接渠道是工业化社会最常用的渠道模式，并具有成熟的运作方式。

不同的渠道各有特点。例如，某个生产手机的企业，如果采用直接渠道销售模式，就需要自建渠道，在渠道设施上投资较大，但运营中存货成本则相对较容易控制，并且产品能够快速响应市场需求；如果采用间接渠道销售，比如经销方式，那么虽然渠道投入比较小，但是运营中存货成本则相对比较高。

1.5.7　关键资源和能力

在资源学派观点中，资源和能力一般不加以严格区别，因为它们在本质上具有相似性，某种资源之所以被称为资源，是因为具有某种能力，而某种能力之所以具有能力，其背后肯定有某种资源在起作用。在本书后面商业模式分析中，为了有利于进行结构性定量分析，我们将两者进行区别，但在要素分析层次，这个要求不是必需的，可以区分，也可以不区分。

所谓关键资源和能力，是指企业拥有的、对保持持续竞争优势具有至关重要性的资源和能力，企业只有在关键资源和能力上达到相匹配水平，才能使商业模式产生预期绩效。以苹果公司为例，该公司实行封闭技术生态的商业模式，这种模式只允许经过苹果公司审核的软件和部件进入苹果生态圈中。到目前为止，这种商业模式运作效果较好，其背后有关键资源和能力做支持，如庞大而忠诚的顾客群、创新能力较强的研发资源、苹果生态圈中已经存在的大量应用软件和开发这些软件的开发商，还有全球化的合作厂商，没有这些关键资源的支持，苹果公司的这种商业模式是很难成功的，这也是其他企业难以模仿其商业模式的主要原因。

关键资源既可以是有形的，也可以是无形的，或者是组织性的，具体来说，可能包括资金、非资金类财产、品牌、顾客基础、信息、制成品、中间产品、原料、研发成果、人力资源、特许权、分销渠道、供应渠道、人际关系、合作关系、生产设备、基础设施、信息系统设备、知识资源、组织知识等。

在商业模式中，对资源不仅要有定性的分析，还要有定量的分析，没有办法定量的资源，就没有办法进行定量分析。资源能力分析是本书最重要的内容之一，也是本书提出基于资源观商业模式分析法的关键内容，在本书后面章节有专门探讨。

1.5.8　合作方与合作方式

合作方式是企业出于长期共赢考虑，建立在共同利益基础上，与其他企业(包括机构)实现深度合作的样式。要考虑如何建立合作，建立合作有什么样的共同利益；是长期合作还是短期合作；是从整体出发考虑相互之间的利益并使整体的利益最大化，还是以各自利益最大化为主但不一定是整体的利益最大化；合作协议是一个简单的、在部分领域合作的协定，还是全面合作等。

合作要素通常包括合作方的选择、合作双方的协议、合作投入。

1.5.9 收入方式

收入方式一般包括企业收入来源、收入结构、定价水平和交易规则。

❖ 收入来源

收入来源是指企业对什么产品(服务)进行收费，或者说要销售什么产品(服务)，要明确收费产品(服务)的具体内容、具体形态。如果是实物内容，比较好理解；如果是服务内容，还要规定服务的具体方式、服务地点、服务期限等。

在很多情况下，企业销售的产品会同时包含实物内容和服务内容(如售后服务)，那么实物形式和服务形式要分别说清楚，这对于企业来说非常重要，因为不同实物形式和服务形式的产品，其成本有很大差别。某PC制造企业在销售PC机时轻率地承诺了3年免费维修，最后企业因为要支付高昂的维修成本而损失惨重，并严重影响了企业品牌形象。

此外，还要注意到有些企业是为多方顾客提供产品的，收入结构就会有多种选择。比如，对于互联网新闻网站来说，既给广告主顾客提供广告产品，也给读者顾客提供阅读产品，那么就有多种收入来源：一是向广告主收费，读者免费；二是不收广告费，只为读者提供服务，由读者付费；三是同时向广告主和读者收费。这三种收入来源所反映的商业模式是不同的。

❖ 收入结构

收入结构是指企业在不同收入来源上安排的收入比例。同样以新闻网站为例，如果同时向广告主和读者收费，那么在收入结构上也可以有多种安排：一是以收费阅读为主、广告收入为辅；二是以广告收入为主、收费阅读为辅；三是两者平衡。在杂志中类似例子比较多，有些杂志销售收入远高于广告收入，而另一些杂志是广告收入远高于杂志销售收入。因为收入结构不同，两类杂志的商业模式也截然不同，前者可能每期销售量大，内容短小隽永，可读性强；后者可能每期只有定量销售，内容多以商界精英为主，这些商界精英同时也是广告主。

❖ 定价水平

确定收入来源和收入结构后，还要确定产品定价水平。定价水平是与同类产品相比的，可以高定价，也可以低定价。如果收入结构是多维的，那么什么产品(服务)定高价、什么产品(服务)定低价需要精心安排。比如，喷墨打印机企业，同时销售打印机和墨盒，一般做法就是将打印机价格定得很低，而将墨盒价格定得比较高，这样有利于吸引一般家庭，这些家庭使用频率较低，但企业可以通过高定价墨盒稳定地挣到长期收入。试想，如果将打印机价格定很高，而将墨盒价格定得很低，那么就会阻碍家庭用户购买，因为不购买也无法感受到墨盒低价，从而影响企业长期收入。

❖ 交易规则

交易规则是指企业在销售产品(服务)时所采取的一些方式和策略，如产品(服务)是不是可以赊销，产品(服务)是不是可以议价或者采取拍卖方式销售，产品(服务)是不是可以试用或者提供特殊退换货政策等。如果产品(服务)可以试用，那么就会存在一个稳定的试用成本，为了降低试用成本，企业可能要在产品设计、包装上做特别处理等。

1.5.10　重要策略

重要策略是指企业在经营过程中应该遵守的一些重要准则和行动方向。在前面一些分析内容中可能已经涉及一些局部策略，如交易中的一些策略，还有一些策略涉及全局和长期规定等。

以名创优品为例，这是一家主打"高性价比＋快时尚设计"的全球化零售品牌，其商业模式以提供低价、简约、美观的商品为特色。为保证商业模式的特色和一致性，该公司在经营中制定了一系列策略。

◆ 在产品定价上，大部分产品定价在 29 元以下，以保证覆盖广泛的消费群体。

◆ 在采购定价上，一般按零售价的 1/2 进行采购，而同行多为零售价的 1/3，甚至更低，同时保证大规模采购和即时付款，从而保证公司能够采购到高品质商品。

◆ 在供应链管理上，只与优质代工厂合作，采用 ODM 模式集中生产，运用短供应链快速上架新品，在保证商品品质的同时，还能够快速响应市场需求。

◆在全球扩张上，采取"轻资产"的直营与加盟结合模式，执行本地化经营策略，根据不同国家的消费习惯调整商品组合。

◆在库存管理上，将库存单位数量控制在8000~10000，并定期淘汰滞销商品，保持高库存周转率和新品活跃度。

以上仅列举名创优品的一些经营策略，实际经营策略并不仅限于此。

1.5.11　盈利机制

盈利机制是对商业模式盈利性的一个概括性描述，说明商业模式如何获得利润。一般从两个方面展开分析：一是收入方面，说明是什么因素驱动收入持续或增加；二是成本方面，说明是什么因素使成本保持在合理范围内。一个好的商业模式盈利机制是在某些因素作用下，其总收入高于总成本的差额越来越大。

名创优品每项单独的经营活动并不一定能保证公司盈利。比如，销售大量低价的优质商品，可以带来足够大的顾客规模，但也会增加供应链管理难度，影响利润水平，但如果把所有经营活动综合在一起，每项活动的机制就会产生整体上的协同效应，形成整个公司闭环的盈利机制。

这些机制包括但不限于：

◎高性价比定价吸引顾客流量，形成高销量的规模效应。

◎规模效应降低生产成本，并通过ODM模式进一步压低单品成本，同时保证商品品质。

◎快速迭代保持商品的新鲜感，提高复购率，同时降低滞销风险。

◎精简库存单位和提升门店运营效率，增强单店盈利能力，有利于各地经营者加盟。

◎轻资产模式便于快速扩张全球门店，放大规模效应并降低扩张成本。

◎线上线下融合拓宽销售渠道，提高覆盖率和销售效率。

◎高周转率和低库存风险形成稳定现金流，支撑持续运营和扩张。

1.5.12　商业模式竞争壁垒

竞争壁垒是指企业在市场竞争中，基于自身资源与市场环境约束，构建有效针对竞争对手的"竞争门槛"，以达到维护自身在市场中优势地位的市场竞争活动。商业模式竞争壁垒也是商业模式保护机制，通过建立壁垒，可以保持其商业模式不被其他企业模仿。商业模式竞争壁垒一般是综合性的，集成资源能力和产业定位因素。关于商业模式保护机制内容在后面章节也有详细阐述。

通过本部分分析我们知道，商业模式要素分析对于深入理解商业模式是非常重要的，但同时也要认知到要素分析只是商业模式分析的第一步，只能得到一个关于商业模式大致的、定性的认识，并不能形成准确的分析结论，需要在此基础上提出更具操作性的分析方法。为此，本书提出基于资源观的商业模式分析方法。该方法在传统商业模式要素分析的基础上，结合资源观理论，创造性地将企业资源划分为流量资源和设施资源，并对其进行定量描述，再进一步通过类似于价值链的一系列资源转换活动链条，分析企业是如何对投入的各类资源进行运营转换，以实现资源增值、价值创造的，借此揭示企业的盈利机制。这一方法的关键是如果进行资源分析和资源转换活动分析，以及如何将它们整合成一个完整的商业模式分析框架。

第2章
基于资源观的商业模式分析框架

上一章介绍了几种商业模式分析方法和商业模式要素分析，这些有助于我们在一定程度上理解商业模式，甚至可以在某些方面帮助我们建立和改善商业模式，但如果从系统性、准确性和操作性的角度来分析，则现有研究理论仍然存在较多的不足。为此，本书提出一种创新性的商业模式分析框架——基于资源观的商业模式分析框架，希望弥补过往分析方法的不足。

2.1 理论基础

基于资源观的商业模式分析框架的理论基础主要是战略管理领域的两个经典理论，即资源基础观理论（Resource-Based View，RBV）和价值链理论。在系统介绍该分析模型之前，先对这两个理论进行简单回顾，有助于更好地理解基于资源观的商业模式分析框架的原理。

2.1.1 资源观理论

❈ 资源观理论的发展

资源观理论是战略管理领域被广泛接受的理论之一，最早由经济学家彭罗斯（Penrson）于 1959 年在《企业成长论》一书中提出，后来经过Wernerfelt（1984）、Grant（1991）、Barney（1991）和 Peterraf（1993）等进一步发展和完善，形成了比较完整的理论体系。该理论认为，企业是资源集合体而非产品—市场组合。资源学派形成的标志是 1984 年沃纳菲尔特（Wernerfelt）在《战略管理杂志》上发表的企业的资源基础论，从资源角度而非业务角度分析企业，同时在分析方法上发明了用资源位置壁垒来代替进入壁垒，用资源—产品矩阵来代替增长—份额矩阵。在资源观理论发展过程中，哥本哈根商学院的教师在传播与发展资源学派理论及核心能力理论方面起到了重要作用。

❈ 资源观理论的主要观点

资源观理论的主要观点包括四个方面：

（1）资源的重要性。资源观理论强调资源对形成企业战略的核心作用。这些资源包括所有企业拥有或控制的有形和无形资产，如专利、品牌、公司文化、技术能力和员工技能等。

（2）资源的异质性和不完全流动性。企业之间存在资源差异，这些差异可能导致持续竞争优势。由于市场对资源的不完全流动性，某些资源不能轻易在公司间转移或复制，使这些资源具有独特性。

（3）VRIN 框架。VRIN 框架评估资源的价值（Value）、稀缺性（Rarity）、不可模仿性（Inimitability）和不可替代性（Non-substitutability）。价值意味着资源能够利用机会中和威胁；稀缺性指现实中人们在某段时间内所拥有的资源数量不能满足人们的欲望时的一种状态；不可模仿性意味着竞争对手不能轻易复制该资源；不可替代性指没有可替代资源能提供同等的价值。为了成为持久竞争优势的来源，资源必须具备这些特性。

（4）能力的作用。资源本身并不能提供竞争优势，企业还必须具备将这些资源有效转化为最终产品（服务）的能力。这些能力通常体现为组织内部的流程、程序和例行公事，它们使资源被高效利用。

资源观学派提供了一种从内部出发分析企业竞争优势的视角，与更传统的基于产业结构的观点形成对比。它强调企业内部资源的独特性和价值，以及管理者在资源配置中的关键作用，为企业制定战略提供了重要理论基础。通过识别和发展核心资源及能力，企业可以在竞争激烈的市场环境中获得并维持竞争优势。

2.1.2　价值链理论

❖ 价值链概念

价值链概念是由美国哈佛大学商学院迈克尔·波特（Michael Porter）教授于 1985 年在其所著《竞争优势》一书中首先提出。他认为：每一个企业都是用来进行设计、生产、营销、交货等过程及对产品起辅助作用的各种相互分离的活动的集合。任何企业的价值链都是由一系列相互联系的创造价值活动构成，这些活动分布于从供应商的原材料获取到最终产品消费时的服务之间的每个环节，包括主体活动和支持活动（见图 2-1）。

主体活动是指生产经营的实质性活动，一般可以再细分成内部后勤（原材料供应）、制造（生产加工）、外部后勤（成品储运）、市场营销和售后服务五种活动；支持活动是指那些支持主体活动，而且内部之间又相互支持的活动，包括企业投入的采购管理、技术开发、人力资源管理和企业基础设施活动，这些环节相互关联并相互影响。在此基础上，波特提出了价值链分析方法，即对企业活动进行分解，通过考察这些活动本身及活动相互之间的关系来确定企业竞争优势。

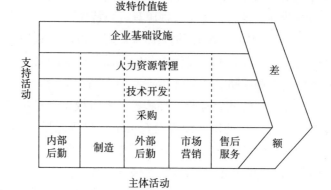

波特价值链

	企业基础设施					差
支持活动	人力资源管理					
	技术开发					
	采购					
	内部后勤	制造	外部后勤	市场营销	售后服务	额

主体活动

图 2-1　企业价值链示意

自波特提出价值链概念以后，国外学者沙恩克（Shank）、哥芬达拉加（Govindarajan）、海尼斯（Hines）、雷波特（Rayport）和斯威尔克拉（Sviokla）对此理论进行进一步的研究，重点放在技术发展对价值链的影响，尤其是信息技术、互联网对电子商务的影响上，从而提出了虚拟价值链、价值网的概念。但是，无论价值链的形式如何发展变化，其本质不变，即价值链是由一系列能够满足顾客需求的价值创造活动组成的，这些价值创造活动通过信息流、物流或资金流联系在一起。价值链理论为分析企业经营活动提供了一个符合常识、清晰的分析框架，对于理解企业经营活动的内部结构和机制提供了一个很好的视角。

❖ 价值链理论的主要观点

（1）企业每项经营活动都是创造价值的活动。企业的每一项经营活动，无论是生产、市场营销、客户服务还是研发，都是为了满足客户需求并创造价值。这些活动共同构成企业价值链，每个环节都对最终产品（服务）的价值有所贡献。

（2）价值链是可以被不断细分的。价值链的每个环节都可以被进一步细分为更具体的活动。例如，生产环节可以被细分为原材料处理、零件制造、组装等子环节。价值链的细分有助于企业更深入地了解和分析每一项活动的成本、效率和价值创造潜力，识别出改进和优化方向，从而提高整体绩效。

（3）价值创造活动之间是相互联系的。价值链理论强调价值创造活动之间的相互联系和依赖关系，一个环节的变化会影响其他环节的成本和效益，这意味着企业需要全面、系统地考虑和管理价值链上的每个环节，进行综合评价。例如，星巴克咖啡价值链中，咖啡豆采购环节直接影响咖啡的品质和成本，进而影响市场营销和客户服务环节。如果采购到品质不佳的咖啡豆，不仅会影响咖啡的口感和顾客满意度，还可能损害星巴克品牌形象和市场地位。

（4）在不同行业中，企业价值链的侧重点是不同的。例如，在汽车生产行业，制造环节是价值链核心，汽车质量和性能直接决定了品牌形象并且影响了消费者的购买决策。因此，汽车制造商如宝马、奔驰等会在研发和生产环节上投入大量资源。在时尚行业，设计和市场营销环节可能更加重要。由于时尚产品的更新速度快，设计新颖性和品牌形象对消费者的吸引力至关重要。因此，时尚品牌如路易威登、香奈儿等会在设计和市场营销上投入更多资源。

（5）在同一行业中，不同企业价值链也各有特点。即使在同一行业中，不同企业的价值链也会因为企业规模、资源、能力、战略选择等因素有所不同，每个企业都有其独特的资源和能力组合，这些资源和能力决定了企业在价值链上的优势和劣势。例如，在电商行业中，亚马逊和阿里巴巴是两家领先企业，但它们的价值链各有特点。亚马逊以自营电商为主，拥有庞大的仓储和物流体系，注重从源头到消费者的全程控制和服务，而阿里巴巴则以平台电商为主，通过搭建一个连接买家和卖家的平台来创造价值，注重平台运营和生态系统构建。

（6）价值链是基于企业资源和能力形成的。资源和能力是支撑企业价值创造的基础和关键要素，也是支撑企业价值链的基础和关键要素。例如，可口可乐公司的价值链是基于其强大的品牌资源、分销网络和生产能力形成的，这些资源和能力使可口可乐能在全球范围内提供一致的高品质产品(服务)，并保持市场领先地位。尽管市场环境不断变化，但是可口可乐的价值链仍然保持相对稳定，这就得益于其长期积累的品牌忠诚度和强大的运营能力。

2.2　经典资源观理论的拓展

经典资源观理论认为，企业是不同类型资源的集合体，但其并没有对

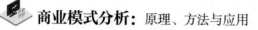

如何进行资源分析给出一致的分析原则和具体分析方法，为使资源观理论能够被合理应用于商业模式分析，我们需要对资源观理论进行适当拓展，这种拓展并不违背经典资源观理论的主要思路。

2.2.1　企业拥有的资源是广泛且可测量的

尽管资源观理论得到普遍的认可，但很多人还是低估了企业资源形态的广泛性。从广义上讲，企业所拥有的、具有使用价值的所有事物都可以是资源，这里试着列举一些：物理资源，如土地和建筑物、设备和机器、库存和原材料等；财务资源，如现金和银行存款、应收账款、股票和债券等；人力资源，如各类管理层、技术人员、销售人员、生产人员等；知识资源，如企业所拥有显性或隐性知识与技术、专利和知识产权、软件和信息系统等；品牌资源，如美誉度、知名度、顾客忠诚度等；市场资源，如渠道、营销和分销网络、各类顾客、客户关系等；组织资源，如组织结构、企业文化等；自然资源，如矿产资源、水资源、农业资源等；信息资源，如市场情报、内部数据、外部研究等。

上述资源类型大多是大家比较熟悉的，但有些资源，如信息资源、组织资源，并不一定被大家所熟知，显然这些资源也可有利于企业经营，并且是企业所拥有的，因此也是资源的具体形式。

此外，资源还有一个重要特点就是能测量，不能测量的资源是无法管理和利用的。关于资源测量，是本书一项重要内容，甚至可以说是一项关键性内容，本书主要分析方法都是建立在资源的识别和测量基础上的。本书第3章将专门介绍资源分析内容。

2.2.2　企业资源以流量和设施两种形式参与价值创造

以资源在创造价值的过程中是否能完全转换为另一种资源进行划分，可将资源分为流量资源和设施资源。

流量资源在经营过程中会不断地、完全地转换成其他形式的资源，如某种原材料资源先是完全转换到零配件资源中，随后转换到成品资源中，最后又转换到收入(资金)资源中，流量资源就像水一样不断地在各种形态资源中转换。

设施资源在经营过程中只起到支持作用，设施资源的某些特性会在所支持转换的资源中体现，但本身并不会消失，或只有一小部分损耗，就像是生产产品的设施和设备一样，对生产的产品特性有影响，但本身并不会转换成其他资源形态，最多只有部分损耗。有很多这样的资源，如品牌、人力资源、顾客基础、生产设施、研发设施、渠道等，都是设施资源。

由于这两类资源在企业经营中形态变化方式不同，因此在基于资源观的商业模式分析中，两者是被严格区别的。

2.2.3　企业所创造的价值量由资源增量来衡量

企业所创造的价值是由某些资源增量来衡量的，大多数情况下最重要的资源增量就是资金增量，但学习过企业经营管理的都知道，资金增量并不能完全衡量企业所创造的价值，其他一些资源增量同样可以被视为企业所创造的价值，包括品牌资源、知识资源、顾客资源、（矿产）储量资源等。企业创造的所有资源增量都可以被视为企业所创造的价值；反过来，所有资源减量都可以被视为企业的成本。因此，我们在分析企业经营者成果时，要关注所有资源增量和减量的变化情况。

2.2.4　企业所创造价值由其他资源生产而来

企业创造价值就是实现资源增量，但企业不会凭空创造资源，必须利用一些资源来生产另一些资源，最后使资源总量增加，如企业能获得销售收入(资金资源)是因为企业投入了产品资源、服务资源、渠道资源、人力资源等，不可能出现无缘无故的资源增加。这一特点可以帮助我们在分析企业为什么能够创造价值时，不断地追根溯源，从而挖掘那些平时被忽略的资源。例如，某家手机制造企业的收入和利润总是比竞争对手要高一些，一开始经营者认为自家产品质量或者品牌美誉度比竞争对手好，但经过仔细的市场调查后发现，实际情况并非如此，真正导致销售收入增加的原因是企业提供了消费者论坛，在论坛中，消费者自发组成了消费者群体，正是这些群体的活动传播了产品知识，从而提高了消费者复购率，由此企业发现了原来没有重视而具有社交属性的消费者交流群体这项重要资源。

2.2.5　资源重要性取决于在创造价值活动中的作用

对于任何资源，我们可以通过分析其在创造价值活动中的作用来判断

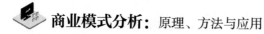

其重要程度：如果没有参与任何一种创造价值的活动，那么它就是无用资源；如果在创造价值的活动中起到的作用较小，那么它就是一般资源；如果在创造价值的活动中起着关键的作用，那么它就是重要资源。判断什么是真正有价值的资源是合理开发和利用资源、设计合理商业模式的前提，但在实际的企业管理中，这并不是一件很容易的事。例如，以传统烤鸭为特色的某中餐企业，其管理层一直认为高品质烤鸭是吸引顾客消费的主要原因，而有经验的烤鸭厨师又是加工高品质烤鸭的决定性因素，因此，烤鸭厨师是企业最重要的人力资源之一，应受到特别重视。但经过调查和分析发现，尽管烤鸭品质在吸引顾客消费上起到较大作用，但品牌起到的作用更大，品牌才是企业最关键的资源，并且在决定烤鸭品质方面，高品质的原料供应链相较于烤鸭厨师的作用也更突出。因此，从资源重要性来看，该企业的品牌资源>供应链资源>烤鸭厨师资源，这与之前的看法大相径庭，相应的资源开发管理策略也不一样。

2.2.6　资源创造价值是通过一系列资源生产活动来实现的

资源是创造价值的源泉，并不意味着资源可以自动创造价值，而要通过一系列资源生产活动才可以实现，这也是企业组织存在且需要精心管理的原因。举例来说，企业要通过高效推广活动才可以把投入的资金转换为品牌资源，这可以将推广活动看作用资金资源生产品牌资源的活动，然后通过高效的销售活动继续把品牌资源和产品一起转换为销售收入（一种资金资源），这又可以将销售活动看作用品牌资源和产品生产销售收入（一种资金资源）的活动，其中的产品也是一种资源，可以理解为是另一种资源生产活动生产出来的。这样通过一系列设计好的资源生产活动，将投入的资源通过运作不断增量产出新的资源，最后将产出资源减去所有使用的资源，剩下的就是企业利润。

2.3　资源观理论与价值链理论的结合

资源观理论和价值链理论在企业管理中是两种并行的分析框架，原理有所不同。资源观理论关注企业活动如何组织和优化以创造最大价值，侧重长期的资源规划和持续的能力发展，强调通过保持和增强独特资源来获得长期竞争优势。价值链理论聚焦企业内部资源的独特性及其对竞争优势的影响，侧重短期至中期的操作效率和过程优化，通过持续改进和创新各个环节的操作来提升整体价值创造能力。两者尽管在原理上各有侧重，但都是针对企业内部的分析，因为两者是可以互相兼容、相辅相成的。在此，我们把两者结合起来，将资源作为关键要素纳入价值链的各个环节中，对经典价值链也做了进一步的拓展和重构，形成图 2-2 所示的新型价值链分析框架。

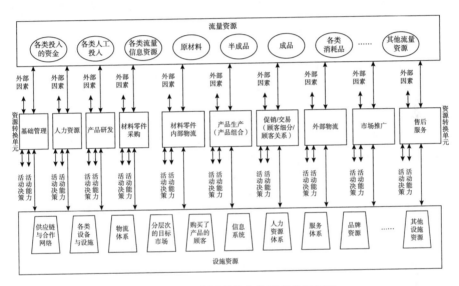

图 2-2 基于资源观的商业模式分析框架

在经典价值链理论中，因为没有清晰说明各个价值生产环节是如何衔接在一起的，所以限制了价值链理论在企业经营分析中的使用，而在图 2-2 中，我们看到资源与价值链活动是融合在一起的，成为一种可以应用于企业商业模式量化分析的新方法。考虑到企业资源在新型价值链中所起的关键作用，资源分析也将是这个新型价值链分析的主要工作，我们称这个新型价值链为基于资源观的商业模式分析框架。

从图 2-2 中，我们可以看到基于资源观的商业模式分析框架与经典价值链理论和资源观理论的不同之处。

第一，引入资源要素。在图 2-2 中，企业经营活动不再是唯一主角，"企业是资源的集合体"这一观点得到了充分的体现，资源被置于价值链的

核心位置，增加了两个资源集：流量资源集和设施资源集。资源集是各项经营活动的对象，所有活动都是面向资源对象的，通过流量资源集和设施资源集，各项分立的经营活动连接在一起，成为一个紧密连接、基于资源经营活动联合体。

第二，统一各项活动的性质。因为将各项经营活动统一视为针对资源的活动，所以我们将各项经营活动统称为"资源转换（活动）单元"，这个称谓更能揭示每项经营活动的本质，即用一组资源通过某种经营活动（生产、交易、合作，甚至仅仅囤积）转换成另一组在量或质上有所不同的资源。

在图2-2中，我们仍然沿用了经典的职能活动名称来称呼各个资源转换（活动）单元，但这只是权宜叫法，也可以说只是表明它们分别侧重于人力资源、产品研发、产品生产等活动而已，在本质上，我们将各项活动视为平等的资源转换活动，在实际分析过程中完全不必拘泥于这些名称所规定的活动范围。基于同样的理由，在图2-2中，支持（辅助）活动与主体活动是并列在一起的，两者实质上并没有区别。

第三，划分的各项活动更加灵活。在经典价值链图中，只有有限的几种经营职能活动，而且各项活动之间是有序安排的，对各项活动的划分是比较严格的，但在现实企业经营中，经营活动的具体形式要复杂得多，不但活动数量很多，而且各项活动经常也不是单纯的人力资源、研发或市场推广。例如，某会员制直销公司定期向潜在会员或听众召开创业说明会，在会上，公司会介绍其业务模式、产品、奖励计划，以及加入公司的职业发展前景，并现场招募会员，从活动效果来说，这既是人力资源活动，也是市场活动和销售活动，很难用单一的称谓命名这项活动。如果按照经典的价值链理论，较难将这样的活动归为哪一类，但在图2-2中则不必拘泥于此，可按活动的实际效果并且考虑管理上的便利性进行灵活处理。

第四，严格区分资源和能力。在经典资源观理论中，资源与能力无法严格区分的，一般被认为是同类性质的事物。在图2-2中，为了更精准地分析资源转换单元的过程，我们将资源与能力加以严格区分，资源是类似于"资产"的事物，是一种可衡量、有价值的事物（包括有形资源和无形资源），而能力是资源转换效率的一种度量。在这里，能力的基础确实与资源有关，但并不等于资源，资源需要通过具体企业组织体系和经营活动类型才能形成能力，比如优秀的科研人员、良好的科研设施、充足的科研经费，这些都是科研相关的重要资源，在有的企业中，能够形成优秀的研发能力，但在有的企业中，因为组织结构、激励制度、企业文化等不同，不能形成同样水平的研发能力。所以，有必要把科研资源与科研能力分开讨论。

第五，引入外部因素。在图2-2中，每个资源转换单元的转换过程还受到外部环境因素的影响，因此，我们还引入了外部环境因素，比如对于销售活动单元来说，投入同样的产品、广告和渠道资源，产生的销售额在市场快速增长期和市场衰退期会有很大区别。

第六，引入决策变量。每个资源转换单元的转换过程还受到决策变量的影响，决策变量在企业经营中相对容易被调整，比如具体的销售价格制定，把价格定在行业平均水平，还是比平均水平高一点或低一点，对销售量的影响是非常明显的；又如渠道中产品的平均库存控制，如果保持较高水平的话，则有利于销售额的提高，但会增加库存成本，反之则相反。这些对企业盈利都是有影响的。

2.4　作为商业模式分析框架的合理性

将经典的资源观理论加以拓展，并与价值链理论相结合，形成如图2-2所示的基于资源观的商业模式分析框架，该分析框架能够将商业模式诸要素纳入分析框架中，并在很大程度上反馈商业模式所关注的重要方面。具体来说，基于资源观的商业模式分析框架能反馈典型的商业模式的方方面面。对这些方面的肯定回答是我们将其称为"基于资源观的商业模式分析框架"的主要依据。

2.4.1　阐释了价值主张的主导作用

在基于资源观的商业模式分析框架中，价值主张一方面体现在交易性资源转换单元中，说明了交易性资源转换单元的工作机制，解释了顾客是基于哪些价值因素购买产品的，以及企业产品提供哪些产品功能才能够满足顾客的价值诉求；价值主张另一方面贯穿基于资源观的商业模式分析全过程，指导企业如何围绕价值主张来安排诸如研发、生产、推广、渠道等类型的经营活动（见图2-3）。

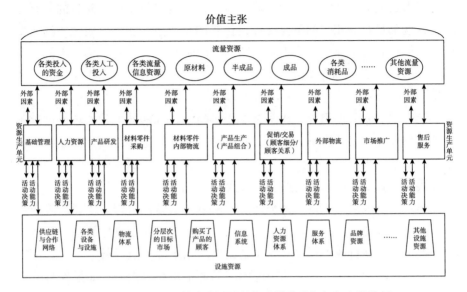

图2-3 价值主张在基于资源观的商业模式分析框架中的作用

以中国知名企业小米为例，其坚守的价值主张是坚持做"感动人心、价格厚道"的好产品，让全球每个人都能享受科技带来的美好生活，该价值主张贯穿于公司经营的各个环节和领域。

(1)在产品研发方面，小米始终以用户为中心，通过"参与式研发"收集用户反馈并快速迭代产品；追求极致性价比，在有限成本内提供超出用户预期的技术性能；注重技术创新，采用包括网络技术、智能技术在内的先进技术，显著提升产品使用体验。同时，小米推行"宽品类，少品种"策略，将研发力量集中在较少品种上，力争实现性能的突破。

(2)在生产方面，小米的单品极致策略带来了规模效应，并通过规模化采购和生产，与全球顶尖供应商合作，在确保产品质量的同时有效控制成本。

(3)在推广方面，小米以"感动人心"的方式进行营销，依靠口碑传播和社群运营，减少传统广告投放成本；企业创始人雷军经常亲自参与其中，其本人也是一个拥有广泛受众的自媒体；通过小米社区和社交媒体平台，小米与用户保持密切互动，鼓励用户参与产品开发和改进，进一步加强品牌与用户的情感连接。这种"粉丝经济"模式不仅提升了用户忠诚度，也显著降低了营销成本，从而使"价格厚道"成为可能。

（4）在销售方面，小米的定价策略非常节制，承诺硬件综合净利润率不超过 5%，采取"薄利多销"的模式；在销售渠道上，小米以线上销售为主，结合线下小米专卖店，既提升了品牌效应，又节约了大量销售成本，有助于进一步降低产品价格。

（5）在产品生态方面，小米构建了全球领先的人工智能+物联网生态系统，通过投资和孵化生态链企业，小米推出涵盖智能家居、可穿戴设备、智能硬件等多个领域的产品组合。这些产品通过小米智能平台实现互联互通，提升了便捷性和用户体验。

（6）在售后服务方面，小米高度重视售后服务，将其作为"感动人心"的重要组成部分，提供便捷的维修服务和高性价比的延保计划，降低用户的维护成本。此外，小米社区的用户互动平台为消费者提供丰富的技术支持和交流渠道，从而进一步提升用户满意度。

（7）在国际化战略方面，小米充分发挥其高性价比优势，重点开拓东南亚市场，进一步扩大规模效应。同时，小米通过全球扩张带来的丰厚利润，支持其价值主张。

由此可见，小米的价值主张在公司各个方面都得到了充分体现，主导了其经营活动。

2.4.2 解释了企业盈利的过程

在基于资源观的商业模式分析框架中，企业盈利的核算逻辑是清晰的。企业所有经营活动被划分成若干个资源转换（活动）单元，这些活动单元是按照可管理性来划分的，既覆盖企业经营活动的全部过程，又在投入产出上相互没有交叉，并且所有资源流都是连续的。在此基础上，分析企业盈利情况就成为一件相对比较容易的事情。

假设企业有 M 种流量资源、N 种设施资源，有 K 个资源转换单元，即 $U_1 \sim U_K$，那么在一个经营周期内，每个资源转换单元的运营都是对这 M 种流量资源和 N 种设施资源的转换，其中每种资源都是连续的，不能凭空产生和消失，也不能凭空变化，它们既是各个资源转换单元的输入，也是各个单元的输出，如此某个资源转换单元的资源输入向量可以表示为 $I_k(k=1, 2, \cdots, K)$，资源输出向量可以表示为 $O_k(k=1, 2, \cdots, K)$，其中 I_k 和 O_k 都是有 $M+N$ 个分量的向量，分别代表 M 种流量资源和 N 种设施资源。

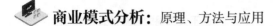

需要注意的是，I_k 和 O_k 中的每一个分量都是连续的，其含义是来自企业外部的输入(如由投资者向企业注入某笔资金)，或者是来自企业自身的存量(企业上个经营周期拥有的资源)，又或者是本周期内其他资源转换单元的产出，不能凭空产生或消失，资源的分配也要遵循现实规律，比如现金资源只能是分割使用的，而品牌资源是可以重复共享的。

在上述规定下，如果在一个经营周期内外部对企业的资源输入向量是 E_k(是有 $M+N$ 个分量的向量)，则经过该经营周期内所有资源转换单元一系列的运营，最终的企业盈利就是 $O_k-E_k-I_k$。

在这里，企业盈利是一个资源向量，这其实是一种更精确的盈利分析，当然也可以折算成货币形式，也就是我们熟悉的企业利润。在后面的章节中，我们还会继续说明。

将全部经营活动划分成全覆盖、不交叉的若干资源转换单元并不是一件容易的事情，需要遵循一些严格的规定，并小心处置，在本书第 4 章将对资源转换单元分析方法做进一步介绍。

2.4.3　说明了收入来源与成本结构

在前面的盈利分析中，已经包含了对收入来源和成本结构的分析，因为是对经营周期内多资源类型进行投入产出核算，在基于资源观的商业模式分析框架中，已经大大扩展了对收入来源与成本结构的分析深度。

收入来源不仅限于销售收入，还包括其他多种多样有价值的资源收入。例如，很多与移动互联网相关的企业在很长一段时间内获得销售收入并不是主要的，顾客的使用量，即业内通常称为"流量"的资源，也是一种重要的收入类型，只要能收获顾客流量，商业模式就是成功的。

针对成本结构的分析则更加灵活，可以根据分析目的对成本结构进行不同项目的分析，如可以分析不同设施资源状态、不同流量资源投入、不同策略下的成本结构等。

2.4.4　体现了顾客细分和顾客关系的作用

在基于资源观的商业模式分析框架中，顾客基础是必不可少的设施资源，是某些资源转换单元必备的输入和输出，如在交易性资源转换单元中，所有产品的销售都是针对特定的顾客资源，这些顾客资源是具体的，因而也是细分的。例如，中国茅台酒在中国高收入的城市顾客群体中可以卖出很高的价格；但在国外，因为不同的习惯口味，则很难卖出同样的价格。此时，中国高收入顾客群体作为茅台酒销售单元输入的设施资源就可以创造较高的销售收入，如果是国外的顾客群体作为茅台酒销售单元输入的设施资源，则不能创造同样水平的销售收入。因此，在基于资源观的商业模式分析框架中，顾客天然就是被细分的。

实际上，在基于资源观的商业模式分析框架中，顾客细分的属性更加精细。还以茅台酒销售为例，并不是所有中国高收入顾客群体都是茅台酒的目标顾客，只有那些对茅台酒有较高认知、收入较高且年龄较大的顾客才是茅台酒最主要的细分顾客，而茅台的推广性资源转换单元要针对这些目标顾客群体提升其规模和认知程度。因此，细分的顾客资源又是茅台公司推广性资源转换单元输出的设施资源。

顾客关系在基于资源观的商业模式分析框架中则被定义为顾客资源的属性，用于说明顾客资源与企业和产品之间的关系，同样也是被更精准定义的。顾客关系在第 3 章将有更进一步阐述。

2.4.5　显示了渠道和合作伙伴的作用

在基于资源观的商业模式分析框架中，渠道和合作伙伴同样是企业经营过程中不可缺少的资源。渠道作为一种设施资源是企业与顾客进行交易的场所，对交易性资源转换活动的转换效率具有关键影响。例如在前文所述的小米公司的例子中，小米的产品销售非常依赖线上渠道，线上渠道一方面没有中间商，降低了销售成本；另一方面使小米公司能够发挥其互联网企业的优势，对市场需求做出快速反应，并使小米公司节约了大量的渠道成本。在合作方面，合作伙伴对合作性资源转换活动的转换效果具有关键影响。如对于一个手机软件开发商来说，是与苹果系统合作，还是与安卓系统合作，抑或与鸿蒙系统合作，其产出效果在不同的市场上可能会有很大差别。

此外，特定的渠道和合作伙伴资源需要有相应的资源建设活动。例如，小米公司之所以能够建立有效的线上渠道体系，是因为小米公司具有互联网基因，其公司团队长期浸润于互联网环境，这些都是公司能够建设有效线上销售渠道的关键资源和能力基础。因此，在基于资源观的商业模式分析框架中，对渠道与合作伙伴的分析比传统商业模式的要素分析更加准确。

总之，通过上述分析我们知道，新构造的基于资源观的商业模式分析框架能够非常好地反馈商业模式研究和实务中关注的重要方面，同时第 1 章涉及的商业模式要素也都可以在基于资源观的商业模式分析框架中得到体现。不仅如此，基于资源观的商业模式分析框架还能完成传统商业模式要素分析及其他分析方法所不能完成的一些任务，即能够更准确地模拟商业模式的运营成果。所以，基于资源观的商业模式分析框架是一个值得进一步开发的，也是本书所提出的新商业模式分析框架。

第3章
资源分析原理与方法

通过第 2 章分析我们知道，在基于资源观的商业模式分析框架中，首要且核心的任务在于实现对企业资源的精确识别与评估。尽管资源被视为企业运营的核心资产，是资源观理论的基石，但是现有文献在资源分析的具体实施方法上仍然相对匮乏。这不仅制约了资源观理论体系的深化发展，还对其在实践领域的应用产生了显著的阻碍。尤其对于本书所提出的基于资源观的商业模式分析模型而言，资源分析方法的缺失构成了一个关键瓶颈。鉴于此，本章提出一种创新的资源分析方法，并详细阐述其理论依据与操作步骤，以期为商业模式分析提供更坚实的理论基础和实践指导。

3.1 传统资源分析存在的问题及解决思路

3.1.1 传统资源分析存在的问题

通过文献研究我们发现，关于企业的传统资源分析通常存在以下一些问题：

其一，资源定义具有模糊性。企业资源包括有形资源和无形资源，如品牌、专利、技能等。传统资源分析对这些资源定义和界定不够清晰，尤其是对于无形资源的范围缺少严格界定。

其二，过度侧重有形资源分析。传统资源分析往往侧重有形资源，如财务资本、物理设施等，而忽视了无形资源和人力资源的价值。随着知识经济的发展，无形资源如品牌、企业文化、专业知识等变得越来越重要。

其三，忽略资源的动态性。随着时间演化以及受外部环境影响，企业资源会不断发生变化，是动态的。传统资源分析常常忽视资源的动态性，使分析者容易忽略对企业真实资源状态的理解。例如，对于中国白酒行业的茅台公司，其品牌被认为是公司最重要且广受市场认可的关键资源之一，这项拥有巨大价值的品牌资源是长期经营的结果，在很大程度上受外部环境影响所形成，将来也有可能会受外部环境变化而产生波动，如果忽略资源的动态性，则将无法准确判断其资源价值的真实状态。

其四，资源分析具有主观性。在传统资源分析中，对资源价值的判断往往依赖于主观评定，缺乏客观和量化的评估方法，这也可能导致对资源真实价值的误判。

其五，资源分析的难度和成本较大。传统资源分析要求企业投入大量时间和资源，包括收集数据、分析信息、评估资源价值等，难度和成本较大，特别是对于中小企业来说，这种分析的执行可能是一项重大挑战。

3.1.2　针对传统资源分析中存在问题的解决思路

针对上述传统资源分析中的问题，我们的解决思路是：对资源的边界进行明确的界定，并要求资源是企业可支配的、可稳定测量的，能够在企业创造价值过程中发挥明确作用的。本章所提出的企业资源分析具体方法将基于这一思路进行设计。

在本书中，资源定义不再是定性和理论上的，而是具有确定内涵的，即资源是能为企业所支配和使用的各种对象，无论是有形资源，还是无形资源，这个对象都必须能够明显在某些经营活动中发挥作用，并为企业盈利做出贡献，还必须能够测量且具有较稳定的测量值。

如果某种资源不能被企业所支配，则被排除在资源清单之外，因为那些不能被支配但又对企业经营起作用的资源应该属于外部因素。如果某种资源不能被测量，也应该被排除在资源清单之外，因为不能被测量就不能被管理。如果某种资源没有在经营活动中发挥明显作用，同样也应该被排除在资源清单之外。忽略一些无用的资源，可以提高资源分析的效率。此外，资源在企业中的存在状态也必须是比较稳定的，不能忽大忽小，在某一时期内，除非有明确的影响因素，否则资源的状态应该不会大起大落。

上述定义将在最大限度上消除资源定义的模糊性，并解决侧重有形资源的问题，同时强调资源的稳定性也是在提醒关注资源的时间特性。当然，这个定义也会在一定程度上缩小资源的范围，这会排除掉一些资源，但我们认为企业资源特征是多方相关的，了解企业部分重要的、关键性的资源就可以在最大限度上了解企业的总体情况。在进行资源分析时，没有必要也没有可能分析所有的资源。正如我们要分析一座山峰的立体形状，没有必要采集所有的坐标点，只要采集有限的几个重要坐标，就可以了解山峰的基本形状。

3.2　资源的类型

表3-1列出了一些较常见的资源类型，并对每类资源的特点进行逐项介绍，让我们对资源有一个直观的认知。需要注意的是，在真实企业中，资源类型可能要比表中类型更多；在每个类型内，还可能有子类型；资源类型之间的界限也不是绝对的，要根据其应用场景来划分。

表 3-1　常见的资源类型

序号	资源类型名	举例
1	设备资源	企业在生产、运营、试验等活动中可供长期使用的机器、设施、仪器和机具等物质资源
2	产品、零件、材料资源	产品是企业用来直接销售给顾客的，零件是企业用来组装成产品的部件，材料是生产产品和零件使用的，它们是最常见的有形资源
3	服务资源	住宿服务资源、交通服务资源、娱乐和活动服务资源、医疗服务资源、教育和培训服务资源、美容和个人护理服务资源、租赁服务资源、云计算和 IT 服务资源、清洁和维护服务资源等
4	金融资源	货币资金、应收账款、预付款项、股票投资、债券投资等
5	软件与信息系统资源	系统软件、应用软件、事务处理系统（TPS）、管理信息系统（MIS）、决策支持系统（DSS）等
6	自然资源	土地资源、矿产资源、气候资源、地热资源等
7	不动产资源	土地、建筑物及其附属物，如树木、草坪、围墙、道路等
8	信息资源	文本资源、图形和图像资源、音频资源、视频资源、数据集等
9	知识与技术资源	企业中员工对信息的理解、解释和应用能力，包括积累的经验、技能、工作流程等，还包括固化在工具、设备中的解决方式和手段等
10	经营权资源	知识产权、标志和形象使用权、商业秘密、特许经营权、使用权和许可权、排他性营销权、新品种保护权、地理标志权、域名权等
11	关系资源	顾客关系、供应商关系、合作伙伴关系、竞争者关系、政府和监管机构关系、投资者关系、社区关系等
12	人力资源	管理人员、专业人员、行政人员、销售人员、操作人员等
13	复合型资源	企业 ERP 系统，其中既包含软件与信息系统，也包括顾客、供应链和运营数据，还包括使用 ERP 系统的具体操作和管理人员

3.2.1　设备资源

设备类资源包括企业在生产、运营、试验等活动中可供长期使用的机器、设施、仪器和机具等物质资源。这些设备是企业从事生产运营的重要资源，它们在很大程度上影响着企业的效能，并构成企业发展的坚实物质基础。在不同行业，设备资源的形态是不一样的；在制造业，可能是数控机床、焊接机、生产线自动化设备、机器人、质量检测设备等；在 IT 行业，可能是服务器、路由器、交换机等网络设备，以及计算机硬件和存储设备等；在医疗行业，可能是医疗影像设备、手术室设备、诊断设备、监护设备等；在物流与仓储业行业，可能是叉车、堆高机、搬运设备、自动化仓库系统、包裹分拣系统、条码扫描设备等；在食品与饮料行业，可能是食品加工设备、包装机械和灌装机械、食品检验和质量控制设备等；在能源与公用事业行业，可能是发电机组、变压器和配电设备、石油和天然气开采加工设备等；在建筑行业，可能是混凝土搅拌机、挖掘机、装载机等土方工程设备，起重机械、脚手架等施工设备，以及建筑测量仪器和质量检测工具等；在服务行业，可能是清洁设备、餐饮服务设备、办公设备和家具等。

设备资源一般是有形的，有复杂的机械、电子结构，主要作为一种经营支持，转换某些流量资源，变成其他有形的或无形的资源。例如，某个工厂的数控机床设备可以把一些原材料加工成成品，但这种转换并不是设备资源独立进行的，通常需要与其他资源协同完成。

3.2.2 产品、零件、材料资源

产品是企业用来直接销售给顾客的，零件是企业用来组装成产品的，材料是用来生产产品和零件的，三者的共性是均为物质的、可分割的，也是最常见的有形资源。

对于制造业企业来说，主要过程就是把材料加工成零件，再把零件组装成产品；对于贸易型企业来说，其业务模式是直接从外部购买产品进行转手贸易；对于服务型企业来说，虽不生产有形的产品，但也常会用到各种材料，尤其是消耗性材料。

产品类型一般可以从其面向的顾客类型、性质或生产方式等维度来划分，如消费品、快速消费品(快消品)、定制产品、电子产品、耐用消费品、文化产品、危险品、工业品、化工产品、建材产品、食品、饮料等。需注意的是，这些分类并非相互排斥。对于产品分类，还需考虑到约定俗成的叫法。

零件类型也可以根据用途、制造材料、功能等维度来划分，如机构零部件、电子零部件、电气零部件、光学零部件、流体系统零部件、传动零部件、芯片零部件等。

材料类型多依据其物理和化学特性、用途及来源划分，如金属材料、陶瓷材料、高分子材料、复合材料、半导体材料、生物材料、纳米材料、可再生材料、智能材料等。

产品、零件、材料是我们最熟悉的，也是最容易理解的资料类型，可以方便地进行存储、转移和使用，也可以方便地进行分割处理。目前经济中存在最广泛的产品、零件、材料交易市场，包括现货和期货市场，可以非常方便地进行这类资源的交易。

3.2.3 服务资源

服务资源是企业能够提供给顾客、具有一定价值的、非物质性的服务活动的总容量。例如，一个餐厅在某个时间段内能够给顾客提供的服务总量就是一种服务资源。

服务资源与产品资源相似的地方是，都能够销售给顾客，获得销售收入，并且也有销售量的限制和性能上的特点，所以在很多时候产品与服务是不加区分的，广义上都称为产品。但两者又是有明显区别的，服务资源具有即时性，是不能存储的，今天的服务资源如果没有销售出去，不能放到明天再销售。另外，服务资源的存在需要其他资源提供支持，不能完全独立存在，如上述餐厅的服务资源需要餐厅场地、原材料和人力资源做支持。

服务资源的类型非常多，也各有不同。

●住宿服务资源，如酒店、度假村或民宿在任何给定时间可供出租的房间数量以及房间类型、位置和附加服务(如早餐或客房服务)各有区别。

●交通服务资源，如航空公司、火车或公共交通系统在特定时间内能提供的舱位类别、座位量等各有区别。

●娱乐和活动服务资源，如演唱会、剧院表演或体育赛事可提供的票务服务是一次性体验，在娱乐和活动项目形式、受欢迎程度上各有不同。

●医疗服务资源，如医生、牙医或其他健康专业人士可供预约的时间总量，以及专业特点、专业水平和服务水平各有不同。

●教育和培训服务资源，如在线课程、研讨会或私人辅导的可用总量，以及教师水平、授课门类各有不同。一般来说，在线课程能够提供的可用总量远大于物理教室，具有很大弹性。

♦美容和个人护理服务资源，如美容院、按摩院或健身房能够提供的预约时间，以及服务品质、服务类型各有不同。

♦租赁服务资源，如设备、汽车或场地等能够提供租赁的总量及租赁服务类型、设备完好性各有不同。

♦云计算和 IT 服务资源，如服务器时间、数据存储空间或软件即服务（SaaS），尽管看起来是无形的，但这些资源也是有限的，取决于提供者的处理能力和存储容量，其在安全性、响应速度等方面各有不同。

服务资源不限于上述类型，其他如清洁服务、配送服务、停车服务、预订系统服务等也都是服务资源。服务资源不能简单地用有形或无形来衡量，因为服务本质上是一个过程，但这个过程往往是在一个有形的实物基础上进行的，可以认为是一种混合形态。服务资源既可以用来直接销售，也可以只在企业内部使用，用来促进和保证企业运营活动的顺利展开。服务资源的即时性使企业往往忽略了对服务资源的监控和管理，这点需要在经营过程中给予特别关注。

3.2.4 金融资源

现金资产是最典型的金融资源。此外，还有很多其他类型的资产在相应的金融市场能够较容易地变成现金资产，这些资产也称金融资源，金融资源的共性是都可以货币来表示。

金融资源包括但不限于下列形式：

♦货币资金，包括企业手头的现金和银行存款，是企业最具流动性的资产；应收账款，指企业因销售商品、提供劳务或其他因素而形成的对外部客户的应收款项。

♦预付款项，指企业预付给供应商的款项，虽然不是直接的金融资产，但是代表了一种债权关系。

♦股票投资，指企业投资于其他公司的股票，可能包括上市和非上市公司的股票。

♦债券投资，指企业投资于政府或企业发行的债券，包括国债、企业债、可转换债券等。

♦其他权益工具投资，除股票和债券外，还可能包括基金份额、衍生金融工具等。

♦长期股权投资，指企业对其他企业的股权投资，持有期限通常超过一年，持有目的不仅是获取投资收益，还可能是取得被投资单位的控制权或者其有重大影响。

● 应收票据，指因销售商品、提供劳务等产生的以正式票据形式确认的应收款项。

● 贸易融资，如信用证等，虽然本质上是一种信用工具，但是可被视为特定条件下的金融资源。

● 金融性物资，虽然有些物资本身是实物，但是通过特定市场可以快速转化为货币，企业持有这些实物也是为了保值增值，如一些贵金属等，因此有时也被视为一种流动的金融资源。

● 金融衍生品，如期货、期权、掉期等金融合约，其价值基于其他基础资产(如股票、债券、商品价格等)的变动。

金融资源可以变现的功能使企业能够用其购买其他各类所需资源，为企业在经营上提供很大的灵活性和抗风险能力，有些金融资源还具有自然增值功能。在各种金融资源中，现金具有最大灵活性和价格稳定性，被认为是最有价值的，因此在企业经营中有"现金为王"的说法。

3.2.5 软件与信息系统资源

软件是计算机程序的集合，包括所有的操作信息和程序，其功能是指导计算机硬件执行特定任务和操作。软件可以分为系统软件和应用软件。系统软件提供基础功能，如操作系统和驱动程序等；而应用软件是为了满足特定用户需求，如文字处理、图像编辑等。信息系统是收集、存储、组织、处理、传输和展示信息的集成方式，旨在支持决策、协调、控制及分析和可视化过程。信息系统通常由人员、数据、过程、技术(包括软件和硬件)等组成，以提高组织或个人效率和效果。

按功能划分的软件包括：系统软件，如 Windows、Linux、macOS、设备驱动系统等；应用软件，如办公软件(Microsoft Office、LibreOffice)、图像编辑软件(Adobe Photoshop)、数据库管理系统(MySQL、Oracle)等。按开发方式划分的软件包括：定制软件，即根据特定用户或组织需求定制开发的软件；通用软件，适用于广大用户，如 Microsoft Word。

按应用领域划分的信息系统包括：事务处理系统，它是处理日常业务事务的系统，如销售订单处理、库存管理等；管理信息系统，它是为管理人员提供定期报告的系统，如财务报告系统等；决策支持系统，它是帮助管理层进行决策的系统，如数据仓库、在线分析处理（OLAP）等；客户关系管理系统（CRM），它是管理与客户相关的所有交互信息的系统，如 Salesforce 等；企业资源规划（ERP）系统，它是整合组织内部所有或大部分业务流程的系统，如 SAP ERP、Oracle ERP 等。

软件与信息系统是较为特殊的资源形式，它是无形的，但又不能脱离计算机系统(或者云计算机)，是用计算机语言集成的人类智慧的延伸。这类资源在某种程度上可以取代人类工作，很多时候其效率和准确性要远胜于人类，而且可以与人的智力和成果融合在一起，对用户有很大粘性。此外，软件与信息系统资源还具有非常强的可复制性，很容易被复制到相似的工作流程中。

3.2.6 自然资源

自然资源是指自然界中存在的、未经人类加工或经过较少加工就可以被人类利用的资源。这些资源可以是物质的，也可以是非物质的，它们对人类社会的生产活动和生活质量具有重要影响。

自然资源的分类方法多种多样，按可再生性可以分为可再生资源和不可再生资源。可再生资源是指自然界中能自我恢复和再生的资源，只要合理利用，就不会枯竭。太阳能是来自太阳的能量，可以通过太阳能电池板等转化为电力；风能是由空气流动产生的动能，可以通过风力发电机产生电力；水资源包括河流、湖泊和地下水等，可以用于饮用、灌溉和发电，一些特殊的水资源还可以用于酿造；森林资源涵盖森林中的木材和非木材林产品，如树脂、药材等。不可再生资源是指一旦使用就会减少的资源，不能恢复或在人类时间尺度内无法自我恢复。例如，矿产资源中的煤炭、石油、天然气、金、银等资源，都是经过数百万年乃至更长时间形成的。

自然资源按形态可以分为有形资源和无形资源。有形资源是指具体可以触摸的自然资源，例如：土地资源，包括农用地、林地、草原等；矿产资源，包括各类矿产等。无形资源是指不具体或没有确实形态的资源，例如：气候资源，包括适宜农作物生长和吸引旅游的气候；地热资源，包括地球内部可以用来发电和供暖的热能等。

有些地理名称是历史形成的，应属于自然资源的一部分，是无形的自然资源，一般是属于全社会的，企业对其并不具有专有性，但在有些情景下，也可以成为企业专有的或较大程度上专有的资源。国内一些名酒企业，由于历史因素，对一些地名具有排他的使用权，从而使地名成为企业专有的品牌名；一些旅游企业对名山大川也拥有很大程度的经营权；还有很多企业拥有自然矿产资源的开采权。稀缺的自然资源，无论是有形的，还是无形的，往往拥有极高的经济价值，能够帮助企业形成独特竞争优势。

3.2.7 不动产资源

不动产资源指的是与土地紧密相关且不可移动的资源，包括土地本身及其上的建筑物和其他固定结构。不动产资源是重要的经济资源，对于住房、商业活动、工业生产等都至关重要。以下是不动产资源的分类和一些例子：

❂土地，它是不动产资源的基础，包括各种用地类型，如商业用地、住宅用地、工业用地等。

❂建筑物，包括房屋、商业建筑、工厂、仓库等各类建筑物和设施，如住宅楼、办公楼、购物中心、生产车间等。

❂附属物，指不动产上附着的动产，这些附属物与不动产有着密切的联系，如树木、草坪、围墙、道路等。

❂不动产资源的价值通常较高，且具有长期性和稳定性，在企业的经营中起着重要作用：可以用于租赁，获得长期稳定的收入；可以作为企业的储备资产，在需要资金时向外出售；可以作为企业的销售渠道。对于一些面向大众的企业来说，如零售企业、餐饮企业、娱乐企业、旅游企业和酒店企业，拥有良好地理位置的商业不动产是企业获得竞争优势的重要支撑。

3.2.8 信息资源

信息资源是指组织或个人为了实现目标、完成任务或做出决策而收集、存储、处理和分发的数据和信息。从本质上讲，信息资源既可以是数字化的，也可以是非数字化的，如图书、绘画、磁带等，但在计算机普及的现在，数字化是主要形式，其数量要比非数字化信息高很多个数量级。信息资源在知识经济时代变得尤为重要，是现代社会不可或缺的资产之一。信息资源的内容形式包括：文本资源，如书籍、报告、新闻、文章、手册等文本形式的信息；图形和图像资源，如照片、图表、地图和绘画等视觉信息；音频资源，如音乐、语音等听觉信息；视频资源，如数字化电影、教学视频、新闻报道等视听信息；数据集，如各类统计数据、科研数据、用户数据等结构化或非结构化的数据集。

数字化的信息资源可存储在企业的计算机系统中，或者是企业租赁的云服务器中，其所有权是属于公司的。它的作用包括但不限于：为企业决策提供必要的数据和信息，帮助管理层进行市场分析、风险评估和战略规划，从而使其做出更加合理的决策；收集和分析顾客信息，帮助企业更好地理解顾客需求，提升顾客满意度和忠诚度，从而促进销售和提升品牌价值；利用信息资源进行市场需求分析、技术趋势跟踪和创新思维激发，促进新产品或服务开发，增强企业创新能力和竞争优势等。

信息资源与一般的有形资源不一样，是一种可复制资源，不会因为使用而减少。此外，信息资源还有越使用越有价值的特点，对信息的深度利用不仅可以创造价值，还可以使信息资源本身越来越有价值。

3.2.9　知识与技术资源

知识与技术资源和信息资源是密切相关的两种资源，在某些情景中，两者的界限甚至是模糊的，但严格来讲，两者还是有明显区别的。

信息资源是以文字、图像、音频、视频、数据形式具体存在的，而知识与技术资源涉及企业中员工对信息的理解、解释和应用能力，包括积累的经验、技能、工作流程等，还包括固化在工具、设备中的解决问题的方法和手段。

知识与技术资源可能是显性的，也可能是隐性的，但信息资源基本上都是显性的，因此从传播角度来看，知识与技术资源的传播难度要远大于信息资源，有些知识与技术甚至是无法传播的。

两者也是高度联系的，知识与技术资源尽管可以只存在于人的大脑中，但是大多数时候也要借助于信息资源的形式加以存储和发展，并且知识与技术资源在发挥作用时也经常需要依赖信息资源(如数据库)支持。

知识与技术可以分为显性的和隐性的。显性的知识与技术是结构化及容易文档化、存储和传递的知识与技术。它通常以书面形式存在，容易共享和教授，如操作手册、公式、编程代码、公司操作程序等；隐性的知识与技术是基于个人经验、直觉和内隐理解的知识与技术，不易通过语言或书面完整表达，如老员工的工作技能、经验教训、创新思维、领导方式、团队协作方式等。

对于企业而言，知识与技术资源相当于一种软设备，可以在企业的各类经营活动，如产品创新与开发活动、提效降本活动、市场活动、生产活动中持续发挥作用。由于知识与技术资源多与人员有关，因此维持知识与技术资源的水平需要同时维持人力资源，并且需要较高的人力费用。

3.2.10　经营权资源

经营权资源是指企业拥有某种能够带来价值的经营权，是国家法律和规定赋予企业的某种权利，典型的如移动通信公司在某国或某个地区的经营牌照具有巨大价值，例如，2010 年中国移动以 1.75 亿港元获得 15 年的香港地区移动电视牌照。经营权资源在很大程度上取决于法律体系安排，由法律具体条文规定。此外，经营权资源还具有专有性和有限期限性：专有性是指为企业提供市场上独占地位或竞争优势，它限制了其他企业在没有授权的情况下使用相同经营权；有限期限性是指大多数经营权资源，如专利和版权，都有一个法定的保护期限。

经营权资源的类型也很多，包括但不限于下列这些：

🌢知识产权，涵盖专利权、版权、工业设计权等，保护企业研究、发明的知识成果不被其他企业或个人复制或使用。知识产权一般是由企业知识与技术资源转换而来，但与知识资源是有区别的，是法律规定的专有权利。一个企业可以在转让知识产权的同时仍然保留其知识与技术资源，两种资源是可以分开的。

🌢标志和形象使用权，包括品牌、特产品名称等，在法律的保护下，只能被企业使用，或由企业授权给他方使用。

🌢商业秘密，包括未公开的经营信息、技术、配方等，对企业具有重要价值，通过签订保密协议等法律手段予以保护。

🌢特许经营权，允许企业按照特定品牌或商业模式进行经营，包括品牌授权和加盟店经营模式。

🌢重要资源的使用权和许可权，涉及对土地、自然资源、广播频率等使用权，以及将自有知识产权许可给他人使用的权利。

🌢排他性营销权，指特定市场或地区内独家销售某产品或服务的权利，排除产品和服务所有企业再授权他方使用，通常通过合同的方式赋予。

🌢新品种保护权，指针对植物新品种的保护，赋予育种者特定期限内独家繁殖和销售权利。

● 地理标志权，保护某地区内特定产品的名称和品质，确保只有符合特定地理来源和质量标准的产品才能使用该名称。

● 域名权，指域名所有者针对域名享有的权利。互联网域名作为企业在线身份和品牌的一部分，对企业的网络营销和品牌识别具有重要价值。

经营权资源的功能在于国家管理部门能够让企业经营某些特别的业务，这些业务因为有较少竞争者，有些还有定价权，往往能够获得较高的利润。在一定的法律框架下，经营权资源与实物资源一样，是可以相对独立存在的，有时还可以转让出售。经营权资源可以由国家管理部门指定获得、拍卖获得、交易和并购相关企业获得。

3.2.11 关系资源

关系资源是指企业在其经营活动中与各种利益相关者建立的网络和关系，这些关系基于互惠互利原则，可以为企业带来各种资源、信息、支持和机会。关系资源可以被认为是企业社会资本的重要组成部分，对获取竞争优势、提升市场地位和优化资源配置具有至关重要的作用。

关系资源包括但不限于下列关系类型：

● 顾客关系，即与特定顾客建立的长期稳定关系，这些关系有助于保持客户忠诚度、提升品牌声誉和增加市场份额。会员计划、定制服务、顾客忠诚度奖励等措施可以维护、优化顾客关系资源。

● 供应商关系，即与供应链上游供应商建立的关系，这些关系到供应的稳定性、成本效率和产品质量。与原材料供应商签订长期合同可以维护、优化供应商关系资源。

● 合作伙伴关系，即与其他企业或组织的合作关系，旨在共同开发市场、共享资源或技术合作。与合作者订立战略联盟、联合研发项目、共同进行市场推广可以维护、优化合作伙伴关系资源。

● 竞争者关系，虽然是竞争关系，但是通过行业协会、标准制定等可以与竞争者维持一种相对透明、公正的竞争关系，以降低经营风险。

● 政府和监管机构关系。与政府部门和监管机构保持良好关系有助于更好地理解和遵守法规要求，避免政策风险，有时还会影响政策制定、获得政府项目承包。

● 投资者关系，即与投资者和财务市场的关系，关键在于透明度和信

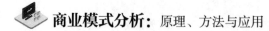

任，有助于确保资金来源的稳定性和成本效率。定期、规范的投资者通信、财报公布、股东大会有助于维护、优化投资者关系资源。

● 社区关系，即与企业运营所在地社区的关系，包括企业在社区民众心目中的形象和定位、企业在社区承担的责任、企业在社区能够获得的便利条件等。良好的社区关系有助于提升企业的品牌形象，降低运营成本，促进销售，降低经营风险。企业可以通过一系列社区服务项目、社区环境保护计划、社区公共教育支持来维护和优化社区关系资源。

关系资源在经营中可以为企业提供各种信息和经营机会，降低经营风险，尤其可以减少与各类利益相关者之间的交易成本。例如，让顾客认知企业品牌，或者曾经把产品销售给顾客并取得了顾客好感，那么就与顾客建立了一种关系，这种关系有利于企业用较低交易费用继续把产品销售给顾客。类似地，与合作者建立了良好关系，就更容易与合作者继续合作；与竞争对手建立了公平、坦诚关系，也有利于避免出现恶性竞争，降低可能带来的潜在风险。

因此，一个企业如果与利益相关者各方拥有了良好的、较广泛的关系，其实也就拥有了有益资源，有利于取得良好经营绩效。

3.2.12 人力资源

人力资源是指在企业中工作的所有人员总和，包括他们的知识、技能、经验，以及与工作相关的潜能。在企业中，人力资源不仅是执行日常任务的工作力量，还是推动企业创新、提升竞争力、实现长期目标的关键资本。良好的人力资源管理能够确保企业拥有并保留所需人才，满足其业务目标和增长需求。

人力资源包括但不限于下列类型：

● 管理人员，即负责制定组织策略和政策、管理组织日常运作的人员，通常包括高级管理人员，如 CEO、部门经理等。

● 专业人员，即具有专门知识或技能的员工，通常拥有高等教育背景或专业资格证书。这类员工在特定领域如工程、法律、会计或 IT 等方面提供专业知识。

● 行政人员，即执行组织日常行政任务的员工，如文档管理人员、日程安排和办公室维护人员、接待人员等。

● 销售人员，即直接与顾客互动、负责产品销售和顾客服务的员工，这类员工重视沟通技巧和市场知识。

● 操作人员，即在生产线或服务交付前线工作的员工，这类员工通常是组织核心产品或服务的直接制造者或提供者。

● 人力资源还可以分为全职员工与临时或合同人员，全职员工是与企业签订长期、稳定雇佣关系的员工，临时或合同人员是为满足短期内增加的需求或完成特定项目而雇用的员工，可能不享有与全职员工相同福利或工作保障。一般情况下，全职员工忠诚度更高，也更能胜任一些复杂的管理和技术工作，临时或合同人员则在用工形式上更加灵活。

人在企业中的作用无须赘述，需要注意的是，人力资源与物质资源有很大的区别，也就是"人"与"物"的区别：一是企业对待人力资源要体现人文关怀，不能将其当作"物"来看待，要考虑到很多情感因素；二是维持人力资源需要较高的成本，人工费用经常是最主要成本之一；三是人力资源具有较大不稳定性，内外部环境变化经常会对人力资源状态产生较大影响；四是企业对人力资源的专有性是有限的，当人力资源越来越有价值时，企业并不能独享资源带来的溢价，需要不断提高人员成本。

3.2.13 复合型资源

前述举例的资源类型都是企业中常见的，在企业中还存在一些不寻常或更复杂类型的资源，这些资源不属于上述任何一种类型，是几种类型的复合形式，称为复合型资源，在此给予特别说明。

复合型资源是几种类型资源的高度融合，是无法分开进行分析的资源。复合型资源在企业中是常见的，如高效的管理信息系统与开发使用该系统的技术人力资源甚至整个管理团队都是分不开的，如果把该系统与人力资源分开，则很难说明其资源状态。这种情况在企业中是常见的，两个企业布置了同样的 ERP 系统，一家可能使用的效果非常好，另一家使用可能就是灾难。因此，信息系统与技术和管理人力资源形成的就是复合型资源。

对于复合型资源进行分析可以采取两种方式：一种是突出复合资源中的主要资源，以主要资源的类型进行分析；另一种是细分其中所有类型资源特点后，把复合资源当作一个新的资源类型进行分析，当然也可以给它取个适当的新名称。前一种方法比较简单，但可能不够准确，后一种会更准确，但也会更加复杂，需要的分析技巧也更高。

3.3 资源分析的内容

在基于资源观的商业模式分析框架中，资源分析需要遵循一定的规范，进行完整资源分析包括根据资源在转换中的作用方式确定其是设施资源还是流量资源、资源功能性描述、资源可分割性表述、资源属性表示等，最后给出资源分析的规范描述。

3.3.1 设施资源和流量资源

在本书第2章提到，企业经营过程是由一系列资源转换单元组成的，资源分析首先要分辨资源在转换过程中是以什么方式起作用的。

企业中每一类资源根据其在转换过程中的作用方式，可以分成设施资源和流量资源两大类。

设施资源是指在资源转换单元中作为支持作用而存在的资源，可以将其视为支持资源转换活动的"设备"，在资源转换过程，只会产生磨损，而不会转移到产出资源中。例如，工厂中的厂房和设备，在加工零件或成品时，其组成部分是不会转移到零件或成品中的；品牌资源能为产品增加附加价值，但其本身不会因此被消耗；知识与经验在产品生产过程中起着重要作用，但也不会因为生产活动被消耗。人力资源、渠道资源也有类似特点。上述这些资源就像是设施一样，是进行资源转换的工具，因此被称为"设施资源"。

流量资源是指在资源转换单元中完全转换到产出中的资源，如加工零件或成品时所使用的原材料、所消耗的电力、所消耗的人力等，都可以被认为是完全转移到了零件或成品中。这类资源可以被认为是"流"进所产出中，故被称为"流量资源"。

需要注意的是，关于设施资源和流量资源的划分是根据其在转换单元中的投入方式来进行的。

如果一种资源在某个转换单元中只作为产出资源出现，那么如何判断该资源是流量资源还是设施资源呢？这就需要分析该资源在整个经营活动中是如何起作用的，如在其他资源转换单元中：如果该资源是作为流量资源投入的，则被视为流量资源；如果是作为设施资源投入的，则被视为设施资源；如果在本企业的所有经营过程中都没有作为投入资源，则可以进一步考察该资源在一般情景下，如在市场的其他企业中，是以什么方式进行投入的。

还有一类情况，如果某类资源在一个转换单元中是流量资源，而在另一个转换单元中是作为设施资源的，在这种情况下，宜将资源分别作为设施资源和流量资源进行分析。例如，资金资源很多时候是作为流量资源的，但在某些特殊情况下也可以作为财务实力资源而存在，财务实力资源就是一种设施资源，能够支持企业开展某些金融经营活动。

还需要注意的是，上一节中提到的各类资源，很多既可以作为设施资源，也可作为流量资源，要根据具体应用情景确定。

3.3.2 资源功能性

资源最重要的特性在于其具有功能性，资源分析必须说明资源功能性是什么。所谓功能性，就是资源有什么作用，这些需要在资源分析中给予说明。

资源功能性体现为在资源转换单元中资源是如何起作用的。下列就是一些常见的资源功能性：

♦通过某种经营活动直接转移到另一种形态的资源中，作为新资源的一部分，如一种原材资源通过加工生产出另一种产成品。

♦通过交易活动和合作活动与其他利益相关者进行交易，换取所需要的资源，如利用现金在市场上购买设备就是完成从金融资源到设备资源的变换。

♦有些资源还具有自我增值功能，可变成价值更高的同类资源或者另外一种价值更高的资源，如货币放在银行里可以产生利息，好地段的房子即使不使用也会不断增值，土地资源通过加工改造成公园。

♦作为有形或无形工具支持其他资源转换过程。

♦作为一种信用保证。

♦作为一种决策支持。

资源功能性不限于上述这几类，其在不同经营场景也有不同功能。

3.3.3 资源可分割性

资源可以分为可分割使用的资源与不可分割使用的资源。一些无形资源，如信息与经验等就是不可分割使用的资源。

❖ 可分割使用的企业资源

常见的可分割使用的企业资源如下：

♦ 财务资源。企业资金就是可以分割使用的资源。例如，企业可以将资金分配给不同部门或项目，以满足各自运营和发展需要。

♦ 物质资源。原材料、设备等物质资源在某种程度上也是可分割使用的。例如，原材料可以根据生产需要切割、分配给不同生产线。

♦ 人力资源。虽然人是不可分割的个体，但是在企业运营中人力资源可以根据需要进行分配。例如，员工可以被分配到不同部门、岗位或项目中，以支持企业各项活动开展。

♦ 工时资源。工时也是可以被分割使用的资源。企业可以将工作时间分配给不同任务，或者安排员工轮班工作，以充分利用工时资源。

❖ 不可分割使用的企业资源

常见的不可分割使用的企业资源如下：

♦ 品牌声誉。企业的品牌声誉是一个整体，无法将其分割成独立的部分。品牌价值体现在企业整体形象和市场对品牌的整体认知中。

♦ 专利技术。一项专利技术作为一个整体被保护，不能将其核心技术或创新点单独分割出来使用。

♦ 企业文化。企业文化是由企业价值观、信仰、行为规范等构成的一个综合体，不可分割。它影响着企业内部各个方面和所有员工。

♦ 高级管理团队。虽然团队成员是独立个体，但是高级管理团队作为一个整体，其协作和共同决策能力不可分割。团队默契和配合对于企业战略方向和运营管理至关重要。

3.3.4 资源属性

资源作为企业的基础，最重要的是数量和品质上的属性，这些属性决定了资源价值。例如，在芯片制造企业中，光刻机是最重要的设施资源，它负责将电路图案转移到晶圆上，是整个芯片制造过程中技术含量最高、成本最昂贵的设备。光刻机最重要的属性就是产量和分辨率。

❖ 资源属性的表示

在实际描述某个资源时，资源属性可以用连续值、名义值或序数值表示。如果在整个经营期间，属性值是不变的，则是常量属性；属性值是可变的，则是变量属性。通过对变量属性进行操作可以产生不同的对应经营效果，因此变量属性在经营中具有重要管理意义，变量属性决定了资源的主要测量方式。在某些情况下，变量属性会有多个，这会大大增加资源转换分析的复杂程度。不过，原则上并没有规定企业资源不能有更多的变量属性。

资源属性值可以是连续值、名义值或序数值。

◆ 连续值是指可以在某个区间内任意取值的数据类型。这意味着连续值可以无限细分，理论上可以有无限多个可能的值。连续值通常用于表示长度、重量、温度等。这类值的特点是不仅可以进行基本的数学运算(加、减、乘、除)，还可以进行复杂的数学分析，如计算平均值或标准差等。

◆ 名义值也称分类值，是指用于标识数据类别或名称的值，它们代表的是没有数学意义的分类信息。名义值用于区分不同的类型、性质或类别，如性别(男、女)、血型(A、B、AB、O)或国籍等。名义值之间没有顺序或数学运算的概念，它们主要用于分类和标记。

◆ 序数值介于连续值和名义值之间，是指可以排序或有明确顺序的值，但这些值之间的差距不一定是均等的。序数值用于表示有序列的类别，如受教育程度(小学、中学、高中、大学等)、满意度调查(不满意、一般、满意、非常满意)等。虽然序数值可以排序，但是不能进行数学运算，因为它们之间的"距离"是未知的或是不具有实际数值意义的。

❖ 资源属性表示的格式

资源属性可以用下列格式表示：

资源名【变量属性 1/变量属性 2/常量属性/常量属性/……】

其中，变量属性在商业模式分析过程中是变化的，用下划线标注；常量属性是对资源的定性说明，在分析过程中是不变的。需要注意的是，常量属性的不变只是在分析期间为简化分析而设置的，没有永久不变的资源属性。变量属性越多，分析的复杂性会大大增加，因此数量不宜过多，一般是 1 个，最多不超过 2 个，如果资源在分析过程中没有明显变化，那么变量属性也可以是 0 个。此外，所有的资源属性如果有单位，也都要列出。

例如，资金资源可用 3 个属性表示，即数量、可变现性、可流通性，假设 1 亿元资金，为现金，仅在国内流通，则可表示为资金【1 亿元/1/0.5】。其中，现金可变现性设为 1(如果是 1 年以上，可变现设为 0.5；3 年以上，可变现设为 0.1；其他类推)，国内流通设为 0.5(如果是国际自由流通，

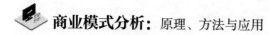

设为1，如黄金；如果是多国可以流通，设为0.7；如果只能在小范围市场上流通，设为0.1；其他类推)。

3.3.5　资源分析的规范描述

一般完整地分析一项资源，需要包括下列内容：

◆资源名称。给资源取一个合适的名称，名称应该简洁、容易理解，并且能够概括资源的基本特点。

◆资源功能描述。对资源功能，也就是资源在企业经营中的作用，进行适当描述，指出资源能够为企业创造哪些价值。

◆资源特性说明。描述资源在企业中是以什么形态存在的，是否可以分割，是流量资源还是设施资源。

◆资源属性说明。一般情况下，资源都有若干属性，用来描述资源的状态，包括数量属性、品质属性、功能属性等，如品牌资源可以设置品牌知名度、品牌溢价水平作为属性。对资源属性进行说明也是资源分析不可缺少的内容。资源属性数量可以根据具体情况来定，但要进行适当的概括，最好不要超过4个，太多的资源属性会使分析工作量急剧增加。

3.4　按类型划分的资源分析示例

根据资源分析规范，下面列举几种不同类型的资源分析示例，这些示例并不是一成不变的，只是提供了相应类型资源分析的一种可行方案，为之后相似的资源分析提供一种可参考的范本。在基于资源观的商业模式分析框架中，资源分析的目的是更好理解和分析商业模式，具有实践特点，不断丰富的资源分析案例可以提高商业模式分析的准确性和有效性。

3.4.1　设备资源分析示例

以快递企业设施资源为例。

快递企业的快递能力是由其拥有的快速分拣中心设施、仓储设施和干线运输设施决定的，每种设施又是由多种设备系统组成的，如在分拣中心里，有输送系统、识别系统、控制系统、分拣器件等。每个系统又有多台设备，其中还包括了场地资源，这属于不动产资源，从某种程度上讲，分拣中心是复合型资源，包括了一些不动产资源，但由于其中的设备是主要的，因此作为设备资源对待。考虑到分析的效率，在对快递企业的设备资源进行分析时，不宜划分太细，这里我们将确定快递产能的所有设施打包起来作为一个整体进行分析。

◆资源名称：快递产能设施(设备资源)。

◆资源功能：快递产能整体设施决定了快速公司的快递吞吐量，具体包括多种设施，如分拣仓库、自动化分拣系统、扫描跟踪设备、运输车辆、装卸设备、信息技术系统、包装设备、能源管理系统等，还包括所配置的人力资源及其他相关的设备，快递产能设施的主要功能是作为设施资源支持快递公司快速形成产能容量。

◆资源特性：快递产能设施是实物形态的，可以分割和转让；在经营过程中，快递产能设施作为一种设施资源，会发生折旧(包括有形和无形的折旧)和产生运营费用，需要较高的固定维护成本，即使在不运营的情况下，也会产生一定成本费用，因此单件成本具有较明显的规模效应。

◆属性1：额定产能量——连续值的定量指标，说明快递产能设施在正常运作的情况下能够支持的日快递吞吐量，一般用"万件"作为单位。由于快递市场的波动，快递公司的实际产能量一般在额定产能量的80%～120%，超过100%时，快递公司会用加班、超负荷方式进行短时间调整。本属性可以通过快递产能相关设计方案数据及企业实际运行数据获得。

◆属性2：运维效率——连续值的定量指标，说明在正常产能水平下单位快递的运维成本，一般用"元/件"作为单位，这项成本反映了快递产能设施的品质，越低越好。本属性可以通过快递产能相关设计方案数据及企业实际运行数据获得。

◆属性3：价值量——连续值的定量指标，代表全部快递产能设施的资产净值或原值，说明该资源的货币价值，一般用"亿元"作为单位。选择用货币而不是设施的实物量来表示，是因为作为一个整体，快递产能设施里有非常多类型的其他资源，用价值量表示更可行，也更具客观性。本属性可以通过快递企业财务系统记录数据获得。

◆属性4：处理时效——连续值的定量指标，说明在正常产能水平下快递的平均处理时间，一般用"小时"表示，反映了快递产能设施的另一种品质，这个值越小越好。本属性可以通过快递产能相关设计方案数据及企业实际运行数据获得。

如果一个快递产能设施资源的额定产能量是6000万件，运维效率是

1.2元/件，净资产价值是150亿元，处理时效平均为49小时，则可以如下表示：

快递产能设施【<u>6000万件</u>/<u>1.2元/件</u>/150亿元/<u>49小时</u>】

其中，有下划线的属性量为变量，在商业模式分析中是变化的；没有下划线的是常量，在分析期内没有变化。

3.4.2 产品与材料类物质资源分析示例

以某品牌服装企业产成品为例。

某品牌服装公司主要销售收入来自服装成品资源，这是一种典型的产品资源。服装成品是指已经生产出来的、可以直接用来销售的服装，由公司自产或由外包企业生产。在生产过程中，由于款式、原料、加工方式不同，所形成的服装成品特性会有较大区别，对销售会产生不同影响。分析服装成品资源是确定该公司商业模式的重要内容。

◆资源名称：服装成品（产品与材料类资源）。

◆资源功能：服装成品在很大程度上决定了服装企业的销售状况，品质优秀的服装会给顾客带来更高的使用效用，在与顾客价值交换中起到重要促进作用。此外，服装成品采用什么款式、什么包装，甚至数量多少，对于特定顾客群来说，也有不同影响。在这里，服装成品主要是指服装成品本身，不包括与之相配套的品牌资源。

◆资源特性：服装成品是实物资源，可以很容易地分割；在经营过程中，服装成品是一种流量资源，会随着销售完全转移到顾客手中；服装成品还具有较强时效性，随着存续时间延长，会较快贬值。一般服装成品如果没有在当季销售出去，过季后就要大幅度降价处理。此外，服装成品体积较大，仓储成本也比较大。

◆属性1：价值量——连续值的定量指标，指全部服装成品净价值，这个价值是从全生产成本角度计算的，一般用"亿元"作为单位。用价值量而不是实物量来表示，是因为服装成品的品种和数量极多，用价值量表示更加简洁和概括。本属性可以通过企业内部运营数据获得。

◆属性2：单件成本——连续值的定量指标，指平均每件服装成品价值，用价值量除以件数总量就可以获得，一般用"元"作为单位。单价属性变化可以反映企业生产方式变化，如在生产规模越来越大的情况下，单件成本会越来越低。本属性可以通过企业内部运营数据获得。

●属性3：产品增值率——连续值的定量指标，指服装成品平均售价相较于单件成本增长水平，一般用"%"作为单位。增值率变化可以反映企业定价策略变化，走差异化战略的品牌服装公司在品牌上升期产品增值率是不断提高的。本属性可以通过企业内部运营数据和销售数据获得。

●属性4：时效性——连续值的定量指标，指服装成品应季情况，需要设计计量方法，如可以用平均服装成品库存时间来衡量，那么就用"天"作为单位，时效性越强，天数就越少。企业销售能力越强，其时效性就越强。本属性需要通过对销售数据进行深入分析才可获得。

●属性5：适销性——连续值的定量指标，指服装成品适合销售的情况，也需要设计计量方法，如可以用全部服装平均季度周转率来表示，单位为"次"，如果全部服装每个季度内周转率越高，则适销性越强。本属性可以通过对销售数据进行分析获得，也可以通过对顾客进行市场调查获得。

如果一家品牌服装公司在某个时点的全部服装成品价值为 9 亿元，单位生产成本是 159 元，平均售价是 285 元，也即产品增值率为 79.2%，平均生产出来的时间是 25 天，估计要在 2 个月内销售完，季度周转率是 1.5次，则该服装成品可以如下表示：

服装成品【9 亿/159 元/79.2%/25 天/1.5 次】

其中，有下划线的属性量为变量，在商业模式分析中是变化的；没有下划线的是常量，在分析期内没有变化。

3.4.3　服务资源分析示例

以口腔医院服务资源为例。

某口腔医院的主要收入来自口腔医疗服务的销售，这是一种典型的服务资源。口腔医院的收入规模在很大程度上受制于口腔服务规模大小，尤其是业务繁忙时期，往往会因为服务资源有限而放弃一些顾客。口腔服务不仅在规模上有差别，而且在服务专业化水平、服务水平上也有差别。

●资源名称：口腔医疗服务(服务资源)。

●资源功能：口腔医疗服务包括常规的口腔检查和清洁、蛀牙治疗、牙齿矫正、牙齿美容、牙齿修复和重建、口腔疾病治疗等多种项目，专业化水平高的口腔医院能够提供多种口腔医疗服务，这是吸引顾客的主要原因。此外，服务流程是否让顾客满意、医院地理位置是否便捷也是顾客关注的内容。口腔医疗服务容量并不是指口腔医疗服务本身，而是指作为一个整体，口腔医院能够提供的医疗服务规模，口腔医院的任务就把这种服务资源分割成一个个具体的服务项目，并尽可能地用较好的价格销售出去。

●资源特性：口腔医疗服务是一种存在于有形空间的服务资源，可以分割销售；在经营过程中，口腔医疗服务也是一种流量资源，会随着销售过程完全转移到顾客手中；口腔医疗服务还是一种具有完全时效的资源，会随着时间流逝而线性消失，如上一个时段的服务资源若是没有销售出去，则下一时段也不能再利用了；维持口腔医疗服务也需要消耗费用，与时间长度成正比。

●属性1：服务容量——连续值的定量指标，指单位时段能够服务的顾客总量，一般用"人次/日"或"人次/周"来衡量，具体是哪种要看顾客平均能够容忍的口腔医疗服务预约时间，如果较短，就是"人次/日"，而如果较长就是"人次/周"。本属性可以通过分析企业设施情况或内部运营数据获得。

●属性2：资源利用率——连续值的定量指标，指全部口腔医疗服务容量的有效利用率，一般用"%"来衡量。这个属性与多种因素有关，包括顾客定位、地理位置、管理水平等，如所处地理位置人口越密集、顾客生活水平越高、医院管理水平越高，利用率就越高。此外，这个属性还与顾客能够容忍的预约时间有关，时间越长，口腔医院越能够从容安排，提高利用率；反之，则会降低利用率。本属性可以通过分析销售数据获得。

●属性3：服务专业水平——连续值的定量指标，由口腔医院设备水平、医生治疗水平等决定，专业水平越高，越能应对复杂的口腔问题，并且治疗效果更好，因而也就越能吸引顾客支付较高价格。专业水平的具体数值可以通过专家评估或者顾客调查方式获得，也可通过医院所得到的评级证书、获奖证明及所拥有的高级别医生数量来估计。

●属性4：服务满意度——连续值的定量指标，是顾客对医院提供的口腔医疗服务质量的整体评价，取决于口腔医院多种条件的水平，包括医生专业技能、服务态度、等候时间、环境舒适性、沟通方式、顾客知情程度、预约方式、安全与卫生情况，甚至与顾客参与性也有关系。服务满意度越高，该医院对顾客吸引力也越大，有些专业水平不太高的口腔医院有时会用提高服务满意度的方法来吸引顾客。服务满意度并不是一个明显指标，可以通过专家分析和市场调查获得。

假设一家拥有 20 床牙科椅及相关设备的口腔医院所拥有服务容量为 200 人次/日，牙科椅平均利用率为 80%，专业水平为 90 分(业内最高水平为 100 分)，服务满意度为 8 分(满分为 10 分)，则该口腔服务容量资源可以如下表示：

口腔服务【200 人次/日/80%/90/8】

其中，有下划线的属性量为变量，在商业模式分析中是变化的；没有下划线的是常量，在分析期内没有变化。

3.5　资源分析中其他相关问题

资源分析是一个新型而复杂的任务，本章关于资源分析的方法仍在尝试之中，还有不少地方需要完善，一些相关问题还有待进一步探索。

3.5.1　资源分析颗粒度问题

资源分析的颗粒度问题，就是确定商业模式分析的细致度问题。

资源分析的细致度可以体现在所标注属性上。在上一节中，我们分析快递产能设施资源时列举了其中四个属性：额定产能量、运维效率、价值量、处理时效，但在实际的分析中并不一定完全按这个四个属性进行，可以根据分析需要增加或减少该资源的属性，如有时候我们可能去掉价值量属性，或者再增加一个客户满意度属性等，这样分析的颗粒度就发生了变化。

资源分析的颗粒度也可以体现在资源划分范围上。在上一节我们分析的服装成品资源中，由于品牌服装公司中的服装品种可能会多达数千种，是可以不断细分的，可以分为男性和女性服装，还可以分为中老年、年青人和儿童服装，还可以分为正装、休闲装、运动装、主题特色装(如传统服装、礼服、复古服装、高端定制服装等)等，以不同维度进行划分就会形成不同的服装类型，类型越多就意味着颗粒度越细。

在商业模式分析实务中，要注意把握好资源分析的颗粒度，资源分析的颗粒度太小，会导致分析成本和难度呈指数级上升，而且会使资源状态的稳定性变差，太宽则可能影响商业模式的分析效果，影响分析结果的可操作性。

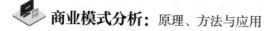

3.5.2　资源分析完整性问题

在分析过程中，我们还要面对一个事实，即无论如何努力，也不可能把企业全部资源都描述完整，总是或多或少存在被遗漏的资源类型，并且对纳入分析框架的资源来说，也不可能对其所有功能和属性描述完整，也就是说，对企业资源分析会不可避免地出现"不完整性"。这种资源分析的不完整性会使基于资源观的商业模式分析出现重大缺陷吗？

我们的观点是，资源分析的不完整性会在一定程度上影响商业模式分析的效果，但这种影响随着资源分析完整度达到一个合理的程度是可以消除掉商业模式分析隐患的。换句话说，在商业模式分析中，容许存在一定程度的资源分析不完整性，其原因在于企业资源都具有"全息性"特征。

资源的全息性是指企业的每种资源都在一定程度上包含了企业整体的信息，例如，仅仅从企业品牌资源非常强大这一点我们就可以大致推测出企业经营情况不会太差，可能会有优秀的研发或市场团队，财务情况也不会太差等；反过来，如果企业财务情况非常好，也可以大致判断企业有品质较高的产品、优秀的管理和销售团队等。因此，资源的全息性使我们只要了解企业的一些重要资源情况，基本上就可以在很大程度上对企业有一个比较完整的了解。

但资源全息性特点是有限度的，并不是说任何一项资源都可以百分百地反映企业全貌。因此，在商业模式分析中需要包括大部分重要的关键资源，使这些资源所反映的企业特点达到足够高的水平。当然，包括的资源类型越多，分析工作量也会大大增加，因此要根据实际情况在分析范围上做出权衡。

3.5.3　资源分析相关性问题

资源之间可能彼此不独立，即各种资源可能会存在关联性问题，常见的有下面两种关联性情况：

第一，资源之间是重叠的，不能完全分割，那么两者之间就存在显著的关联性。例如，品牌资源与顾客资源、供应链资源在组成内容上就是重叠的，因为顾客资源、供应链资源中包括了品牌内容，顾客和供应商在与企业互动时不可能不考虑企业品牌。企业财务资源与货币资金之间也存在重叠性，后者是前者的一部分。

第二，资源之间即使可以区别开，也可能存在关联性，即一项资源的变化会直接影响另一项资源的变化。例如，金融资源与企业设备资源之间可能就是如此，一般来说，金融资源越多，就越有可能购买先进设备，两者之间的关联性是明显的。

不可否认，资源之间存在相关性会增加商业模式分析的复杂性，会带来一些额外的分析工作量，但这个问题也是可以解决的。建议在构建企业资源集时，对存在相关性的资源进行标注，最好建立一个资源相关性表格，如表3-2所示，在表格中注明相应纵横两个位置上资源的相关程度，以及相关关系内容，其中，0表示两个资源完全无关，1.0表示两个资源完全正相关。这个资源相关性表格可以作为资源分析参考，随时检查各个资源状态在变化时是不是符合该表格要求。

表3-2　资源相关性

项目	资源1	资源2	资源3	......
资源1	完全正相关，1.0	资源1与资源2的相关关系、程度	资源1与资源3的相关关系、程度	......
资源2		完全正相关，1.0	资源2与资源3的相关关系、程度	......
资源3			完全正相关，1.0	......
......			......	......

3.5.4　关键资源动态创新问题

商业模式分析是一个较为新兴的研究领域，进入21世纪后之所以不断地受到重视，是因为商业模式创新活动与过去相比更为显著，目前在全球价值领先企业中，绝大部分都是实行新商业模式的企业，再深入观察这一现象会发现，商业模式创新与企业资源创新是分不开的，原来一些传统资源不再像过去那样重要，而另外一些原来并不受关注的资源得到重新开发和利用，甚至一些原来不存在的资源现在也被发明出来，成为企业经营的重要资源。

下面是一些近年来重要的创新资源。

❖ 数据资产

数据资产包括企业收集、存储和分析的所有数据，如用户行为数据、操作日志和市场数据，这些数据可用于驱动决策制定、产品开发和市场战略优化。数据资产并不是全新的资源形式，但重要性越来越大，已经成为企业获取竞争优势的关键。

❖ 顾客流量

顾客流量是导向企业网站、应用或实体店的潜在和现有顾客的数量，这些流量是评估企业市场吸引力和销售潜力的关键指标。在互联网经济中，顾客流量也越来越成为关键性资源，一些拥有顾客流量的企业，如直播带货企业，取得了巨大成功。

❖ AI 算力资源

AI 算力资源是指企业利用人工智能技术处理和分析大量数据的相关资源，其对模式识别、预测分析和自动化决策具有重要的支持作用。随着人工智能技术的发展，强大的 AI 算力资源可以帮助企业更有效地处理大量数据，提升决策质量和服务效率。

鉴于创新资源的重要性，在进行商业模式分析时要对创新资源保持足够的关注度，这也是商业模式分析的初衷，即关注商业模式的创新。同时，对创新资源的关注也会增加商业模式分析的复杂性和难度，因为创新资源本身状态就是不稳定的，相关数据和资料也不足，这不利于对商业模式进行科学分析并形成可靠分析结论。

本书所提出的商业模式方法是基于资源观的商业模式分析法，可见资源分析是这一方法的关键点，可以说，如果不能进行正确的资源分析，那么就不可能有效运用本书所介绍的商业模式分析法。但通过本章的介绍也可以看到，企业资源分析是一项复杂且困难的工作，不同的企业类型会有不同的资源形式，我们的建议是针对不同企业类型进行分门别类的处理，这有助于识别出更符合企业经营实际的资源类型和测量方法。总之，企业资源分析是商业模式分析的基础，是非常重要的，一定要给予足够的重视。

第4章
资源转换单元分析原理与方法

在本书第 2 章，我们提出基于资源观的商业模式分析框架，在这个分析框架中，最重要的一点是引入了资源转换（活动）单元（Resouce Transform Unit，RTU）的概念。本章将详细阐述资源转换单元的结构、设置原则、类型及转换关系分析等。

4.1 资源转换单元结构

资源转换单元的基本功能是将资源投入转换为资源产出，是商业模式框架中的基本单位，其结构如图4-1所示。

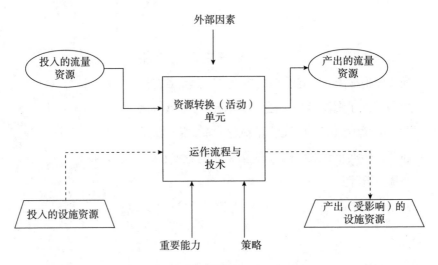

图4-1 资源转换单元结构示意

完整地描述一个资源转换单元，需要说明其主要的8个要素：投入的流量资源、投入的设施资源、产出的流量资源、产出（受影响）的设施资源、重要能力、运作流程与技术、策略及外部因素，其中，后面4个要素都是影响资源转换单元的资源投入与产出转换效率的，也可以统称为资源转换单元的转换效率要素。

4.1.1 投入的流量资源

资源转换单元的运作通常需要通过投入流量资源来启动，如在一个生产性资源转换单元中，其主要功能是加工产品，所投入的流量资源主要包括原材料、零部件、能源、人工等，其中原材料、零部件完全转移到了产品(产出资源)中，我们甚至可以在产品中看到它们的形态，能源、人工则被消耗掉了，也可以理解成是以无形的形态转移到了产品中，这些流量资源的投入情况与产品的产出结果有直接关系。

4.1.2　投入的设施资源

资源转换单元的运作除需要投入流量资源外，还需要必要的设施资源作为支持。上述生产性资源转换单元需要各种生产设备、厂房等，这里我们把设施资源的支持也视为一种"投入"，只是这种投入不会转移到产出资源中。

尽管投入的设施资源不会直接转移到产出资源中，但是其状态对资源转换单元的资源转移效果有影响。例如，投入的生产设备和厂房如果出现数量不足、状态较差的情况，那么同样的流量资源投入产出的产品在数量和质量上可能都要低于正常状态。

如果没有明确说明，我们谈到的资源投入既包括流量资源的投入，也包括设施资源的投入。

4.1.3　产出的流量资源

资源转换单元运作的目的就是获得某种产出资源，通常是流量资源。因此，产出的流量资源是资源转换单元分析时需要重点关注的内容。资源转换单元产出的流量资源可以供下一环节资源转换单元作为投入的流量资源使用，如生产出的产品成品供应给销售活动，获得销售收入；也可作为企业经营绩效，如销售性资源转换单元产出的销售收入资源直接就可以成为利润来源。产出的流量资源的质与量在很大程度是由投入的资源确定的，两者存在着较稳定的关系。

4.1.4　产出的设施资源

资源转换单元运作一方面需要设施资源作为支持(投入)；另一方面会对某些设施资源产生影响，使之状态发生变化，这就是设施资源的产出。如生产性资源转换单元在运作过程中会影响多种设施资源，使这些设施资源状态发生变化，最常见的是使生产设备和厂房出现磨损，这在财务上是以折旧来衡量的。此外，在生产性资源转换单元运作中，经验与技术资源也将发生作用，经验效应会使企业的生产经验与技术资源得到增加。可见，资源转换单元在运作过程中，受影响的设施资源在状态上可能是改善的，也可能是受损的。

按习惯性做法，一般会把设施资源磨损视为投入，把改善视为产出，这在理论上也是可行的。但从产出机制来看，设施资源的磨损是被动产生的，如企业主动投入生产设备100万元，磨损20万元，那么前者100万元是主动投入的，后者磨损的20万元是投入结果。因此，在本书中，我们把资源转换单元运作所引起设施资源的状态变化全部视为产出，这更符合投入产出逻辑。

在有些商业模式中，资源转换单元运作对设施资源影响较小，但在有些重资产商业模式中可能会影响很大，甚至设施资源变化将成为获得利润或产生亏损的主要原因。

 案 例

麦当劳养"门店设施资源"获得利润

麦当劳就是一个典型例子，门店设施是麦当劳经营的关键设施资源，价值高昂，单店可达数千万元，但很多门店并不是一开始就有这么高的价值，需要通过长期经营才能逐步形成，俗称"养店"，即通过经营活动正面影响门店设施资源状态。麦当劳利用这一特点开发了一种特殊商业模式：首先，低价建设一些门店，这些门店可能在刚开始经营时并不太好，但只要能够维持或者亏损不严重就可以；其次，利用麦当劳强大的品牌效应和经营能力把新门店慢慢"养"成高价值的成熟门店；最后，将这些门店以高价出售给想加盟经营的合格经营者，从而获得两者之间的价差。这种"建设—运营—出售"的商业模式是麦当劳的主要利润来源。

设施资源受影响的程度可以视为资源转换单元在设施资源上的产出。需要注意的是，设施资源的产出是指受影响的设施资源的变化量，不是指整个的设施资源。产出的设施资源集与投入的设施资源集在类型上可以是完全重合的，也可以是部分重合的，甚至可以是完全不重合的。

在没有明确说明的情况下，产出的资源包括产出的流量资源与产出的设施资源。

4.1.5　影响资源转换单元转换效率要素

影响资源转换单元转换效率的要素包括重要能力、运作流程与技术、策略和外部环境因素。

❖ 重要能力

资源转换单元的资源投入与产出(包括流量资源及设施资源的投入与产出)效率受企业相关能力影响,一些关键能力会对其发挥重要作用。不同企业在生产、研发、销售等很多方面差异巨大,这些差异在很大程度上受设施资源影响,同时受到企业组织体系(如企业管理方式、企业文化、组织结构)等非设施资源影响,需要单独给予考虑。

例如,在餐饮企业中,面对同样的门店设施,有些企业菜品创新能力强,总能推出吸引顾客的新菜品,而有些企业服务能力好,能够在同样投入条件下吸引更多忠诚顾客。

❖ 运作流程与技术

资源转换单元并不完全是一个静态结构,因此要完整地说明资源转换单元还要明确运作步骤,也就是运作流程。运作流程的内容包括资源转换单元是如何启动的,之后的活动是如何逐步开展的,以及在运作过程中如何进行控制等。

此外,还要说明运作中所使用的主要技术手段,不仅包括通常(硬)技术,如数字化技术、信息化技术、3D 制造、人工智能等,还包括商业技术,类似于连锁方式、计件考核、及时生产(JIT)、标准化服务体系等,这些商业技术不一定很强,却在企业经营中起到重要作用。例如,麦当劳实行标准化连锁经营,其中并没有运用复杂的高科技,却开辟了餐饮业的一种新商业模式。

运作流程与技术决定了投入产出效率的基础水平。

❖ 策略

资源转换单元不仅具有静态的结构形式,也有运作过程中的规定,其中一些重要规定就是该资源转换单元的"策略",静态结构与策略一起作用,决定了资源转换单元全过程。策略对资源投入产出的效率也有重要的影响。

一些常见的策略:对投入的流量资源和设施资源进行规定,如规定流量资源的数量和品质范围，规定设施资源的等级，规定资源投入的时机和条件；对运作过程中重要参数进行规定，如产品定价水平，其与竞品相比是高、低还是适中，显然，在同样的资源转换单元运作环境和条件下，面对不同定价，其产出的资源状态是不同的；有些还会规定资源转换单元的运作范围，如只在某些场景中进行；还有一些规定资源转换单元在运作过程中如何处理一些情况，如当产出资源出现某些情况时，就要相应调整哪些活动等。

例如，某国际著名奢侈品企业规定产品价格不能下降，每年必须有一个尽管不大但是稳定的上涨幅度，即使是在经济不振、企业销售量下降的情况下，该企业仍然会坚持这一规定，这就是一项重要的策略。显然，在这项策略因素影响下，该企业的销售资源转换单元的资源转换关系肯定会受到很大影响。在企业经营中，几乎每个经营环节都可能有相应的策略因素。在采购活动中，对采购品质、产地和支付方式会有策略；在研发活动中，对研发方向、研发人力投入规模和投入方式会有策略；在生产活动中，对生产品质和种类会有策略；在渠道活动中，对渠道硬件和软件会有策略等。

策略是管理者制定的，是资源转换单元的重要组成部分。在静态结构不变的情况下，如果策略变化了，那么资源转换单元就有可能成为另外一种形式。

❖ 外部因素

外部因素是企业自身无法调整的，虽与前面几个要素性质不一样，却是资源转换单元正常运作不可缺少的因素，并且对资源转换单元的资源转换效率有重要影响。例如，对于招聘资源转换单元，在经济形式好的时候与经济形式不好的时候，面对同样的招聘岗位和待遇，可能招聘的结果会有很大不同。

在资源转换单元分析过程中，必须明确资源转换单元运作所依赖的外部环境是什么，并以明确的外部因素指标给予标示，这样分析者便可以在后续的分析中清楚地了解已经确定的资源转换关系是不是仍然有效。比如，有些在一开始非常有效的商业模式，依赖经济增长率在6%以上，如果经济衰退，增长率下降到4%，就会导致购买者行为发生变化，相应资源转换关系也会发生变化，商业模式也就不再有效。

外部因素常用的分析方法有 PEST 分析、波特行业竞争态势分析、商业生态分析、竞争对手分析等，这些分析方法可以帮助分析者全方位地扫描并确定资源转换单元所处的外部环境。为保证效率，我们只需要标注那些在分析时可能发生变化的因素，而且这些因素一旦变化就会对资源转换单位的资源转换关系有较大影响。所标注的外部因素不能太多，数量控制在1~3个是比较合理的，如果外部环境比较稳定，也可以不标注外部因素，但分析者应该了解资源转换单元中资源转换关系所依赖的外部因素。

4.2　一个资源转换单元结构分析示例

为直观理解资源转换单元的要素内容，下面以一家虚构的保健品公司促销资源转换单元为例说明其各个要素的具体内容。

这家保健品公司在全国范围内销售保健品，主要产品是"宁神康"，用于中老年人保健，有改善睡眠、调节肠胃、增强免疫力、维持机体正常代谢的功能。在中国的市场环境下，宁神康在国内市场知名度很高，其销售渠道也非常广泛，遍布各类超市和各大线上交易平台，主要消费场景是在低线城市和乡村中人们走亲访友时作为馈赠礼品，自购消费比例不大。这是因为宁神康尽管具有基本保健品功能，但是与其他竞争品相比并没有突出表现，具有较好礼品价值：一是产品喻义"健康"，符合中国中老年消费者的消费观；二是产品包装精美，体积大小合适，不仅有价值感，还便于携带；三是产品保质期长，便于长期存储；四是产品定价为100~200元，这个价格不太高也不太低，比较适合作为一般人际往来礼物；五是产品知晓度高，送礼物和收礼物双方对礼物价位都比较熟悉，这对于中国这个崇尚礼尚往来的市场来说是比较重要的，如果收礼物方不了解产品价值，就不能准确判断送礼物人的交往目的，不利于人际互动。在上述几个产品特点中，前四点是比较容易做到的，但第五点就需要大量推广活动。因此，宁神康公司每年都会在推广上投入大量资金，主要推广方式主要有投放电视广告、户外广告和商超推广，推广结果是扩大公司销售网点、提高公司品牌认知度和顾客购买公司产品的意愿。

这一过程可以用一个推广资源转换单元来表示，称为"推广"是因为其主要功能是品牌推广，其实这个资源转换单元也有利于营销网点发展。该产品的推广资源转换单元结构如图 4-2 所示。

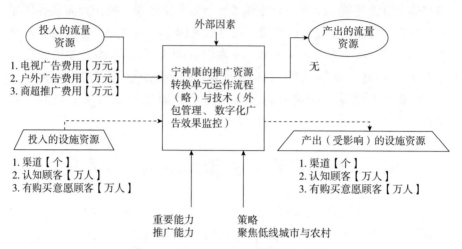

图 4-2　宁神康推广资源转换单元结构

 案　例

<h3 style="text-align:center">宁神康推广资源转换单元结构要素分析</h3>

一、投入的流量资源

电视广告费用【万元】，以资金资源计。

户外广告费用【万元】，以资金资源计。

商超推广费用【万元】，以资金资源计，如果利用了人力资源，也按支付的资金资源计。

二、产出的流量资源

推广活动主要是扩大顾客资源，而顾客资源是设施资源。

三、投入的设施资源

渠道【个】，以标准渠道网点的个数计算，对于那些较大的渠道网点，可以折算成多个标准渠道网点。

认知顾客【万人】，这类顾客是了解宁神康品牌，并有正面的印象，但这些顾客不一定有明确的购买意愿。

有购买意愿顾客【万人】，这类顾客不仅了解宁神康品牌，而且有明确的购买意愿，但由于所处场景的限制及其他因素，这些顾客并不一定会真正购买产品。

对于上述渠道、认知顾客和有购买意愿顾客，除定量的主属性外，在实际的分析中还可以增加一些其他属性，比如：对于渠道，可以增加地区的经济水平作为属性，经济水平可以是人均 GDP，不同经济水平的地区，其渠道对于公司来说是不一样的；对于顾客，可以增加收入水平作为属性，收入水平可以是人均可支配收入。属性越多，分析的颗粒度就越小，分析工作量也就越大。

四、产出(受影响)的设施资源

渠道【个】。

认知顾客【万人】。

有购买意愿顾客【万人】。

这三个受影响的设施资源与支持的设施资源是一样的，这不是必需的。在不同的资源转换单元中，受影响的设施与支持的设施资源可以完全一样，也可以部分一样，还可以完全不一样。

五、影响宁神康推广资源转换单元转换效率要素

1. 重要能力

推广能力【1~5】

尽管推广活动的执行可能会外包给广告公司，但是仍然涉及很多计划与策划工作，如选择什么样广告公司，选择什么样媒体，选择哪种广告方案、创意和内容等，这些都与管理层在推广方面的经验和知识有关，甚至与企业文化也有关，这里统称为推广能力。不同公司的推广能力具有较大差别，大致可以分为 1~5 级，1 级最低，5 级最高，3 级为平均水平。

2. 运作流程与技术

推广资源转换单元的运作流程：首先由公司决策层确定各类推广方式及相应的媒体，然后再委托广告公司制定具体推广方案并进行实施，投放广告范围包括低线城市和农村中老年人收视率比较高的电视时段、低线城市户外墙体、参与目标顾客比例较高的各类活动、商超推广和人力推广，其中商超推广是由公司市场部门组织的。整个推广过程需要在全年进行，其间公司会进行推广效果监控，并对方案做出相应调整，以取得最佳推广效果。

在这个过程中，所用的重要技术有以下两个：

(1)外包管理技术。这是一项常用商业技术，外包能够使企业快速提

升推广效果以达到行业平均水平，并且有较大规模效应，也就是说，推广规模越大，外包成本越小，如果推广规模较小，外包将不合算。

（2）数字化监控技术。在数字化、网络化时代，这是一种常用的技术手段，使广告主企业可以对推广效果进行较精确监控，从而能够最大限度地控制推广成本与推广效果的平衡，把推广效果做到极致。

3. 策略

策略【聚焦低线城市和农村】

这是这家保健品公司在推广方面的一项重要策略，这项策略对于推广活动是十分重要的，因为对于同样的广告费，投放在一线大城市与投放在低线城市和农村，效果完全不一样。对于这家保健品公司来说，显然不适合把广告投在一线城市国际机场。

此外，可能还会有其他一些策略原则，如广告展示时一定要有直观的产品形象和定位，广告词要直白平实，避免过于艺术化的表达转移了受众注意力等。当然，作为商业模式分析，不宜分析得过于细致。在这里，我们只列举上述一个策略原则。

4. 外部因素

外部因素【公共媒体推广作用逐步下降】

在宁神康发展早期，在电视、报纸等公共媒体投放广告成本较低，受众面大，但到宁神康发展后期，公共媒体价格上涨，受众面已经大为缩减，公共媒体用于推广的性价比下降，宁神康开始减少公共媒体广告投入，转向户外广告和店面推广。

4.3 资源转换单元的设置原则

企业经营活动是一个整体，对其进行结构化的资源转换单元分析需要将这个整体划分成一个个相对独立的资源转换单元，这种划分并不是随意的，所设置的资源转换单元也需要遵循一定原则，只有在资源转换单元被正确设置的前提下，商业模式分析才是有效的。

4.3.1 资源具有可识别性和可测量性

这个原则要求投入和产出的资源，包括流量资源和设施资源，是可以识别和可测量的，这是进行资源转换单元投入产出分析的基础。

例如，企业希望将有购买意愿的顾客数量从 500 万人增加到 1000 万人，通过推广资源转换单元来实现，那么就需要了解向这个资源转换单元中投入资源的情况，假设在此例中，我们确定投入的流量资源是媒体广告费用、户外广告费用、商超促销费用，投入的设施资源是有购买意愿顾客、商超网点数，那就需要识别并测量这些资源。

强调资源的可识别性和可测量性有可能会遗漏一些也参与资源转换单元但不易识别和测量的资源，这种情况在一定程度内是允许的，根据资源全息性特点，只要不遗漏重要性大的资源，对分析结果的影响是可以接受的，但如果遗漏了非常重要的资源，就需要重新进行调查和分析了。

4.3.2　资源转换单元具有稳定的投入产出关系和可管理性

除资源转换单元的投入和产出资源是可识别和可测量的外，资源转换单元的资源投入产出关系也需要稳定，因为只有这样才有可能通过调节资源投入来控制资源转换单元的产出资源。此外，所划分的资源转换单元还要具有可管理性。所谓可管理性是指，该经营活动在组织上具有较明显边界，可以分清哪些是属于该资源转换单元的活动，哪些不是，有明确的组织形态；在流程上具有清晰的流程路径，并且是可控的。

在上一小节的案例中，假设以一组资源投入，对应的产出资源从 500万人增加到 1000 万人，图 4-3 就是一组投入资源与产出资源关系体现。

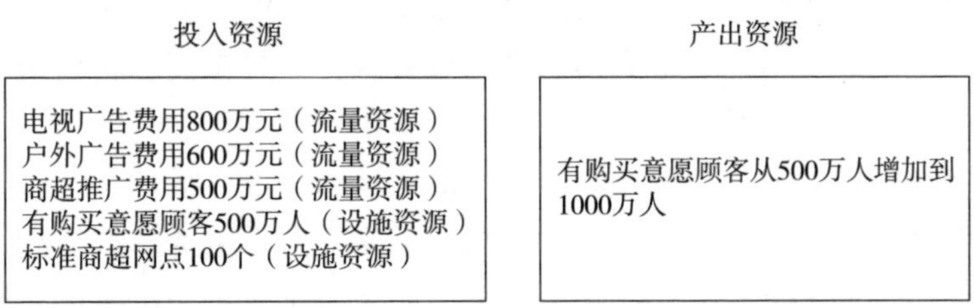

投入资源　　　　　　　　　　　　　产出资源

电视广告费用800万元（流量资源） 户外广告费用600万元（流量资源） 商超推广费用500万元（流量资源） 有购买意愿顾客500万人（设施资源） 标准商超网点100个（设施资源）	有购买意愿顾客从500万人增加到1000万人

图 4-3　投入与产出资源关系（一）

如果增加投入资源，产出资源也会相应地稳定增加，两者不一定是线性关系，但应该是稳定的、合乎逻辑的关系。如图 4-4 所示，产出有购买意愿顾客从 500 万人增加到 1200 万人。

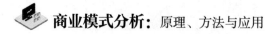

投入资源   产出资源

电视广告费用1000万元（流量资源）
户外广告费用600万元（流量资源）
商超推广费用800万元（流量资源）   有购买意愿顾客从500万人增加到
有购买意愿顾客500万人（设施资源）   1200万人
标准商超网点100个（设施资源）

图4-4　投入与产出资源关系(二)

此外，在划分资源转换单元过程中，还要考虑到划分的颗粒度问题。如果划分比较细致，将资源转换单元调整为更小单元，则相应地投入与产出资源、重要能力、运作流程与技术、策略、外部因素等也会更详细，这将大大增加资源转换单元分析的复杂性成本，并且也会使分析结果不太稳定。反之，太粗略的资源转换单元划分将忽略商业模式细节，可能影响分析结果的准确性。因此，划分的颗粒度问题是商业模式资源转换单元分析时需要特别考虑的问题，需要较多经验才能很好地把握其中分寸。

4.4　资源转换单元的类型

从资源转换单元定义来看，它更强调资源的投入产出关系，而对于资源转换单元分类问题并没有解释，但为了便于直观了解资源转换单元，也为了迎合我们的认知习惯，这里仍然对分类问题做一些阐述。

在企业中，资源转换单元的类型有很多，具体的类型取决于资源转换单元的划分标准，这里我们介绍三种划分方式：一是按资源转换单元涉及的主要活动部门来划分，分为研发活动、人力资源活动、采购活动、内部物流活动、生产活动、外部物流活动、销售活动、推广活动、售后活动等资源转换单元；二是按关键资源的形成活动来划分，分为新产品设计、产品生产、品牌资源建设、产品销售收入、顾客基础发展、重要设施建设等资源转换单元；三是按资源转换单元在资源转换过程中所采取的转换方式来划分，分为内部、交易、合作和复合资源转换单元。

4.4.1　按涉及的主要活动部门划分类型

按照可管理原则，资源转换单元划分很容易与目前的组织结构联系在一起，因为组织结构天然就是为管理原则设置的，这样的划分比较容易识别与测量投入和产出资源，下面列举一些按主要活动部门划分的资源转换单元类型。这里只是以这些资源转换单元的资源投入产出要素结构作为示例，完整的资源投入产出要素结构要根据具体的经营活动及分析方案来确定。

❂ **研发活动资源转换单元**

投入的流量资源通常是科研经费，投入的设施资源通常是科研设备、知识与技术、科研人力资源、信息资源；产出的流量资源通常是新产品设计、发明创造，产出的设施资源是知识与技术。

❂ **人力资源活动资源转换单元**

投入的流量资源通常是人力资源管理相关费用，投入的设施资源通常是企业品牌；产出的流量资源通常没有，产出的设施资源通常是企业人力资源。

❂ **采购活动资源转换单元**

投入的流量资源通常是采购费用、购买物资的资金，投入的设施资源通常是供应链关系；产出的流量资源通常是采购的物资，产出的设施资源通常是供应链关系。

❂ **内部物流活动资源转换单元**

投入的流量资源通常是内部物流费用和物资，投入的设施资源通常是内部物流设备和基础设施；产出的流量资源通常是下一阶段使用的物资，产出的设施资源通常是对物流设备的磨损。

❂ **生产活动资源转换单元**

投入的流量资源通常是原材料、耗材、人力资源费用、产品设计，投入的设施资源通常是生产设施、技术与知识、人力资源；产出的流量资源通常是产成品，产出的设施资源通常是技术与知识、生产设备。

❂ **外部物流活动资源转换单元**

投入的流量资源通常是(企业手中的)产成品、物流费用，投入的设施资源通常是物流设施；产出的流量资源通常是(渠道或顾客手中的)产成品，产出的设施资源通常是顾客满意度。

❂ **销售活动资源转换单元**

投入的流量资源通常是产成品、销售费用，投入的设施资源通常是渠道、销售人力资源；产出的流量资源通常是销售收入，产出的设施资源通常是顾客满意度、品牌。

❖ 推广活动资源转换单元

投入的流量资源通常是推广费用，投入的设施资源通常是渠道、品牌、顾客基础；产出的流量资源通常没有，产出的设施资源通常是渠道、品牌、顾客基础。

❖ 售后活动资源转换单元

投入的流量资源通常是售后服务费用、备用件、顾客补偿，投入的设施资源通常是售后服务设施；产出的流量资源通常没有，产出的设施资源通常是顾客满意度、品牌、顾客基础。

上述只是列举一些类型，在实际分析过程中包括但不限于这些类型，并且所列出的投入资源与产出资源只是示例，实际的资源转换单元经常是混合了多种功能，且会比示例中更加复杂。

4.4.2 按关键资源的形成活动划分类型

按关键资源的形成活动来划分资源转换单元也是一种自然方式，企业经营活动过程可以看成是一些主要资源不断转换的过程，在这个过程中，资源形态不断变化，其主线是最新资金→原材料→产成品→销售收入，因此跟踪关键资源变化就可以比较清晰地发现企业盈利的内在逻辑。下面将列举按关键资源形成活动划分的资源转换单元类型。同样地，在实际的分析中，包括但不限于下列这些类型，这里只是示例。

❖ 新产品设计资源转换单元

新产品设计一般是通过公司对研发部门投入研发经费生成的，研发不仅可以产出新产品设计，还可以为企业积累知识与技术资源，并有利于发展企业自己的科研人力资源。有一些新产品设计是通过从企业外购买的方式形成的，好处是快捷和灵活，但不利之处是可能并不便宜，而且不容易形成新产品差异化。在有些企业中，顾客也会参与到新产品设计过程中，顾客意见会被作为重要的新产品开发思路来源，这些企业经常会通过网络论坛或营销渠道与顾客保持交流，收集顾客关于新产品的想法，甚至直接邀请顾客参与产品设计。

❖ 产成品生产资源转换单元

企业自己进行产品生产需要投入大量的设备、人力、材料和耗材，在此过程中，企业可以形成产品生产上的规模经济和经验优势，还可以形成产品差别化。随着产品更新速度越来越快，产品生产也越来越专门化，很多企业也将产品生产进行外包。现在从事外包的企业已经产业化，几乎可以为各类企业生产所有品类的产品。一般来说，在产品更新速度快或者价值增值重点在营销环节或研发环节的产业，产品生产外包现象比较常见。

❖ 品牌资源建设资源转换单元

品牌资源建设是提升产成品价值的重要途径，优秀企业的品牌资源往往拥有较高知名度和较高溢价。品牌资源形成涉及范围比较广，企业很多经营活动都对品牌资源有影响，如领先的研发活动、优质的产品性能、能够提高知名度的广告活动、能够提升顾客满意度的售后服务与公关活动，甚至一些突发事件都会提升品牌资源价值。对于一个具体企业来说，一般要分析本企业品牌资源形成的主要途径和机制，并针对企业的需要做出合理安排。

❖ 产品销售收入资源转换单元

获得产品销售收入是企业经营的主要目的，对于企业来说，选择不同产品组合、不同目标市场、不同销售渠道，制定不同销售决策，都会影响产品销售收入水平。产品销售活动涉及与顾客的价值交换，企业要对顾客价值诉求有清晰认知，并能在销售中充分体现产品价值。

❖ 顾客基础发展资源转换单元

对于大多数企业来说，企业销售活动就是顾客基础不断发展的活动，典型的购买企业产品的顾客会有一个不断发展的阶段：首先，形成"潜在的未知顾客"，这些顾客具有购买产品的潜在需求，但没有明确意识到企业产品的存在，通过产品开发和定位可以形成潜在的未知顾客；其次，通过各类推广活动，让这些潜在的未知顾客中的一部分对企业产生正面印象，形成"认知顾客"，认知顾客购买企业产品的可能性就增加了一些；再次，通过渠道布局和推广活动，使认知顾客能够直接接触到产品，形成"有明确购买意愿的顾客"，这些顾客购买企业产品的可能性会进一步提高；最后，通过现场促销活动与合理销售决策，使"有明确购买意愿的顾客"形成"购买产品的顾客"，最终形成销售收入。

企业很多重要活动都可看作围绕如何促进顾客基础发展来展开的，相关资源转换单元也可以按各个阶段活动进行划分。在企业中，各个阶段的顾客基础发展活动可以是单独一条主线，另一条主线就是产品发展活动。两条主线相互伴随并在销售场景汇合，最后完成销售。

❖ 重要设施建设资源转换单元

对于一些重资产型企业来说，设施资源是企业关键资产，企业经营会围绕如何获得和发展这些关键资源展开。对于这类企业，资源转换单元类型宜围绕重要设施的发展活动进行划分。例如，在零售企业中，门店资源是重要设施资源，有些企业用自有资金直接购买方式获得，虽然占用资金大，但是比较容易控制门店品质；有些企业则用加盟方式获得，由加盟方出资，不占用资金，发展速度快，但品质控制相对较弱；有些企业则采取先购买再出售给加盟方的方式获得，在控制门店品质的同时，也减少资金占用。这些不同方式的重要设施建设资源转换单元就反映出不同商业模式特点。

按关键资源的形成活动划分与按活动部门划分在有些情况下会有些重叠，但两者的划分逻辑不一样，一个侧重按企业现有的组织管理体系划分，另一个侧重按资源产出结果划分。

4.4.3 按资源转换方式划分类型

按资源转换方式来划分资源转换单元，可以根据参与者身份和行为特点不同，将资源转换单元分为内部资源转换单元、交易资源转换单元、合作资源转换单元和复合资源转换单元四大类。

内部资源转换单元主要参与方为企业内部；交易资源转换单元主要参与方是企业与交易对手；合作资源转换单元主要参与方除企业外，还有合作者；复合资源转换单元主要参与方包括多方利益相关者。在这里，企业内部参与者是企业可以完全支配的，可以进行指令性安排；企业的交易对手则是与企业在某个市场上就不同资源进行等价交易的对象，交易过程可能是短期的，也可能是长期的，遵循的是价值对等原则；企业合作者是与企业并行开展活动的，需要企业与其进行长期的协作。

需要注意的是，上述资源转换单元的划分考虑的是主要参与方是谁，但在企业实际经营活动中，次要参与方一般很多，即便是最封闭的企业内部生产活动，也会向交易对手购买一些不重要的耗材，如办公用品等，这不影响资源转换单元划分。

上述每类资源转换单元由于参与方不同，转换机制也各有特点。

❖内部资源转换单元

内部资源转换单元主要是在企业内部进行资源转换，涉及的各种要素都是企业内部的，企业通过内部管理就可以运作，比较容易控制。在资源条件允许的前提下，企业可以根据产出资源要求合理安排所需要的投入资源。

典型的内部资源转换单元：企业自产产品，就是企业在内部利用生产设备、组织技术、人员把原材料加工成产成品；企业自主研发新产品，就是把科研经费资源和科研设施资源转换成产品设计资源；企业人力资源培训与发展，就是通过培训费用的投入使原有人力资源升级为更高品质人力资源。

内部资源转换单元主要是企业通过自身条件进行资源转换，企业在某些方面如果竞争力较强，则可以在这类资源转换单元中创造较多增加值；如果竞争力不足或者条件不具备，则可以通过下面介绍的交易资源转换单元、合作资源转换单元和复合资源转换单元来进行资源转换，可以取得同样的产出结果。对于大多数企业来说，集中精力，在竞争力相对较强的环节采用内部资源转换单元是明智之选。

❖交易资源转换单元

交易资源转换单元需要企业与交易对手共同完成资源转换，其往往是在一个外部市场中进行的，企业一方投入某种资源，按照市场规定和价格机制，与交易对手交换另外一种企业所需的资源。交易资源转换单元可以使企业快速、广泛地进行各类资源转换，在目前快速发展的经济环境下，外部提供了各种各样的市场，企业几乎可以交易到在经营过程中的所有资源，如新产品设计、信息、产成品、品牌、设备、人力资源等。最常见的情况是交易双方中一方提供资金资源，另一方提供非资金资源。因此，企业有了资金便可以交易到最多类型的其他资源。资金，尤其是流动性好的现金，被认为是交易资源转换单元中最优质的资源，故常有"现金为王"的说法。当然，非资金资源交易也可以发生在交易活动中。

在交易资源转换单元中，企业要关注交易对手的价值诉求。企业整个经营包括了不同的交易资源转换单元，交易双方的价值诉求也是不一样的。

典型的交易资源转换单元包括两种：产品销售资源转换单元，企业在自己销售渠道内，用自己的产品与顾客的资金进行交换，取得销售资金；采购资源转换单元，企业在采购场景中，用自己资金与供应商产品服务进行交换，取得经营所需原材料或服务资源。

交易活动尽管可以很容易实现资源转换，但是其应用也有局限性，一是交易资源转换单元所转换的资源往往缺乏差异性，一个企业能够买到的资源，另一个企业同样能买到，因此企业通过交易活动不容易建立独特竞争优势，一些非常独特而关键的资源可能在市场上无法购买；二是企业在交易过程中往往不能实现价值增加，交易过程强调的是"等价"，不容易增加资源价值，价值增加最重要的过程经常发生在企业内部资源转换单元和合作资源转换单元中。

❈ 合作资源转换单元

合作资源转换单元需要与合作方共同进行，涉及的各种要素不仅来自企业内部，还需要合作方同步进行一些协同和配合，只有在双方都达到某些必要条件后，企业才能将投入资源转换成所需的产出资源，因此合作资源转换单元的资源转换要比内部资源转换复杂。与前面提到的交易资源转换单元不同，企业与合作方合作的机制不是基于等价交换原则，而是为了达到双方共同的目标；双方不是交换各自手中的资源，而是获得完全不同的其他重要资源，这些都与交易资源转换单元有明显区别。当然，这种区别是相对的，在有些情况下，合作资源转换单元与交易资源转换单元的区别也比较模糊。

典型的合作资源转换单元活动包括两种：合作研发活动，企业与合作方共同开发一些大型产品或系统，各方按约定承担不同开发任务，开发成果由各方共同分享；合作市场推广活动，各方约定共同在市场推广某些概念性产品，如推广绿色环保产品，使消费者能够更广泛地接受绿色产品，因为绿色产品往往价格更高，如果不能提高消费者的绿色环保意识，消费者在接受该类产品时就会有一定的障碍，在这个过程中，各方会分摊推广费用、协同广告形象和用词，同时在各自产品规划中贯彻绿色环保理念，并因此收获各自经营成果。

合作资源转换单元的局限性在于建立合作关系的难度比较大，并且合作过程中效益不易衡量；优势是在产品技术越来越复杂、更新速度越来越快的时代，合作资源转换单元可以帮助企业弥补经营能力上的不足，并开拓更多新经营领域。尤其在一些被领导企业高度控制的产业，合作一方面可以帮助领导企业巩固其产业地位，另一方面是跟随企业获得产业红利、降低经营风险的必要选择。

❖ **复合资源转换单元**

复合资源转换单元是指不止具有上述三种基本资源转换单元形式中一种的复合态资源转换单元。企业中很多实际经营活动都有复合资源转换单元。例如，企业与建立了长期合作关系的供应商进行采购活动，其中可能既有交易资源转换单元性质，也有合作资源转换单元性质，在这种转换过程中，企业一方面采购供应商的原材料，另一方面可能就原材料品质提升和高效利用进行一些合作开发和研究。复合资源转换单元可能兼具了上述三种基本资源转换单元的特点。

4.5　资源转换单元资源转换关系的分析步骤

资源转换单元分析最主要的工作任务是分析投入产出关系，这是进行基于资源观的商业模式分析的基础。在前面提到资源转换单元设置原则时，要求资源投入与产出必须具有稳定关系，这为资源转换关系分析提供了保证。下面介绍一个已经划分确定的资源转换单元资源转换关系的分析步骤。

4.5.1　步骤一：确定资源转换单元的性质和结构

确定资源转换单元的性质和结构是进行资源转换单元分析的基础，下面分别从四个方面展开分析。

❖ **确定资源转换单元的资源转换基本机制**

资源转换单元中资源转换的基本机制是与其转换方式类型有关的，在前文中我们介绍了资源转换方式有四类：内部方式、交易方式、合作方式和复合方式。在进行资源转换单元资源转换关系分析时，首先要确定资源转换单元是上述哪一种资源转换方式，因为不同的方式，其资源转换基本机制也有很大不同：如果是内部方式，要关注加工设施、加工技术、加工过程等；如果是交易方式，要关注交易对手的价值诉求、交易市场规则等；如果是合作方式，要关注合作方要求、合作规则、合作各方目的等；如果是复合方式，要关注资源转换单元中包含哪些基础资源转换方式，并分别进行分析。

❖ 确定资源转换单元中的资源投入与产出结构

在确定资源转换的性质和结构，以及资源转换方式后，就要进一步确定投入的资源和产出的资源，同时还要明确资源的功能及资源的属性（其中至少有一个是数量属性），属性变量在投入前、产出后的值的变化就代表了资源转换的关系。

关于资源分析的相关规范，可参考本书第 3 章内容。

❖ 确定影响资源转换单元转换效率的诸要素

在确定资源转换单元的投入产出结构后，接下来要确定影响资源转换单元转换效率的各个要素，包括重要能力、运作流程与技术、策略及外部因素。这些影响转换效率的要素已经在第 4 章中进行了阐述，这里不再赘述，但要注意的是，无论是重要能力、运作流程与技术、策略，还是外部因素，都需要在各个资源转换单元中给予明确的标注，以说明资源转换单元转换效率分析的依据。

4.5.2 步骤二：明确资源转换单元与企业整体经营活动的接口

企业中每个资源转换单元在进行真实的资源转换时，其运作过程也需要给予考虑。

❖ 明确投入资源的来源

投入资源可能来自企业外部，如股东投入的资本金、创始人团队、政策给予的优惠土地等，也可能来自企业经营活动，如作为经营收入的资金、积累的技术与知识、产成品、加工设备、顾客基础、渠道等。经营活动包括内部加工活动、交易活动、合作活动或复合活动，了解投入资源的来源类型有利于之后对资源转换单元的分析更加符合企业经营实际。

❖ 明确资源的投入特点

资源的投入特点是指这些资源是外生的还是内生的。外生的是指资源的投入可以由企业经营者自主确定，如在推广资源转换单元中需要投入多少广告资金，企业经营者可以根据经营需要来确定。还有些投入资源是内生的，内生的是指资源的投入是由企业经营活动自动决策的，企业经营者无法干预，如品牌资源在很多资源转换单元中是作为重要的投入设施资源而存在的，但品牌资源究竟怎样发挥作用，这是相关经营活动的结果，企业经营者短期内无法自主决定。

需要注意的是，投入资源来自企业内部或外部与投入资源是内生还是外生的有一定关系，而且一些来自企业内部的资源也可以是外生的，企业经营者可以自主决定投入资源的数量。此外，还要注意，即便是外生资源，投入也会有一个范围，一个企业可以自主决定投入 100 万元或 1000 万元广告费，但投入 100 亿元广告费不现实。

❖ **明确资源转换周期**

资源转换周期是指资源转换单元完成一个完整的资源转换过程所需要的时间。有些资源转换单元的资源转换进程是连续进行的，如一个连续 24 小时进行生产的生产线，每时每刻都在产出产成品，这些资源转换单元的资源转换周期几乎可以无限小。但大多数的资源转换单元在投入资源后不会立即得到产出资源，而是要经过一个周期，如在推广资源转换单元中，投入 1000 万元的广告费，无论是把这笔资金花完，还是等这笔投入资金产生推广效果，都需要一段时间作为一个周期。

在商业模式分析中，各个资源转换单元的运作周期是一个重要特征，其决定了商业模式的分析周期，商业模式的分析周期应该是所有资源转换单元运作周期的公倍数，这样才能够保证在一个分析周期内所有资源转换单元都可以完整地运行一个或 N 个整数周期，从而保证分析的准确性。大多数资源转换单元的分析周期可以按月或年来设置。

4.5.3　步骤三：用表函数表示资源转换关系

在明确资源转换单元的性质和结构、与企业整体经营活动的接口后，就需要进一步确定资源转换关系。

❖ **资源转换关系表达式**

资源转换单元的资源转换关系可以理解为是一个有 $M1$ 个投入流量资源变量，$M2$ 个投入设施资源变量，$N1$ 个产出流量资源变量，$N2$ 个产出设施资源变量的多元投入产出函数。由于这个投入产出函数是复杂的、非线性的，因此不能用一般的函数显式来表示，在此引入表函数概念来表示它们的投入产出关系。

所谓表函数就是用两个对应的表以列举法、逐行对应的方式来表示投入变量和产出变量之间的关系，而不是用函数表达式来表示两者之间的关系。假设上述资源转换单元的投入资源变量有 M 个，$M = M1 + M2$，产出资源变量有 N 个，$N = N1 + N2$，根据实际的经验数据进行分析，我们确定了两者之间有 J 组投入产出的对应关系，那么可以构造一个资源投入产出的对应表，其中每组投入资源变量值构成一行，形成一个 $J \times M$ 的资源投入矩阵，每组产出资源变量值构成一行，形成一个对应的 $J \times N$ 的资源产出矩阵，资源投入矩阵中的每一行作为资源投入，对应资源产出矩阵中的相应一行作为资源产出。在资源投入矩阵与资源产出矩阵下方，列出这些投入产出关系所对应的外部环境条件和决策条件，这就是表函数，如图 4-5 所示。

$$\begin{pmatrix} I_{1,1} & \cdots & I_{1,M1} & \cdots & I_{1,M} \\ \vdots & & \vdots & & \vdots \\ I_{J,1} & \cdots & I_{J,M1} & \cdots & I_{J,M} \end{pmatrix} \rightarrow \begin{pmatrix} O_{1,1} & \cdots & O_{1,N1} & \cdots & O_{1,N} \\ \vdots & & \vdots & & \vdots \\ O_{J,1} & \cdots & O_{J,N1} & \cdots & O_{J,N} \end{pmatrix}$$

环境因素：条件 1，条件 2…

决策因素：决策 1，决策 2…

图 4-5　资源转换关系表函数

　　在上述投入产出表函数中，M 个投入资源变量的定义域及取值方式是需要受到资源转换单元性质、结构和转换流程限制的。

❖ 资源转换关系表函数示例

　　在本章第 2 节有一个推广资源转换单元示例，对资源转换单元的结构说明如下：

　　🔘 投入流量资源：电视广告费用(万元)，户外广告费用(万元)，商超推广费用(万元)

　　🔘 投入设施资源：渠道(个)，认知顾客(万人)，有购买意愿顾客(万人)

　　🔘 产出流量资源：无

　　🔘 产出设施资源：渠道(个)，认知顾客(万人)，有购买意愿顾客(万人)

　　🔘 外部因素：人均 GDP = 5 万元以上

　　🔘 策略：产品价位比行业平均水平高 20% ~ 50%

　　根据经验数据进行分析，得到三组投入产出关系，具体的表函数如图 4-6 所示。

电视 广告费用	户外 广告费用	商超 推广费用	渠道	认知 顾客	有购买意愿 顾客		渠道	认知 顾客	有购买意愿 顾客
500,	300,	350,	120,	1500,	15	→	140,	2000,	20
550,	350,	400,	120,	1500,	15		160,	2200,	25
600,	400,	450,	120,	1500,	15		170,	2100,	26

外部因素：人均 GDP = 5 万元以上

策略：产品价位比行业平均水平高 20%～50%

图 4-6　资源转换关系表函数示例

4.5.4　步骤四：计算新的资源产出值

资源转换单元的投入产出分析目的是计算在新的资源投入情况下，资源产出将会怎样变化，从而为后续进一步分析整个企业商业模式提供条件。

表函数的作用是提供 J 组资源投入产出对应关系，起到提供分析基准点的作用。如果要计算一组新的资源投入值会产生什么样的产出值，可以用新的资源投入值与这些基准点进行比较，如果是一样的或者差距很小，则可以直接根据与其最接近的那个基准点的产出值估计新的资源产出值。但在大多数情况下，如果新的资源投入值与表函数中任何一组基准点都不一样，则可通过下面一些方法对资源产出值进行估计。

❖ 经验法

如果企业经营者经验丰富，对市场情况具有较强的洞察力，则利用表函数，根据经验对新的资源投入后果进行直接判断，给出相应资源产出值。这种方法直观、简单、高效，在很多时候是一种有效的方法，但也有较大的主观性。

❖ 插值法

如果新资源投入的每个变量值都是在已知的 J 组投入变量值的变化范围内，而表函数提供的数据又足够密集，那么可以用线性插值法进行计算。对于一组新的资源投入值，先定位该组值距离各组已知值中最"近"的那个（这可以用该组值与 J 组值中资源投入值的差的平方和来衡量，最小的那个就是距离最近的基准点），以该基准点为基准，根据边际变化系数矩阵就可以计算出相应的资源产出值。

❖ 边际矩阵法

先根据已知的 J 组投入产出值构造一个 $N \times M$ 的边际变化系数矩阵，其

中第 i 行表示第 i 个资源产出值（$i=1$，2，$\cdots$，N）受到 M 个投入资源变化值的影响程度，计算方法可以用最小二乘法，目前用现成的计算软件就可以完成这一工作。

这个方法有较大的局限性：一是计算这个边际变化系数矩阵对数据的要求较高，要求 J 大于 $N×M$，因此需要有较多组已经存在的资源投入产出值，并且 M 和 N 的数值也不能太大，如 M 和 N 都不能大于 3，否则无法计算出这个系统矩阵；二是要求投入资源之间的相关性比较小，这也是一个严格的要求，我们在前面介绍过，投入资源的相关性可能会比较大，但如果资源变量比较少，则满足这一要求是有可能的。因此，在一些情况下，这个方法需要谨慎使用。

❖ 神经网络法

神经网络法是一种模拟人类神经系统的计算方法，由多个人工神经元相互连接组成，它通过神经元间的连接传递信息和学习，被广泛应用于大数据处理领域，对于投入产出关系的估计有较好的效果。但神经网络法对用于训练模型的已知数据集有较高的要求，尽管可以通过一些技术处理降低对训练数据量的要求，但是仍然只有当 J 值比较大的情况下才适合使用。神经网络法对投入资源的相关性没有要求。

❖ 随机森林法

随机森林法是一种集成学习方法，它通过构建多棵决策树并结合它们的预测结果来提高预测精度。每棵树都基于样本数据和特征子集进行训练，从而提升了模型的多样性和泛化能力。随机森林法在分类、回归等问题上表现出色，且对异常值和噪声具有较强的鲁棒性，对于投入产出关系的估计有较好的效果，对数据量要求也低于神经网络，因此随机森林法是一种在估计资源产出值方面具有较好前景的方法。随机森林方法也有现成的计量软件可供使用。

综合来看，每种方法各有优缺点，对数据的要求也不一样，可以根据企业实际情况进行选择，也可以同时使用两种或两种以上的方法，比较它们之间的差异，从而得到更符合实际的估计值。每个新的估计值如果被证明是合理的，则还可以加入表函数中，作为下一次估计的基准。

本章所介绍的资源转换单元的分析原理与方法是在资源观理论的基础

上结合价值链的基本原理所设计的。我们在第 3 章中介绍了资源分析的原理和方法，但这对于企业进行资源分析而言仅仅是一个基础，并不能准确完整地揭示企业的盈利机制，只有在引入资源转换单元的分析后，才可以让我们清晰地洞悉资源是如何在企业中被运营直至产生盈利的，可以说，资源转换单元是商业模式的核心单元，是分析商业模式中运营机制的关键。

第5章
构建完整的商业模式分析模型

在前面的章节中，我们介绍了资源分析和资源转换单元分析的原理与方法，这是进行商业模式分析的必要环节，本章将介绍如何构建一个完整的基于资源观的商业模式分析模型。

5.1 构建完整的商业模式分析模型的步骤

面对一个实际的企业，要构建基于资源观的商业模式分析模型，大致分为下列五大步骤：

步骤一，商业模式要素分析。本步骤对商业模式要素进行概要性分析，说明企业的价值主张(面向顾客的和合作者的)、产品与服务形式、目标顾客、顾客关系、合作与供应链、市场推广方式、销售渠道、收入来源、关键资源和能力、策略、盈利机制、保护机制和发展机制等要素内容。对商业模式要素进行概要性分析是非常必要的，可从定性的角度确定商业模式大致特征，避免在此后的资源转换单元分析中偏离方向。

步骤二，资源转换单元拆解。在完成商业模式要素分析后，需要进一步将企业整个经营活动拆解成资源转换单元。这些资源转换单元是可定量分析单元，它们相互关联，但又不相重叠。只有这样，才能更清晰地洞察商业模式细节，对企业商业模式做更具体分析。

步骤三，资源转换单元结构分析。本步骤需要在步骤二的基础上逐一确定每个资源转换单元的构成要素，包括 7 个内部要素和 1 个外部要素，即投入的流量资源、投入的设施资源、产出的流量资源、产出(受影响)的设施资源，以及与投入产出效率相关的 4 个要素，即重要能力、运作流程与技术、策略及外部因素。资源转换单元结构应该符合前面介绍的资源分析原理和资源转换单元分析原理。

步骤四，资源转换单元联接整合与构建资源集。步骤三在对每个资源转换单元逐一分析后，还需要进一步把它们联接整合起来，联接整合的媒介就是企业的流量资源和设施资源，要保证联接整合逻辑的合理性，并构建整个企业的资源集(流量资源集和存量资源集)，这个过程需要本步骤来完成，包括梳理每个资源转换单元的投入资源和产出资源，使之能够相互联接，形成资源流的闭环，并且还要根据需要设置资源分配、资源合并、资源自发展和维护等辅助活动单元(具体做法见本章相应内容)。在这个过程中，需要根据分析任务要求和企业特点对资源有所取舍。

步骤五，运营模拟与调试。截至步骤四，已经基本上确定了基于资源观的商业模式分析模型的大致框架，但这个框架还需要用真实数据进行运营模拟，并根据模拟结果调试其中资源转换单元的投入产出关系，使构建的商业模式能与现实的企业经营结果保持基本一致，这就是本步骤的主要任务。

在构建一个完整的基于资源观的商业模式分析模型时，上述五个步骤需要一步一步地进行，不仅如此，在大多数情况下，这些步骤可能还需要反复地进行，这样才能达到理想状态。

如图 5-1 所示，当进行到步骤三时，可能会发现步骤二中资源转换单元拆解并不合理，这时就需要重新执行步骤二，甚至还要重新考虑步骤一。类似地，在图 5-1 中的每个步骤环节上，都有可能重新返回，再次评估前面的步骤是否合理。在这个过程中，需要有对商业模式的洞察力及丰富的分析经验。

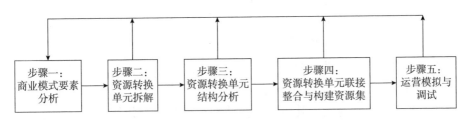

图 5-1　构建基于资源观的商业模式分析模型的步骤

在上述几个步骤中，步骤一已经在本书的第 1 章中有详细的阐述，步骤三在本书的第 4 章中也有详细的介绍，故这两个步骤内容在本章中将不再赘述。下面重点介绍步骤二、步骤四和步骤五。

5.2　将企业经营活动整体拆解为资源转换单元

把企业经营活动拆解成多个资源转换单元有多种可能性，对于一个具体企业来说，可以拆解成 4 个资源转换单元，也可以拆解成 6 个资源转换单元，不同的拆解方式意味着不同的分析过程，也意味着不同的分析工作量和可能得到不同的分析结果，但这并不是说资源转换单元拆解可以主观地随意而定，而是要遵循一些必要的规则和流程。

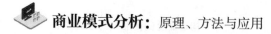

5.2.1　资源转换单元拆解原则

资源转换单元拆解要遵循以下六个原则：

❖ **确定分析的范围**

现在很多企业规模越来越大，一个企业中的业务板块也越来越多，每项业务(一般称为战略业务单元)都可能有各自相对独立的盈利逻辑，这构成了第一层的商业模式，即业务层商业模式。在此基础上，多项业务之间一般还存在协同效应，有其多元化协同的盈利逻辑，这构成了第二层的商业模式，即多元业务商业模式。

这两个层次的商业模式都可以用基于资源观的商业模式分析方法进行分析，但两者一般不能放在一个框架内进行分析，而是需要分开进行。在业务层商业模式分析中，会涉及具体的运营资源转换单元，模式要素的颗粒度较小，而在多元业务商业模式分析中，单一业务可能只作为一个资源转换单元出现，模式要素的颗粒度较大。

考虑到这两个层次的商业模式分析方式的差异，在进行分析之初，首先要确定分析的范围，然后分步进行分析。例如，如果甲公司有三个战略业务单元 A、B、C，我们可以先分别分析 A、B、C 三个业务层商业模式，然后把三项业务整合在一个框架内，整体分析甲公司的商业模式。有些公司的业务类型非常庞大，其中的多元业务商业模式分析还要进一步分层，分成两个甚至更多层次进行分析。

❖ **拆解应尽可能覆盖经营的所有活动**

确定了分析范围后，资源转换单元应该覆盖范围内的所有经营活动，即其中的每项活动都可以归为某一个资源转换单元。企业分析者可以从四个方面来审视这一原则是否得到体现：一是检视一下企业中的人员每天都在做什么，然后确定这些活动是不是可以分别归为某个资源转换单元；二是检视一下企业中各项成本是不是都可以分别归为某个资源转换单元的投入；三是检视一下企业各项资产都是在哪些资源转换单元中发挥作用的；四是检视一下企业所有资源形成是不是都有来源，避免某个资源凭空产生。

如果以上四个方面检视结果都基本上得到确定，我们就可以说资源转换单元拆解已经覆盖了所分析范围内的所有活动。当然，100%的覆盖是不存在的，也是没有必要的，只要主要的活动被包括在资源转换单元中就可以了，这个比例可以是80%或90%，要视具体分析要求来确定，过度追求覆盖比例可能会使分析效率和效益下降，并且还有可能使分析结果不稳定。

在分析实务中，资源转换单元拆解可能需要反复尝试，而且要多人、多部门参与才比较可靠，一旦资源转换单元拆解不合理，后面的分析也将非常困难。例如，某个餐饮品牌具有极高的知名度，但企业以前从来没有认真审视过这项品牌资源的具体来源，只是简单地认为是来自经营历史，但分析结论与实际结果有较大误差。在经过反复、多方面的调研后，发现该品牌的知名度在很大程度上是源于公共媒体的非广告性报道，尤其是与历史名人相关的报道活动，因此在之后的分析中，公共媒体作为促销活动资源被纳入资源转换单元中，纠正了原来的误差。

❖ 资源转换单元之间不能交叉

在强调资源转换单元尽可能覆盖所有经营活动的同时，还要避免资源转换单元之间存在交叉，也就是说，同样的经营活动不能既在这个资源转换单元中体现，又在另一个资源转换单元中体现。例如，在很多科技型企业中，突破性的新产品研发活动既是品牌推广活动，可以为企业获得更多市场影响力，也是新产品设计活动，为下一步生产提供新产品品种，这在拆解时要特别注意，不能将突破性的新产品研发活动同时置于两个资源转换单元中，可以考虑将其放入一个独立的、兼有推广和研究性质的复合型资源转换单元，而不能被该活动的字面名称所限制。

❖ 突出主线，控制资源转换单元数量

拆解资源转换单元还要避免活动单元数量过多，过多的资源转换单元数量既会消耗大量分析资源(时间、人力和财力)，也会使商业模式机制模糊，从而使企业分析者不容易看到分析主线，严重的甚至会使商业模式分析得不到期望结果。所以，在能够满足分析任务要求的情况下，资源转换单元原则上要适量少一些，要遵循奥卡姆剃刀原理。这个原则最早由14世纪英国逻辑学家奥卡姆提出，他主张对于一种现象，只需要接受最简单、最直接的解释，换句话说，当存在多种解释或理论时，我们应该选择最简洁、最经济和最少假设的那个。

导致资源转换单元数量过多的原因可能有多种：过于追求覆盖所有的

企业经营活动；没有理解企业盈利的主要机制；完全按照企业职能进行活动单元设置；分析过程中缺少反复权衡和合并。

❖ 资源转换单元转换关系稳定

所拆解的资源转换单元还需要有稳定的资源投入产出关系，这种稳定的资源投入产出关系说明资源转换单元存在着易于理解、可分析的经营机制。反之，如果某个资源转换单元的资源投入产出关系是不稳定的，则该资源转换单元可能不存在可分析的经营机制，并且将影响商业模式的进一步分析。

在检测资源转换关系时，还要注意外部因素、策略及重要能力的影响，同时要判断这些因素对资源转换关系稳定性的影响。

❖ 资源转换单元结构要素应易于测量

基于资源转换单元的商业模式分析的一个显著特点就是可测量性，这就要求资源转换单元中所有资源相关的要素都是可测量的，包括投入的流量资源、投入的设施资源、产出的流量资源、产出的设施资源。关于资源如何进行测量，在本书第 3 章有详细的说明。如果出现一些非常难以测量的资源，则可以通过分级评价的方式将其转变成可测量的指标，或者用可测量的代理指标表示。例如，顾客满意度可以通过发放调查问卷让顾客评级而获得，品牌资源可以通过调查顾客对品牌的了解程度来衡量，或者用商品溢价水平来衡量等。

如果可能，对于外部因素、重要能力和策略最好也是可测量的，而如果不能定量测量，至少使其是可以定性描述的。

5.2.2 资源转换单元拆解方法

在本书第 4 章我们提出了三种划分资源转换单元类型的角度：按涉及的活动部门划分、按关键资源的形成活动划分、按资源转换方式划分，这三个角度也是进行资源转换单元拆解的三种基本方法。此外，按支出项目拆解也是一种常见的基本方法。在实际的商业模式分析中，则经常是上述四种基本拆解方法的混合使用。

❖ 从涉及的活动部门角度进行拆解

这里的活动部门是指企业的职能部门，企业为了使经营活动能够顺利进行，会形成各自的组织结构，其中的职能部门被指定从事专门性活动，以保证企业经营活动高效和专业地运行。

企业的职能部门天然地就可以作为拆解资源转换单元的基础，每个职能部门可以拆解成一个或几个资源转换单元。按这个角度拆解资源转换单元的优点是易于操作和理解、覆盖性好，而且每个资源转换单元也具有较好的可管理性。

从这个角度进行资源转换单元拆解也存在不足：

（1）产出上并不一定与资源转换单元标示的名称一致，如研发资源转换单元并不一定只产出与研发相关的资源，也有可能产出其他类型的资源，在很多企业中，研发资源转换单元所产出的领先研究成果经常也是提升企业品牌资源的重要工具，所起作用与推广活动类似。因此，按部门关系的资源转换单元拆解名称有时会引起理解上的误会。

（2）按活动部门拆解的资源转换单元可能过于粗略，不能反映企业在资源转换过程中的内在机制。例如，某企业的人力资源活动可能是企业经营发展的关键核心活动，因此在资源转换单元拆解中应该被分为更细节的招聘选拔、培训发展、激励等活动。

（3）一些资源转换活动可能是由多个职能部门一起完成的，因此无法明确对应职能部门。如对于一个餐饮企业来说，门店的设立决定了最重要的顾客基础资源，但设立门店可能并不是由单独部门完成的，并且无法对应到具体职能部门，这样便容易造成丢失主要资源转换活动或者覆盖不完整问题。

（4）按部门拆解的资源转换单元缺少稳定的资源投入与产出关系，而具有稳定的资源投入与产出关系的活动也有可能是跨部门的，这时按活动部门拆解资源转换单元也会出现一定困难。

（5）每个企业的组织结构比较类似，这样的拆解可能无法体现公司商业模式的独特性，投入产出的机制也不一定能被清晰揭示。

❖ 从关键资源的形成活动角度进行拆解

从关键资源的形成活动角度拆解资源转换单元有助于厘清每项关键资源是如何一步步生成和转换的，这种拆解往往能揭示出企业盈利的内在机制。

前文介绍过，虽然企业资源有很多种形式，但不同企业的关键资源可能是不一样的，要根据企业实际情况确定哪些是关键资源。例如，对于某行业内生产大型专用设备的领先企业，其关键资源之一是拥有业内最优质

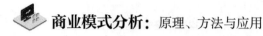

的供应链资源，大型专用设备的制造涉及数以万计的零配件，优质供应链是必不可少的保证，该公司通过借助业内最大的市场份额及长期与供应链企业的合作开发活动，使供应链资源得以不断发展。在这个例子中，供应链资源并不是由企业某个部门创造的，而是由全公司多个部门共同努力的结果。

按关键资源的形成活动进行拆解也有其缺点，主要表现如下：

(1) 因为主要关注了一些重要的资源类型，其他不是太重要的资源类型则有可能被忽略，所以对企业经营活动的覆盖性可能不太高。

(2) 关键资源的形成可能会涉及多个部门，这样拆解的资源转换单元也就包含了多个部门的活动，资源转换单元的活动过程分散在不同的职能部门中，可管理性就要低一些，不利于设计和落实相应的管理措施。例如，品牌资源的形成可能会涉及很多跨职能部门的活动，在相应的资源转换单元中，其投入资源的结构就比较复杂，且较难衡量，也就不易进行管理。

❖ 从资源转换方式角度进行拆解

资源转换单元转换资源有三种基本方式：内部加工、交易和合作。转换资源方式的不同也是拆解资源转换单元一个可以考虑的角度。由于这三类资源转换活动的机制有较大的不同，在拆解资源转换单元时应尽量保持一致性，这样更有利于进行资源投入与产出关系分析。尽管如此，还有一些活动是无法拆解成这三种基本类型的，可以按复合形式处理。

因为资源转换方式只有三种基本形式和复合形式，所以这种拆解角度是比较简单的，在实际的分析过程中，很少全部按此角度进行，还要结合其他拆解角度。

❖ 从支出项目的角度进行拆解

还有一种比较简单的拆解方式就是按成本支出项目来拆解资源转换单元。长期来看，企业的利润可以粗略地认为是总收入减去总支出，所以按支出项目拆解资源转换单元可以基本覆盖所有涉及资金的活动。这是一种比较容易操作的方法，易于理解，而且也比较容易处理资源转换单元之间的交叉关系(如采用支出分摊的办法)。这种拆解经常与其他方法结合使用，用于对其他拆解方法的补充和调整。

这种拆解方式的缺点是只重点关注资金，容易忽略对企业中一些独特的非资金资源进行分析。

❖ **各种拆解方法的混合使用**

以上四种基本的资源转换单元拆解方法各有其优点和局限性，在实际基于资源观的商业模式分析中，一般采用的是混合方法，应根据企业商业模式分析的任务、对象，结合分析者经验，甚至也考虑数据的可获得性，进行灵活处理，不必拘泥其中一种。

5.3 资源转换单元的联接整合与构建资源集

拆解好各个资源转换单元后，接下来要完成的工作是把这些资源转换单元联接在一起，确保它们能形成一个有机整体。前文已有阐述，各个资源转换单元是通过资源的投入与产出联接在一起的，也就是说，各个资源转换单元共享企业的资源集作为投入或产出，这里的资源集包括了流量资源集和设施资源集。此外，各个资源转换单元的外部因素共同形成外部因素集。类似地，还有企业策略集和企业重要能力集，它们与资源转换单元联接在一起，有机地构成了企业基于资源观的商业模式整体分析模型，如图 5-2 所示。

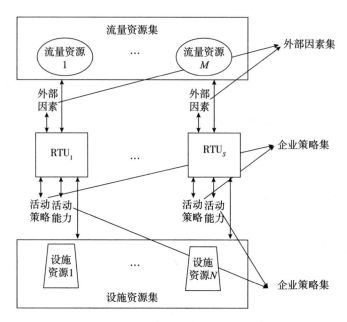

图 5-2 企业资源转换单元整体结构

5.3.1 资源转换单元联接整合的基本要求

将各个资源转换单元与要素集联接并不是一项简单工作，需要对它们进行精心的联接整合，下面是联接整合过程中需要遵循的一些基本要求。

❖ **资源流要形成"连续流"**

资源流要形成"连续流"是指每一项资源(包括流量资源和设施资源)的期末存量等于期初存量加上在经营期间的资源流入和资源流出，其中：资源流入包括经营期间该资源从外部获得的投入加上经营期间该资源在各个资源转换单元中的产出；资源流出包括经营期间该资源向外部流出的，加入该资源在各个资源转换单元中的投入。换句话说，资源的数量和品质变化都是可追溯的，没有凭空产生的资源变化。

图5-3说明了 R 资源在企业经营活动中变化的连续性，其中：
$R_{终} = R_{始} + R_{流入} + R_{产出} - R_{流出} - R_{投入}$。

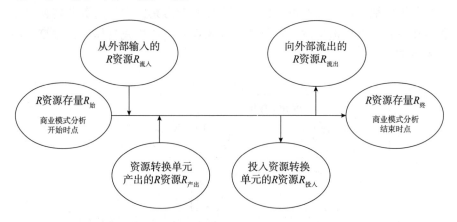

图5-3 企业经营中资源变化的连续性

❖ **设置必要的辅助资源转换单元**

在商业模式分析过程，我们会发现，在经过初次资源转换单元拆解后，资源流很难保持连续性，这是因为资源在各个资源转换单元之间流动时并不是单纯地投入和产出，而是存在着资源分配、资源合并及资源自发展与维护等多种情况。

(1)资源分配。它是指一种资源从一个资源转换单元产出到投入下一阶段资源转换单元时，可能会面对多个资源转换单元，那么该资源就存在一个分配问题。这类似于财务管理中的费用分摊问题，如某个人力资源团队的工作可能会涉及多个资源转换单元，作为工资福利支付给该人力资源团队的资金资源就需要分配(分摊)到不同资源转换单元的资源投入中。

(2)资源合并。它是指一种资源从多个资源转换单元产出后，需要合并在一起，这种合并也不是简单地加总，而是根据资源的特点有其合并规则，如多个资源转换单元对品牌资源可能有不同的产出影响，需要在这些产出影响中进行权衡，然后才能合并得到最后的品牌资源状态。

(3)资源自发展与维护。它是指有些资源在商业模式分析周期内，会出现资源状态随时变化的情况，或者企业专门为改变资源状态而进行的维护活动。

在资源转换单元分析结构的构建过程中，加上资源分配、资源合并及资源自发展和维护等辅助活动，是保证资源流连续性的有效方法。此外，有些时候还需要设置一些等式，这样可以使资源转换单元分析结构更加简化，如销售资源转换单元产出的产品销售量直接乘价格就可以得到销售收入，避免再设置新的资源转换单元用于说明这个资源转换过程。

❖ **不遗漏重要资源，并追寻其来源**

在分析过程中，要反复检查各种资源转换的内在机制，不要遗漏任何重要资源。分析中如果对重要资源遗漏，就意味着在经营过程中也不会关注它们，这实际上是对企业真实商业模式的误解。

 案　例

某快餐店的重要资源——特殊信息

在送餐行业中，一直有一个现象，就是每天都有大量的餐食被废弃，有时可能会高达10%，大大增加了经营成本。为什么无法把废弃率降下来呢？因为为了满足顾客要求，订餐截止时间一般都设置得比较晚，造成餐食生产完成时间要早于订餐截止时间，如果控制生产量，就有可能出现无法满足顾客需求情况，使顾客满意度下降，所以送餐公司不得不过量生产一些餐食以应对顾客不确定需求。

而有一家送餐公司在这方面与众不同，不仅在满足顾客订餐上优于其他公司，而且餐食的废弃率也只有1%。通过认真分析发现，这家公司做到这一点是因为在制订生产计划时收集了特殊信息(资源)，这些特殊信息

是该公司通过特定的餐盒回收活动获得的。该公司与其他公司不一样，采用可重复使用的优质餐盒，在回收后进行清洗消毒，然后重复使用，当然成本也高于一次性餐盒，但在回收过程中通过调查顾客用餐情况获得了重要的信息资源，从而能够正确预测出每天的订餐量，使生产计划更能符合顾客需求量。

像这样的关键性信息资源很容易在分析过程中被遗漏，而一旦被遗漏也就不能正确分析这家送餐公司独特的商业模式。

❖ 资源数量尽可能精简

在拆解了资源转换单元之后，可将所出现的资源分为两个资源集：流量资源集与设施资源集。为提高分析效率，这两个资源集中的资源类型应做最大限度的精简，能合并的尽量合并，与之前资源转换单元拆解一样，需要遵循奥卡姆剃刀原理，即"非必要不增加"。过多的资源类型会使分析难度大幅度上升，也会影响分析的稳定性，同时所需要消耗的分析资源也会明显增加。一般来说，对于一个中型分析任务，十个左右的资源类型是合适的，小型的分析任务可能只需要有限的几个资源类型。减少资源类型是一项复杂的工作，可能需要重新调整资源转换单元拆解和结构。

❖ 保持策略、重要能力、外部因素的一致性

每个资源转换单元都有各自的策略、重要能力和外部因素，这些结构要素是资源转换单元的必要组成部分，将所有资源转换单元联接起来后，就可能会出现一个问题，即每类结构要素内部可能会存在不一致的地方，如在策略因素上，各个资源转换单元可能在价格、资源分配、产品定位等方面的设置不一致，在外部环境因素方面，可能对市场的成长性设定不一致；而在重要能力方面，对企业能力的判断也可能存在不一致，这些不一致会在整体上影响整个商业模式的逻辑合理性，应该予以统一。

5.3.2 辅助活动单元设置

前文提到，要使资源流能够动态联接在一起，保持资源流连续性，还需要设置一些辅助活动单元，包括资源分配类资源转换单元、资源合并类资源转换单元和资源自发展与维护类资源转换单元，下面对这些辅助类资源转换单元做进一步介绍。

❖ 资 源 分 配 类 资 源 转 换 单 元

企业的经营活动是管理驱动的，并不是自发自动进行的，在这个过程中，需要对资源进行分配，把资源分配到各个资源转换单元中，在分配过程中，需要根据企业战略谨慎决定各个资源转换单元分配的数量，因为企业资源总数是有限的，不同分配方式会有不同经营效果。例如，一笔资金是投入营销资源转换单元中（如广告费），还是投入研发资源转换单元中（如购买研发设备或招聘研发人才），对企业经营会有不同的产出效果。

由于资源性质不同，资源分配活动方式也是不一样的，根据分配前后形态和数量不同，大致有三种方式：分割式资源分配、协同式资源分配和复合式资源分配。

（1）分割式资源分配。它是指将资源简单地一分为几，分别作为不同资源转换单元的资源投入，各个部分之和大致等于分配前的资源总量。最典型的是将资金一分为几，分配给不同的资源转换单元，分配后的资金数量大致等于分配前的资金总量。为什么说是大致呢？因为在分配过程中可能存在资金分配的费用，还有资金的时间收益，所以分配前后在数量上并不一定绝对相等。分割式分析如图5-4所示。

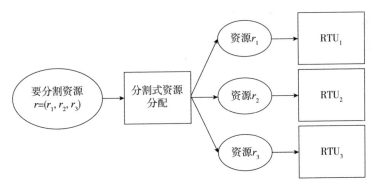

图5-4 分割式资源分配

（2）协同式资源分配。它是指将资源分配给几个资源转换单元进行共享，这些资源一般是设施资源，有的本身就是不可分割的。例如，品牌资源的分配是典型的协同式分配，品牌资源不能被分割使用，一个资源转换单元使用了品牌资源作为投入，也并不影响另一个资源转换单元也把品牌资源作为投入。如图5-5所示，资源 R 在分配过程中是不被分割的。

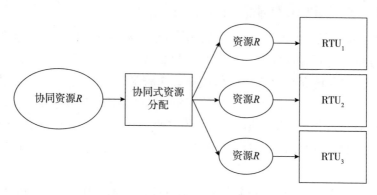

图 5-5　协同式资源分配

（3）复合式资源分配。它是指所分配的资源既可以分割，又可以协同共享，资源分配上兼有上述两种资源分配方式的特点。例如，渠道资源作为一种设施资源可以被多个业务线的资源转换单元共享，但渠道本身又是可以分割的。如图 5-6 所示，资源 R 可以分割为 R_1、R_2、R_3，其中 R_1、R_2 分配给 RTU_1 作为投入，R_2、R_3 分配给 RTU_2 作为投入。

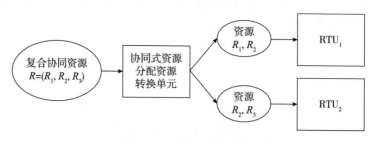

图 5-6　复合式资源分配

❖ 资源合并类资源转换单元

资源合并类资源转换单元是指各个资源转换单元产出资源后要进行合并，因为产出的资源并不是简单地加在一起就可以，而是根据资源特点有不同的合并机制，包括机械式合并和有机式合并。

（1）机械式合并。它是指资源的分量可以机械地叠加在一起，形成同类资源。叠加结果可以是等量，即等于各个分量之和，如资金相加前后结果基本相同；也可以是减量，即叠加后的结果小于各个分量之和，如不同资源转换单元增加的顾客基础加总在一起，因为有重复的，所以结果小于分量之和；也可以是增量，如对于有些信息资源，多个来源叠加后的结果大于各个分量之和。机械式合并的共同特点是合并后的资源形态与合并前的资源形态是相同的。

（2）有机式合并。它是指资源分量有机地整合在一起，形成的资源具有更复杂的属性，而且在性质上发生了变化。例如，多个资源转换单元对品牌资源会形成产出影响，这些影响所产生的综合效果将不是把各个影响分量简单地加在一起，而是对品牌资源属性有更复杂的影响。此外，不同的知识与经验资源合并可能会产生升级的效应，形成更高级、有质差别的知识与经验，如企业的信用资源受企业资产、企业品牌、企业技术、企业人力资源等多种资源的影响，这些资源共同作为，也就是合并在一起，共同产生了企业的信用资源。

❖ 资源自发展与维护类资源转换单元

资源在企业中作为一种客观存在，其本身状态可能是动态的，即会随着时间或外部环境变化而变化，这就是资源自发展现象。

资源自发展有时是消耗性的，会不断贬损，如机器设备，长时间不用会产生贬值，贬值原因可能是随时间延续而出现的物理损耗，也可能是技术变化导致的无形损耗。不仅是有形资源，一些无形资源也有可能产生贬损，如品牌资源，如果长时间不用就会出现影响力下降的情况。

资源自发展有时也是增值性的，会随时间变化不断在品质和数量上有所改变。例如，一些地理位置比较好的房地产、稀有金属和矿产、能自发生长的高价值植物等，会随着时间延续不断增值。

资源自发展是一种常见现象，在有些商业模式分析中会有重要意义，在消耗性自发展情景下，资源贬损可能会形成巨大成本支出，甚至严重影响商业模式的有效性，这就是有些人不喜欢重资产型商业模式的原因之一。但在增值性自发展情景下，资源增值也可能会给企业带来巨大利润，很多成功的商业模式就是通过"养"一些有增值性的资源，如长期持有优质不动产资源，最后实现商业模式良性运转。因此，商业模式是不是重资产型并不重要，重要的是这些资产自发展是贬损性的还是增值性的。

对于有贬损性自发展特点的资源，因为资源是不断贬损的，到一定程度就会影响企业正常经营活动，所以在经营过程中需要进行资源维护，就是通过一定的投入维持资源必要的数量和品质，这实际上是一种较简单的资源转换单元。为简化分析，我们将这类维护资源的活动与资源自发展列在一起，单独作为一类辅助资源转换单元，即资源自发展与维护资源转换单元。这类资源转换单元结构相对简单，如图 5-7 所示。

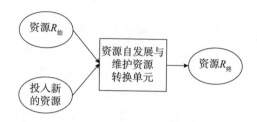

图 5-7　资源自发展与维护资源转换单元

在图 5-7 中，R 资源经过自发展与维护资源转换单元后，不仅避免了数量和品质上的贬损，而且可能会比初始状态更好，也即 $R_终>R_始$。需要注意的是，在自发展和维护过程中，也可能需要投入新的资源。

❖ **资源等式**

资源等式用于说明资源之间的数量关系，一般不涉及明显的经营活动，如资金资源有多种形式，有不同币种的现金、存款、应收款、有价证券等，在经营过程中，可认为是同类资源，但有时它们需要在不同形式之间转换，为简化起见，这类简单的转换可以用资源等式来表示，以保持资源流的连续性。例如，产品销售量作为产出，可以直接乘定价转变为销售收入，无须再设置一个资源转换单元。

5.4　运营模拟与调试

在完成所有资源转换单元设置及资源转换单元联接整合后，还需要进行运营模拟与调试，确定分析模型中的相关参数和资源转换单元资源转换关系。因为这一过程是用运营模型进行分析的，所以称为"运营模拟与调试"。

5.4.1　运营模拟与调试过程

运营模拟与调试是用运营数据来模拟企业运营结果，找出与合理结果或真实结果的差距，然后根据差距情况不断调整商业模式分析模型中的参数（主要是表函数参数），直到完成全部调试工作。

❖ **运营数据准备**

进行运营模拟与调试首先需要准备一些运营样本数据，运营样本数据最好是来自真实经营结果，但并不是把真实结果完全照搬使用，而是需要对真实数据进行适当调整，排除一些非正常情况导致的数据畸变，如一些突发事件导致的销售结果变化就要被剔除掉。

这些运营数据的结构要参考已经初步构建的商业模式情况来收集，包括所有涉及的投入、产出流量资源和设施资源数据、外部因素、策略因素、重要能力因素等，缺乏重要数据项将无法进行运营调试。

如果在准备数据过程中确实无法获取某些数据，可以由对企业熟悉、有经营经验的管理者尽可能地做一些推测，把数据补齐，当然这些人为补齐的数据可靠性比较弱，要加以标注，待以后有更翔实数据后再进行替换。

运营数据样本量也需要有保证，样本量越多，就可以进行多轮次运营调整分析，就越有利于得到可靠模型参数。

❖ **迭代运营模拟与调试**

在用迭代法进行运营模拟与调试时，步骤如下：

(1)对商业模式分析模型中所有参数做一个初值设定，初值设定应由经验丰富的分析者来进行，合理的初值可以大大减少后续调试工作量。

(2)将准备好的运营数据作为投入，代入每个资源转换单元中进行模拟，从而得到模拟结果，一般将利润作为最后产出结果，也可以多设几个资源类型作为产出结果。将这些模拟产出结果与样本中真实数据进行比较，根据两者差距调整商业模式中诸项参数，使模拟产出结果与真实数据误差减少。

(3)调整参数后继续使用该样本数据作为投入，进行再次模拟，重复上面步骤，直到模拟产出结果与真实数据误差达到最小。

一个运营数据样本完成运营模拟与调试过程后，再使用下一个样本数据进行同样过程，进一步调整参数，使误差继续减少。当所有样本都使用完后，可以重复使用这些样本。因为这个过程是不断重复进行的，所以我们称为"迭代运营模拟与调试"。

5.4.2　商业模式模型持续优化

在运营模拟与调试过程中，当增加新数据样本对参数调整不再有显著影响时，我们就称该商业模式分析模型达到分析饱和度。达到分析饱和度就意味着该商业模式分析模型已经比较可靠，达到了实际应用阶段。对分析饱和度可以用一个定量规定，如增加新数据样本后，如果主要参数调整幅度小于10%，我们就认为已经达到理想分析饱和度。

对商业模式分析模型调试是一个不间断过程，因为商业模式分析饱和度不可能达到100%，所以理论上就存在着不断优化的空间，一旦有新样本数据加入，就需要对商业模式进行重新运营调试。需要注意的是，影响商业模式运营的外部因素、策略因素和重要能力因素也是不断变化的，造成商业模式中各种关系式也会随着这些因素变化而变化，需要重新进行运营调试。因此，一个现实的商业模式分析模型应该经常进行调试，形象地说，好的商业模式分析模型是需要慢慢"养"出来的。

对商业模式持续"养护"，不仅可以得到一个符合企业真实经营情况的有效商业模式，还可以在此过程促使企业更好理解自身经营机制，反思自身的战略行动，及时采取战略措施，从而取得良好经营绩效。

5.5　商业模式机制分析

企业一旦构建了自己的商业模式，就呈现出具有特色的商业模式机制，我们可以从三方面来理解商业模式机制。

第一，盈利机制。该机制是说明商业模式是怎样获得收入、付出费用并最终在经营周期内实现盈利的。盈利机制与分析时期有关，反映的是企业在分析时期内的盈利性。

第二，保护机制。该机制是说明商业模式是如何抵御竞争、保护其营利性的，反映的是能不能持续盈利。

第三，发展机制。该机制是说明商业模式有没有发展空间，即收入和利润有没有被进一步提高的可能性。

商业模式是否优秀要从盈利机制、保护机制和发展机制三方面进行衡量，最优秀的商业模式在这三方面都有高水平的评价，最差的商业模式则在这三方面都表现不佳，而大多数商业模式是在这三方面各有千秋。

对商业模式机制进行分析有利于合理评价商业模式价值。有些时尚商业模式，如仅仅依托个别网红而成功的直播带货商业模式，虽然在一定时期内具有很好的盈利机制，但在保护机制和发展机制方面存在欠缺，这样的商业模式从整体上看其价值性就没有想象得高。

对商业模式机制进行分析不仅有利于评价商业模式价值，还有利于企业针对性地优化商业模式，使商业模式更加合理。

5.5.1 盈利机制分析

盈利机制分析不能简单地以企业经营利润的绝对量进行衡量，要注意将机制效应与企业资源能力效应分开。例如，如果某公司盈利机制一般，但企业资源能力卓越，拥有优秀的品牌优势和技术实力，则仍然可以取得较好利润；反之，如果盈利机制很好，但资源能力水平非常差，则也不一定能取得满意利润。

为了剔除企业资源能力效应带来的差异，我们判断商业模式优劣的方式一般以企业当前拥有的主要资源集为基础，寻找或设计各种可能的商业模式，通过对各种商业模式进行实践考察或运营模拟，可以得出各种商业模式的利润水平，并以此为标准来评价各个商业模式的优劣。

例如，企业拥有主要资源集 R，有 N 种可能的商业模式，每种商业模式的利润水平分别为 P_1，…，P_N，平均利润水平为 $P_平$，那么某个商业模式的利润水平大于 $P_平$ 越多，就是盈利机制越优的商业模式。在计算 P_1，…，P_N 的过程中，如果存在现实对标企业实行了某种商业模式，那么以该对标企业的实际利润作为相应商业模式的利润水平。对标企业是指拥有相似主要资源集 R 的企业，但现实中这种情况并不多见，很多可能的商业模式并没有对标企业，那就要通过商业模式模拟来获得可能的商业模式利润水平，这个过程可通过本章前面各节介绍的方法来实施。当然，设计出各种可能的商业模式并不容易，这本身就是一种创造性的活动，需要分析人员与经验丰富的经营管理人员共同工作才可实现。

需要说明的是，主要资源是指企业拥有的、对经营活动有重要影响并且不能轻易从外部获得的那些资源，如品牌资源、研究开发资源、经营团队资源、资金资源等。有些资源，如厂房资源，如果不容易在市场上购买到，那么就属于主要资源，但如果能用资金很容易购买到，那就不是主要资源；又如研究开发资源，如果能比较容易地通过市场招聘组建，就不是主要资源。因此，主要资源是一个相对概念，对经营的重要影响程度及能不能轻易从外部获得，这些都要靠经验来确定，但在盈利机制分析过程中要保持标准的一致性。

商业模式分析： 原理、方法与应用

从各个商业模式的利润水平判断出盈利机制的优劣后，盈利机制的分析并没有结束，还要进一步分析导致各个商业模式盈利机制差异的内在原因和作用过程，知其然，更要知其所以然，这样才有利于不断优化商业模式。

分析商业模式盈利机制形成的内在原因是一个复杂而开放的过程，下面给出一些分析思路，但不限于这些思路。

❖ 分析各个资源转换单元的投入产出

扫描商业模式模型中各个资源转换单元，如果发现某个资源转换单元的投入产出效率优于平均水平，那么要分析其中原因：是优化了投入资源的组合，还是优化了产出资源的组合；是采取了特别的决策，还是采用了新的技术和运作流程；是充分利用了某个不为其他商业模式所用的外部因素，还是上述各种资源转换单元要素设计的特别组合；等等。

❖ 分析各个资源转换单元之间的协同效应

商业模式盈利机制与各个资源转换单元的投入产出效率有关，也与所有资源转换单元的协同作用有关，这方面一般需要分析：是否针对目标顾客提出了独特价值主张，这个价值主张能为目标顾客提供哪些特别价值；企业是否能充分利用其资源，以高效率方式生产出符合价值主张的产品；整个企业能否在价值主张上形成协同；规模效应是否有整体的协同效果；是否对各个资源转换单元都能产生正面效应，进而在整体上产生共振效果。

类似地，在这方面还可以分析：以差异化模式为核心的资源转换单元结构设计是否有协同效应，以重点资源集为核心的资源转换单元结构设计是否有协同效果，以平台模式为核心的资源转换单元结构设计是否有协同效果，以数据驱动模式为核心的资源转换单元结构设计是否有协同效果，以扩大周边产品模式为核心的资源转换单元结构设计是否有协同效果，等等。

上述仅列出一些常见的资源转换单元整体结构设计，这方面的创新方式仍层出不穷，需要根据经营实践进行针对性分析。

5.5.2 保护机制分析

商业模式的保护机制分析就是分析商业模式结构能不能抵御来自企业内外五方面的竞争压力。这五方面竞争压力分别来自业内竞争者、潜在进

入者、替代品、购买者和供应商。当外部环境发生变化，或者这五方面的竞争者采取某些行动时，它们对目标企业造成的竞争压力可能会增强，进而影响商业模式的利润水平。

保护机制分析过程就是根据上述五方面竞争者所带来的竞争情况，利用商业模式分析模型进行模拟，分析在这些竞争压力下企业是不是仍具有良好的营利性。如果目标企业营利性更好，则说明其保护机制优秀；如果基本上保持原来的营利性，则说明保护机制良好；如果不能保持其原来的营利性，甚至出现亏损，则说明保护机制不足。保护机制不足的商业模式也被形象地称为没有"护城河"的商业模式。

保护机制还有"狭义"和"广义"之分。狭义的保护机制是指在企业主要资源集基本不变的情况下，企业的商业模式能承受竞争压力；广义的保护机制则将条件放宽一些，允许企业对主要资源集进行适当可行的调整，以及对其商业模式做部分可行调整后，其能承受竞争压力。所谓"适当可行的调整"，是指比较容易实施且幅度不大的调整，如通过市场交易改变部分资源集的组成、通过对商业模式的价格策略进行调整、通过对商业模式中推广资源转换单元进行改变等。显然，如果狭义保护机制优秀，则广义保护机制一定优秀；反之，则不然。

下面分别介绍面对五方面竞争压力的保护机制分析。

❖ 面对业内竞争者的保护机制分析

(1)确定在面对业内竞争者压力时，企业利润会发生怎样的变化，从而确定商业模式的保护机制水平。方法是把下列竞争压力作为外部因素输入商业模式分析模型中，通过模拟运行推演其盈利情况，据此得到保护性水平的评价。

来自业内竞争者的竞争压力包括但不限于下列一些形式：业内竞争者发动价格战；业内竞争者提供了某种更具差异化的产品与服务；业内竞争者的品牌影响力因为某些因素变得更加强大；业内竞争者的生产效率取得了明显提高；业内竞争者的规模经济增加，成本下降；业内竞争者加强了顾客关系，顾客基础规模越来越大；业内竞争者采取措施降低顾客的转换成本；等等。

(2)进一步分析这些竞争压力在各个资源转换单元中是如何起作用的，改变了哪些资源转换单元的投入产出效率，以及在整体上是如何影响各个资源转换单元之间的协同的。这些分析与前面的盈利机制分析方法是相似的。

❖ **面对潜在进入者竞争的保护机制分析**

该分析与分析面对业内竞争者的保护机制过程是一样的，区别在于把面对潜在竞争者的竞争压力作为外部因素输入商业模式分析模型中，具体操作不再赘述。

来自潜在进入者的竞争压力包括但不限于下列一些形式：潜在进入者可以采用更先进的技术；潜在进入者因为进入壁垒下降而更有可能进入本行业，进入壁垒下降包括规模经济下移、进入资本要求降低、专有技术扩散、行业管理制度放宽、国际贸易开放等；潜在进入者拥有更多的资本；潜在进入者可以发现行业竞争劣势，从而主动避免；潜在进入者可以利用技术创新重新构建更有效的供应链；等等。

❖ **面对替代品的保护机制分析**

该分析同上述分析过程相似。来自替代品的竞争压力包括但不限于下列一些形式：替代品具有更好的性价比，在技术创新背景下，有可能性价比是碾压式的，将会产生极大的竞争压力；替代品重构了业务模式，有可能给顾客带来全新的购买和使用体验；替代品有更优的价值主张，更能吸引顾客；推出替代品的企业拥有更强资金实力；替代品找到了更好的供应链；等等。

❖ **面对购买者的保护机制分析**

该分析同上述分析过程相似。来自购买者的竞争压力包括但不限于下列一些形式：购买者的议价能力因为制度因素得到了增强，如自 2023 年开始，中国政府加强了采购管理，普遍推行集采制度，给医药产业带来较大的压力，很多医药企业的商业模式因保护性较差，盈利水平大幅度下降；购买者扩大购买量，或者购买者行业集中度越来越高；购买者转换到其他同类产品的成本下降，这种下降可能是多种原因造成的；购买者可以获取更多的采购信息，增强了谈判能力；购买者因为自身因素，对产品价格的敏感性提高；购买者因为自身因素而使购买量明显下降；购买者可能后向一体化，自己生产产品；等等。

❖ **面对供应商的保护机制分析**

该分析同上述分析过程相似。来自供应商的竞争压力包括但不限于下列一些形式：供应商因为某些因素提高价格，可能使原材料、人工成本上升；供应商的产品在企业生产中的作用越来越大，重要性加强；供应商因为某些因素不能按质、按量、按期交付；供应商集中度越来越高，数量越来越少，甚至会垄断上游供应；供应商对本行业信息越来越了解；供应商准备前向整合，直接进入下游，与企业展开竞争；供应商产品越来越有差异化，企业采购时的选择性减少；供应商提供的产品越来越缺少替代品；供应商改变了供应关系，如从长期合约转向短期议价；等等。

上述五方面的竞争压力并不是非此即彼，经常是出现一个因素会导致其中多个方面竞争压力的增强。综合以上五个方面的分析，就可以得到对商业模式保护机制的总体评价。综合的方法可以将五方面的评价进行平均；可以根据发生的可能性进行加权平均，其中可能性大的权重大，可能性小的权重小；可以使用雷达图进行表示。

5.5.3 发展机制

商业模式发展机制用来说明针对外部环境做趋势性变化分析时，企业的发展前景如何。如果规模和盈利水平有很大发展，则发展机制是优秀的；如果规模和盈利水平有一定发展，则发展机制是良好的；如果规模和盈利水平缩水，则发展机制为不足。规模和盈利水平的测算方式与盈利机制的分析是一样的，即把商业模式的所有资源转换单元要素输入分析模型中，进行模拟运算。

在有些情况下，规模和盈利水平并不是同步的，企业可以根据自身的战略要求，确定规模指标和盈利指标在衡量发展机制时的权重。此外，还要注意，外部环境设定是按企业所处环境和时点最有可能的发展趋势设定，由分析者判断，这显然有一定概率性。如果外部环境趋势设定有误，那么对企业商业模式发展机制的判断可能就是错误的。因此，发展机制分析结果一定是与外部环境因素的设定相关联的。

商业模式发展机制分析分狭义和广义两个角度。狭义发展机制是指企业在当前主要资源集和商业模式基础上，企业规模和盈利水平的变化；广义发展机制是指企业可以对主要资源集和商业模式做适当可行的调整，在此情景下企业规模和盈利水平的变化。

发展机制分析的关键是确定外部环境变化趋势，在确定外部环境变化后，其后的分析过程与盈利机制测算方式类似，但侧重判断规模和盈利的增长速度，然后要进一步分析盈利水平变化的具体机制。

这些具体的发展机制可能有多种形式：技术革新带来生产资源转换单元的生产效率提高，以及成本持续下降；行业集中度提高导致收入越来越集中在少量头部企业中；技术扩散导致人力资源资源转换单元中招聘成本越来越低，效率越来越高；顾客对品牌偏好导致购买更多相关产品；新兴技术促进了顾客对产品进行更新换代；等等。

　　对商业模式的盈利机制、保护机制和发展机制进行分析具有重要意义。对这三个机制的系统化分析，有利于帮助企业做出科学和有效的判断，并可以依据分析结果做出相应的商业模式决策，从而确保企业短期盈利能力增长，长期竞争力和持续发展能力得到提升。

第6章
基于资源观的商业模式分析方法应用场景

　　商业模式分析不仅可以解释少数成功企业的经营策略，还被广泛用于一般企业提升经营效益。因为对于所有企业而言，无论企业经营者是否意识到，实际上其都运作在某种商业模式之下，这些模式具有客观存在性。表现优异的企业通常拥有有效商业模式，那些表现不佳的企业则可能有较弱的商业模式。因此，理论上，所有类型的企业都可以通过分析与优化商业模式来改善和提升经营业绩。对于尚未完善商业模式的初创企业来说，进行商业模式分析尤为关键，因为这有助于它们尽早建立适合的商业经营框架。

　　商业模式分析方法在系统性、准确性和可操作性方面一直存在局限性，使商业模式分析未能形成一种可靠且普遍适用的分析方法。本书所提出的基于资源观的商业模式分析方法有望改善这一状况，使利用商业模式分析来提升企业经营业绩成为可能。本章将探讨基于资源观的商业模式分析方法的具体应用场景。

6.1　模拟运营

模拟运营是基于资源观的商业模式分析方法最基本的、应用最多的场景。在构建好企业商业模式分析模型后，企业经营者可以利用商业模式分析模型模拟企业经营过程。设置好资源投入、资源配置、运营策略等要素数据后，通过各个资源转换单元表函数进行资源转换运算就可以得到企业盈利结果。通过模拟运营，进一步完成多项管理任务。

6.1.1　根据模拟运营结果进行方案评价

可模拟企业在不同外部环境下可能的经营成果，也可模拟企业经营者采用不同经营方案的效果。例如，面临不同外部环境因素采取不同措施，包括不同资源配置方式（如不同促销投入、研发投入）、不同运营策略（如不同的定价策略、渠道策略）等，会有什么样的经营效果，企业都可以进行模拟。通过模拟运营可以评价出哪个方案比较合理，从而帮助企业选择科学的商业模式运营方案。

6.1.2　根据模拟运营结果做好预案

通过模拟运营还可以了解企业经营潜在的风险。对于任何已经选出的方案，实际上都会面临不同概率的外部环境变化，其中在有些情况下方案运营结果可能较差，那么就意味着在这些外部环境下可能会存在经营风险，这可以提醒企业经营者密切关注这些可能发生的风险，并做好相应预案。例如，某空调生产企业计划按正常天气情况制定生产方案，但实际上极端天气总是有可能出现的，通过模拟发现，如果出现极端天气，该方案可能产生大规模产品积压，并严重影响公司财务状况，于是该企业为应对可能的极端天气制定了应对方案，包括适当控制生产量、加强渠道管理、做好物流准备，尽可能控制极端天气带来的损失。

6.1.3 根据模拟运营结果优化运营策略和资源配置

在模拟运营过程中,如果得不到想要的盈利结果,可以反复尝试不同的运营策略和资源配置方案,直至出现理想结果为止,该理想结果可以作为企业经营者优化经营方案的依据。

6.2 发现企业盈利关键

基于资源观的商业模式分析方法不仅可以模拟盈利结果,还可以进一步分析盈利关键,在了解到这些盈利关键后,可以有针对性地对盈利关键点进行重点管理,发挥其优势,提升盈利能力。商业模式盈利关键一般存在但不限于以下几个方面:

6.2.1 在某个资源转换单元上拥有独特资源能力

这是最常见的一种盈利关键点。在整体上具有盈利性的商业模式,一般都会在某个资源转换单元上拥有独特资源能力,使这些资源转换单元的资源投入产出具有较高水平。当我们深入了解商业模式中每个资源转换单元投入产出情况时,可以很容易发现这些与众不同的资源转换单元。

例如,苹果公司拥有优秀的研发资源和研发能力,表现在研发资源转换单元上就是企业能研发出更具差别化的产品,使企业在市场上拥有差别化竞争优势,苹果公司的手机价格要比同等配置其他企业手机高出很多;比亚迪公司拥有大规模、纵向一体化生产设施,表现在生产资源转换单元上就是企业新能源车生产成本明显低于其他企业,规模也更大,使企业在市场上形成稳定成本领先优势;沃尔玛公司拥有庞大全球零售网络,涵盖超市、仓储俱乐部和电子商务平台,表现在产品交易资源转换单元上就是可以在不做广告的情况下吸引大量消费者。

6.2.2 具有协同效应

如果盈利的商业模式没有发现具有独特优势的资源、能力,那么盈利关键点可能是协同效应,可能是一个资源转换单元产出了多种类型资源,如经营成功的便利店,不仅出售一般生活用品,还出售快餐,甚至代销一些保险产品,在单位销售面积里能实现更多收入;可能是多个资源转换单元共享了某些资源，如企业 IP 不仅可以用于自营产品，还可以授权给合作企业，收取 IP 授权费。协同效应能让企业获得"1+1>2"的效应成果。

6.2.3　为新细分市场提供产品

一般企业只能提供特定产品类型，因此必须对市场进行细分，对市场的细分反映了企业对市场的认知。合理划分标准和选择市场，有利于企业为顾客提供更贴心服务，使之与企业产品类型产生最佳匹配。有时候因为市场细分方式的不同，有些细分市场被忽略了，如果这时有企业注意到这些细分市场，将可以避免激烈竞争而取得良好盈利效果。在 W. 钱·金（W. Chan Kim）和勒妮·莫博涅（Renée Mauborgne）所著的《蓝海战略》中就有这样一个案例，英国高档三明治连锁企业 Pret A Manger 打破了传统高档餐厅与快餐店的划分，重新定义了一个细分市场，就是那些以快餐方式用餐的高收入群体，为他们提供新鲜、天然食材制作的健康三明治快餐，从而填补市场空白，取得极大成功。

6.2.4　为顾客提出更符合心理需求的价值主张

为顾客提出之前从来没有人提过的价值主张，也可以成为取得盈利的关键。最早提出某个独特的、深入人心的价值主张会在顾客心中占有稳定优势地位，为企业销售产品带来便利和溢价。例如，对于经营坚果和休闲零食的三只松鼠公司，其独特的价值主张在于除提供零食通常价值外，还通过品牌形象、产品包装和线上服务流程提供萌趣、活泼的顾客体验，使顾客耳目一新，顾客在消费零食同时，还能获得心理上的安抚，三只松鼠因此迅速崛起，吸引了大量年轻消费者，成为中国零食市场领导品牌之一。

6.2.5　处于有利的外部环境

有些盈利可能是某些外部环境因素导致的，如在某一时期，因为市场需求出乎预料地大幅度上升，或者供应大幅度下降，使供应—需求缺口增大，导致产品价格上调，从而使企业盈利。2022 年，因为疫情因素，全球海运供应大幅度下降，海运的价格一度攀升了 10 倍以上，这是因为海运企业商业模式特点是设施资源投资巨大，投资周期很长，对外部环境的反应非常灵敏。

不同企业的盈利关键不仅类型不一样，而且盈利程度不一样，因此也要关注盈利关键点的作用强度。此外，有些企业会同时具有多个盈利关键点，如比亚迪公司，既拥有庞大生产设施，又在电池制造技术上处于行业领先水平。显然，具有盈利关键的类型越多、作用程度越强，则整体盈利水平就越高。

企业盈利关键分析也是一项复杂工作，需要经验丰富的人进行细致调查和研究，以及开展大量的工作才能完成。

6.3 新构企业商业模式

如果创业者或者企业想开展一项全新事业，基于资源观的商业模式分析法可以帮助他们按照商业模式要素结构要求，构建一个全新的商业模式。新构商业模式是针对那些未具备完整商业模式要素的个人和企业，他们的事业尚未开始，只拥有部分资源，有时甚至仅仅是一个设想。在这种情况下，进行基于资源观的商业模式分析有助于他们正确评估新事业起点的有效性，正确评估新事业前景，并且不会遗漏一些必要的商业模式结构要素，使新事业得以顺利开展。

新构企业商业模式分析的一般步骤包括四个。

6.3.1 确认新事业起点

个人或企业开展一项新事业不能完全凭空进行，要有一个起点，这个起点可以有多种形式：拥有重要资源或能力，如一个完全没有经商经验的大学教授创办一家创业企业，一般是因为这个教授拥有某项特别专利技术；发现一个新细分市场，如美国 Whole Foods Market，专门销售无添加剂、无防腐剂、天然和有机的食品产品，消费者对有机食品的需求从来就有，但只销售有机食品的超市是新的细分市场。其他如提出一个新价值主张、构思了新的生产或销售流程都可以作为新事业的起点，这些起点越独特，与市场中类似企业相比越能吸引顾客，就越具有作为新事业起点的可行性。

6.3.2 根据起点构造有效核心资源转换单元

确定起点后，要围绕起点构建核心资源转换单元，核心资源转换单元

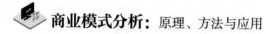

应该是有效的、符合商业规律的、具有坚实战略逻辑的，最好还是被实践证实的。例如，美国早期在线宠物用品销售公司 Pets.com 的商业模式起点是发现了一个细分在线销售市场，这个市场确实存在。围绕这个起点，要构建两个核心资源转换单元，一个是产品交易资源转换单元，另一个是促销资源转换单元。在产品交易资源转换单元中，因为顾客的客单量较小，所以需要大规模顾客基础才能维持必要的销售额。而在促销资源转换单元中，因为公司促销手段单一，主要依靠广告投入，转换效率较低，所以产出大规模顾客基础的资金投入远超公司财务能力，经营难以持续。可见，Pets.com 公司的核心资源转换单元不具有坚实战略逻辑，导致商业模式失败。又如，一个技术专家拥有一项先进的专利技术，要进行创业，那么他应该证实自己能利用这项专利技术在一定量资金投入下完成产品研发，并且所研发出的产品确实能够吸引顾客，这样才具有进一步创业的可行性。

6.3.3 根据核心资源转换单元完善商业模式其他结构要素

根据核心资源转换单元，按照商业模式要素结构要求，完善商业模式模型。这个模型应该是能"跑通"的，也就是说可以完成从资源投入到资源产出的全部流程。

6.3.4 对构建的商业模式模型进行反复模拟和实践

对所构建的商业模式模型进行模拟运行，并在实践中验证，最后将其优化成一个比较可靠的商业模式。尽管实践是最重要的验证手段，但实践代价也是最高的，也不具有重复性，因此，在实践之前，利用商业模式分析模型反复进行运营模拟是非常必要的。

6.4 重构商业模式

如果企业原来的商业模式已经运行一段时间，只是随着环境变化而不太适合现状了，盈利机制出现了不合理现象，这时可以利用基于资源观的商业模式分析法对此商业模式进行重构。

重构与新构的区别在于，前者是以原来商业模式作为基础，对其中部分模式要素进行调整，使之更加合理，因而要注意商业模式要素继承性，

124

而后者是依托一些起点作为基础，需要添加很多全新模式要素，有更大发挥空间。显然，两者的区别也是相对的，当重构过程中继承模式要素非常少的时候，其与新构就非常接近了。

重构涉及的一些主要内容如下。

6.4.1 重新设计价值主张

例如，王老吉公司一直有凉茶业务，其最初价值主张是为顾客提供具有中药养生价值的传统保健饮品，重新设计的价值主张是"预防上火"，这一价值主张扩大了消费场景，为顾客带来了新的消费价值，创造了一个新饮品品类。

6.4.2 重新设计产品性能

例如，漫威公司传统的产品是纸质漫画书，2004 年以后公司仍保留了主要英雄主义卡通形象定位，可以说价值主张没有变化，但在产品形式和性能上做了重大变革，全面转向数字动漫，改以电影、游戏为主要产品形式。

6.4.3 重新调整资源和能力布局

例如，阿里公司原来作为电商平台不涉足快递业务，其平台电商件物流全部由第三方快递公司提供，但之后公司意识到物流的重要性，投资巨额资金进入快递业，成立了菜鸟公司，目前快递业务已经成为公司六大业务板块之一。菜鸟公司的成立是阿里公司重新调整资源和能力布局的重大举措，在很大程度上改变了阿里原来的商业模式结构。

6.4.4 重新调整资源转换单元结构

例如，飞利浦公司是一家多元化电子产品制造商，原来在多个国家拥有制造工厂，但现在该公司减掉了生产单元，大部分生产制造都外包给其他公司承担，尤其是中国企业，公司主要业务集中在重要技术研发和销售上，提高了市场竞争力。

对商业模式重构并不仅限于上述内容，还有可能侧重在某一方面，也有可能是多个方面并行，需要精心地规划。所重构的商业模式还需要通过模拟运营、实际运营的检验，最终才能确定。

6.5　诊断保护机制

在第 5 章中我们介绍了如何进行保护机制分析。如果发现商业模式在保护机制方面存在缺陷，就需要进行针对性防范。这种防范措施往往不是立竿见影的，而是需要长时间准备和努力，一旦保护机制失效，企业盈利就会受到严重侵蚀。这也说明在早期定期地对企业商业模式进行保护机制诊断是非常必要的。

保护机制的诊断要考虑各方面竞争。在来自业内竞争者的竞争方面，产能过剩在中国一些行业是较常见现象，每当出现产能过剩时，业内竞争者会发起价格竞争；在来自潜在进入者竞争方面，潜在进入者跨界新进入是常见现象，时常会有其他行业的企业进入；在来自替代品竞争方面，新技术、新产品出现是常见现象，新产品有可能以更好性价比大规模替代老产品；在来自购买者和供应商竞争方面，它们采取后向一体化或前向一体化，取代原有行业企业也是常见现象。

企业应密切关注这些可能的竞争威胁，利用基于资源观的商业模式分析法进行推演，预测可能造成的后果，并分析、制定相应措施加以应对，避免一旦威胁发生而出现被动局面。例如，面对价格竞争可以提前做好资金储备，面对替代品竞争可以提前准备进行产品更新换代等。在这个过程中，充分利用基于资源观的商业模式分析法可以让应对措施更精准。

6.6　评价发展机制

在第 5 章中我们介绍了如何进行发展机制分析。对商业模式发展机制进行分析有利于正确评价公司发展前景，确定公司潜在价值，并为公司抓住发展机遇做好准备。

分析发展机制的关键在于设定发展机遇触发点。发展机遇触发点可能来自外部环境。例如，技术进步带来生产效率提高，行业集中度提高导致行业头部企业收入增加，顾客收入提高刺激购买力增加等。发展机遇触发点也可能来自内部商业模式调整。例如，持续促销投入可能会形成品牌效应，超速吸引大量顾客；生产设施规模持续增加可能会带来生产成本急速下降；广泛渠道网络可以开发多元化业务等。在设定好发展机遇触发点后，利用基于资源观的商业模式分析法就可以模拟出收入和盈利增长，从而评估出公司潜在发展空间，并进一步评估公司价值。

对发展机制评估也有利于企业找到最具发展潜力的经营方向。

上面阐述的是一些常见的基于资源观的商业模式分析法应用场景，在实际企业管理过程中，需要具体确定分析任务，还要考虑企业战略目标、企业发展阶段、所处外部环境及企业自身资源能力等情况，这样才能更好地利用基于资源观的商业模式分析模型。

考虑到企业战略目标方面，如果企业采取积极扩张的战略目标，可能会选择新构或重构商业模式；如果采取保守战略目标，可能只在几个备选方案中进行选择。

考虑到企业所处发展阶段方面，在不同的阶段，如种子期、创业期、成长期、稳定扩展期、成熟稳定期、成熟竞争激烈期、衰退转型期、多元化发展期，分析商业模式的重点不同。显然，在种子期和创业期，新构商业模式是重点；在创业期和成长期，发展机制分析是重点；在成熟期，保护机制诊断是重点，在衰退期，重构商业模式是重点。

考虑到外部环境方面，在行业快速发展时期，会较多地分析发展机制；在行业停滞时期，会更多地考虑保护机制。

考虑到企业自身资源能力方面，则有更多分析约束，所进行的商业模式调整、重构、新构等都不能超出企业资源能力发展最大空间，因为绝大多数企业经营空间都是被其资源能力所限制的。

在本书第2章到第6章，我们主要介绍这种新商业模式分析方法——基于资源观的商业模式分析的原理、方法和一般应用，包括资源分析原理与方法、资源转换单元分析原理和方法，以及如何对整个企业进行资源转换单元划分并把它们整合成一个整体的基于资源观的商业模式分析模型。此外，从模拟运营、发现企业盈利关键、新购企业商业模式、重构商业模式、诊断保护机制和评价发展机制六个方面探索了这种新分析方法的应用场景。

从第7章开始到第11章，本书将介绍企业经营活动中几类典型资源转换单元的分析，这几类典型经营活动是按职能部门功能划分资源转换单元的，在实际企业商业模式分析过程中，不必完全照此进行划分，而是要根据具体企业的商业模式特点进行针对性的分析。因此，第 7 至第 11 章只是根据我们在第 2 章至第 6 章中介绍的分析方法所做的资源转换单元应用分析示例，虽然不是实例，但相关思路仍有助于我们进行实际的资源转换单元分析。

第7章
研发活动资源转换单元分析

研发活动即企业研究与开发活动，是企业为了探索新知识、开发新产品、新服务、改进现有技术和流程而进行的系统性工作。研发活动资源转换单元致力于提升企业技术水平，创造竞争优势，并推动企业长期发展，是企业适应市场变化、满足顾客需求和实现可持续增长的关键。

研发活动在不同企业中的存在状态并不完全一样。有些企业并没有明显的研发活动，如将研发活动外包给合作企业；有些企业的研发活动承担了很多其他的功能，如将创新产品研发作为企业推广的重要手段；还有些企业的研发活动又非常复杂，在研发活动内部划分了基础研究、应用研究和工艺研究，并且由不同的研发部门承担。显然，在这些情况下，把企业的研发活动划分为一个单独的资源转换单元是不合适的。

本章内容只是说明在一般情况下拥有职能清晰的研发活动的企业，其研发活动资源转换单元分析的一般情景，作为进一步分析研发活动资源转换单元的一个示例，而具体到每个企业，其研发活动资源转换单元设置和范围应根据企业运营的实际情况进行划分和分析。

7.1 研发活动资源转换单元内容

7.1.1 研发活动资源转换单元类型

研发活动资源转换单元可以根据其目标、内容和应用范围划分为不同的类型。这里只列举部分常见的不同形式研发活动类型，企业实际开展的研发活动包括但不限于这些类型，这反映了研发活动资源转换单元的多样性，同时在这些类型划分上有一定重复，不是严谨意义上的划分。

❖ **基础研究**

它是一种以获取新知识、理解自然现象和探索科学原理为目的的科学研究活动。它并不追求即刻的商业应用，而是致力于扩展科学边界，为未来技术创新提供理论和知识基础。这类研究多由政府或公共资金支持，具有探索性、原创性、长期性和跨学科性特点，有些有实力的大企业也会开展一些基础研究。

❖ **应用研究**

这类研发活动侧重获取新知识，用于解决特定问题或开发新产品、新过程或新技术。它基于基础研究理论和发现，但目标更具体，旨在产生商业上可行的新应用或解决方案。

❖ **开发研究**

开发研究关注将研究成果转化为新产品、新过程或新服务的实际应用。这包括设计、原型制作、测试和改进，直到最终产品或过程准备好后进入市场。

❖ **产品研发**

它专注研发新产品或改进现有产品。这包括创建新的设计、增加新功能或提高性能和效率。

❖ 过程研发

它的目标是创新或改进生产过程、技术或方法，以提高效率、降低成本或改善产品质量。

❖ 技术研发

技术研发侧重开发新的技术或对现有技术进行改进，以支持产品开发或生产过程的创新。

❖ 工程研发

工程研发是结合工程原理和研究发现，解决技术难题，设计和改进产品、设备和系统。

❖ 实验性研发

这类研发活动通过实验、测试和原型制作来验证新概念、新理论和新技术的可行性和效能。

❖ 管理系统研发

它主要是研发新软件产品或新软件工具，或改进现有软件功能和性能，包括从操作系统到应用程序软件。

❖ 供应链和物流管理系统研发

这主要是为供应链和物流管理系统研发软件解决方案，使企业能够有效地管理从原材料获取到最终产品交付给消费者的整个过程，从而提高效率、降低成本、加快交付速度、提高客户满意度，并确保整个供应链的透明度和可追溯性。

❖ 服务创新

这主要是开发新的服务或改进现有服务的交付方式，适用于金融服务、教育、医疗保健和咨询等行业。

❖ 用户体验和设计

这主要是研究和开发改善用户界面、交互设计及用户体验的方法。这在软件、网站和产品设计中尤为重要。

❖ 可持续性和环保技术研发

这主要是研发环保产品和工艺，以减少对环境影响，包括可再生能源技术、废物管理解决方案和生态友好材料研发。

❖ **市场研究**

市场研究严格来说不属于研发活动，但对市场的研究可以支持研发决策，通过了解顾客需求和市场趋势来指导新产品开发和创新策略。

7.1.2 研发活动资源转换单元与生产活动资源转换单元的区别

在企业经营过程中，研发活动资源转换单元与生产活动资源转换单元经常会交织在一起，两者的区别在于以下方面：

♦从目的看，研发活动资源转换单元是创造新知识、新产品、新服务、新技术、新过程等新事物，而生产活动资源转换单元是重复制造相同事物。

♦从过程看，研发活动资源转换单元是探索性和实验性的，而生产活动资源转换单元是程式化的操作，侧重效率和质量控制。

♦从产出看，研发活动资源转换单元产出一般不能直接销售，没有直接的收入，而生产活动资源转换单元产出的是实体商品或可交付的服务，这些产品或服务可以直接销售并产生收入。

♦从风险与不确定性看，研发活动资源转换单元具有较高风险和不确定性，因为并不是所有的研发活动资源转换单元都能成功转化为商业产品或流程，而生产活动资源转换单元尽管也有一定风险，但是要小得多，其成果比较确定。

♦从投资回报看，研发活动资源转换单元回报往往是长期的，并且不是直接的，要通过其他经营活动资源转换单元才能体现，而生产活动资源转换单元投资回报相对短期，可以直接计算。

7.1.3 研发活动资源转换单元在企业经营中的作用

研发活动资源转换单元在企业经营中的作用是显著的，优秀的企业往往有高强度的研发活动，这体现在它们的研发投入不仅在绝对数额上高，而且在销售收入中占比也显著。例如，美国强生公司 2019 年的研发费用高达 113 亿美元，约占其销售收入的 14%。这种大规模研发投入不仅推动了新药物和医疗设备开发，还巩固了其在全球健康产业的领导地位。又如，美国微软公司 2020 财年研发投入超过 160 亿美元，约占总营收的 14.5%，这样的投入帮助微软在云计算、人工智能和操作系统等领域保持创新和竞

争力。一般企业的研发投入占总营收比例在 2%~5%。这些数据表明，优
秀企业通过在研发上的大量投资，不断推动技术创新，增强自身市场竞争
力和行业影响力。

7.2 研发活动资源转换单元资源投入

7.2.1 设施资源投入

企业研发活动资源转换单元所需要投入的设施资源常见的包括下面这
些方面(但不限于这些)。

❖ 研发团队

研发团队是企业研发的核心，是决定研发活动资源转换单元是否有效
的关键：首先，研发活动的发起和实施是由研发人员进行的，人是活动中
最主动的因素；其次，研发人员之间的能力特点差异较大，具有不可替代
性，相较于设备和技术，创造性人才可能很难获得；最后，研发人员形成
一个团队，在组织和文化层面形成的协调性是很难重塑的，可以成为企业
独特的竞争资源。

有效研发团队通常由具有多学科背景的研发人员组成，每个研发人员
基于其专业能力和工作经验承担不同角色，包括研发主管、产品经理、研
究员和科学家、工程师、技术员、质量保证和测试工程师、市场研究员、
运维人员等，优秀的研发团队在创新、问题解决、学习、协作、适应市
场、战略决策等方面都应具有卓越能力。

研发团队是由高水平知识员工组成的，在组建和发展过程中需要大量
费用：一是招聘费用，包括招聘广告和运作相关费用、猎头公司费用，有
时还要为高水平员工支配前期安置费用；二是研发团队培训和发展费用；
三是研发团队运行磨合费用，新团队一般需要经过一段时间磨合才可正常
运行，其中会产生员工调整、项目挫败等大量费用。

❖ 研发设备

研发活动资源转换单元所需要的研发设备取决于行业领域、研发项目
具体性质及研发活动阶段，包括很多类型：实验室和测试设施，如化学实
验室、生物实验室、物理实验室等，以及用于测试原型和产品性能的专门

设施；计算资源，如在大数据时代，经常会需要高性能计算机和服务器进行数据分析、模拟、软件设计（如 CAD），以及执行其他计算密集型任务；原型制作设备，可能包括 3D 打印机、数控机床（CNC）、激光切割机等，用于快速制作产品原型以进行测试和验证；专业实验室，对于特定研究领域可能还需要更专业实验室，如生物安全实验室、无尘室或电磁屏蔽室等；其他数据存储和备份设施、专业安全设施等。

现在科学技术更新换代比任何一个时代都要快，研发设备也越来越昂贵：高分辨透射电子显微镜，应用于材料、生物和纳米科技产品研发以及观察材料原子结构，价值数千万元；3D 打印机，用于制作原型设计和小批量生产，每台价值从数万元到数百万元不等；高性能计算机集群，用于执行复杂计算，如流体动力学模拟、结构分析、生物信息分析等，价值达数百万元甚至数千万元，而用于人工智能训练的计算机群价值可能达到数十亿元。研发设备投入也不限于高技术产业，一些传统产业，如一家规模化食品制造企业，其研发实验室投资也非常可观，往往需要数千万元投资。此外，研发设施更新换代还比较快。因此，庞大的研发设备投入经常会形成企业重要的竞争壁垒，从而保证企业产品研发优势。

❖ 知识资源

有效的产品研发不仅需要研发团队、研发设备，还需要企业拥有丰富的知识资源，这些知识资源是企业开展研发所必需的，并且需要长期积累，包括很多类型：市场研究数据，如顾客需求、市场趋势、竞争对手分析等，这些知识有助于指导新产品开发，确保研发能满足市场需求；技术专利和文献，保护企业新产品和新技术不被竞争对手模仿，提高竞争壁垒，也能帮助企业避免侵权风险；内部研发成果和知识库，如公司内部建立的关于以往研发项目的资料、技术报告和实验数据，可以帮助研发人员避免重复工作，加快新产品研发进程；供应商和合作伙伴技术资料，这些知识是在长期与供应商和合作伙伴协作中形成的，有助于探索新的原材料和零部件应用，促进创新，如 2023 年苹果公司推出划时代 MR 眼镜，在一定程度得益于公司对数以万计供应商和合作伙伴产品的了解，这是其他竞争企业无法企及的。此外，企业员工对行业标准和法规的掌握，对员工进行持续培训所形成的知识，员工参与专业网络和协会的实践，都能形成复杂的知识资源。

知识资源从调研、立项到项目实施和发布，在企业研发全过程中都发挥着至关重要作用，有助于企业识别新机会、预测未来趋势，并在研究过程中推动创新、优化产品设计、降低风险，从而加速新产品上市。有效管理和利用知识资源是企业实现持续创新和长期成功的关键。

知识资源既可能是显性资源，存储在文件柜和计算机中，也可能是隐性资源，存储在企业组织结构和员工头脑中，影响企业员工行为。有些隐性知识资源甚至企业管理者都无法明显感知其存在，但又确确实实在企业研发活动资源转换单元中起着重要作用。

❖ 研发协作网络

研发协作网络是企业创新生态系统的重要组成部分，它通过与外部合作伙伴建立多方面协作关系，包括联合研发项目、技术转移、市场调研合作、人才培养交流等，增强企业研发能力。

在与外界协作过程中，企业能够连接不同组织和机构，如高校、研究机构、供应商、客户及其他企业，促进知识和技术的交流。这些组织和机构拥有独特专业能力和资源，可以与企业实现资源共享和优势互补，提高研发效率和项目成功率，并在这些过程中企业还有机会获取外部专家意见和建议，拓宽视野，优化研发方向和战略决策。

有效研发协作网络是很多大型科技公司保持竞争优势的关键。例如，全球领先的航空器制造公司波音公司就拥有一个全球化研发协作网络，涵盖了超过 20 个国家的数百个协作单位，包括高校、研究机构和技术合作伙伴。波音公司在全球设有多个研发中心，每年在研发方面投入数十亿美元，保证了波音在航空航天技术领域的世界领先地位。

上述研发团队、研发设备、知识资源和研发协作网络是研发活动资源转换单元中常见的设施资源，在不同行业、不同企业中具体呈现形式可能各有不同，实际上也不仅限于这些设施资源，在商业模式分析中可以根据需要进一步界定。

7.2.2 流量资源投入

维持研发活动资源转换单元需要在利用设施资源基础上不断投入流量资源，在研发活动资源转换单元中，常见的流量资源有下列类型(但不限于这些)。

❖ 研发团队薪酬与奖励支出

研发活动是知识密集型活动，高水平研发人员往往需要比市场平均薪酬水平更高的薪酬，有些还有大量期权奖励，这些经常是研发活动资源转换单元中资源投入最多的部分，研发人员费用在传统制造业中占销售收入的1%~2%，在高科技企业占10%以上，尤其在创新型高科技企业占比甚至更高。

❖ **研发过程中的物资消耗**

研发过程中的物资消耗涉及在研究、实验和新产品开发阶段所需的各类物理和化学材料、零部件、试剂和其他消耗品。这些物资消耗的具体内容根据研究领域和项目性质而有所不同。例如，在生物技术领域，物资消耗可能包括实验用化学试剂、细胞培养基、酶和抗体等；在电子工程项目中，可能包括电路板、半导体材料、传感器和其他电子组件；在材料科学研究中，则可能涵盖各种原材料和化学物质。

❖ **研发过程中的知识产权费用**

在研发过程中所产生的知识产权费用涉及三方面：一是申请和保护自有知识产权的相关费用，如专利申请费、维护费、注册登记费、诉讼费等；二是购买所需知识产权费用，包括调查费用、购买价值、登记转让等费用；三是对所拥有的知识产权进行整合与发展费用。

❖ **研发过程中其他运营与管理费用**

除上述费用外，研发过程中还有其他一些运营与管理费用，如设备维护费用、外部服务费用、试验与测度费用、差旅费用、市场分析和调研费用、行政管理费用、研发人员培训费用等。

7.3 研发活动资源转换单元资源产出与影响

7.3.1 流量资源产出

研发活动资源转换单元也产出各种流量资源，研发活动资源转换单元中常见的流量资源产出有下列类型和衡量方式(但不限于这些)。

❖ **新产品**

从创新程度考虑，产出可能是全新产品、改进产品、升级产品等；从产品形态考虑，产出可能是硬件产品、软件产品(如计算机程序)、服务产品(如旅游服务、金融服务、教育服务)等；从市场定位考虑，产出可能是高端产品、中端产品、低端产品。

新产品一般以数量、潜在销售规模、潜在利润水平等来衡量。

❖ 基础研究成果

产出可能是科学论文、著作、模型等基础研究成果，这些成果主要体现在新发现、新观点、新原理、新机制等学术价值上。

基础研究成果一般以同行中影响力来衡量，如学术论文，可以用论文被引用次数、获奖数量和级别等来衡量。

❖ 应用研究成果

产出可能是发明专利、实用专利、外观设计专利等应用研究成果。

应用研究成果一般以专利在产业中的重要性、专利涉及产品的市场规模和利润水平、专利的壁垒水平等来衡量。

❖ 开发研究和技术研究成果

产出可能是实物样品、样机、新工艺或新流程，包括这些产出成果的技术规范、操作说明、测试报告等，可以为下一步新产品生产和维护提供重要指导。

这些成果一般以能否支持生产达到目标产能、提高生产效率和提高产品优良率来衡量。例如，对于芯片制造企业来说，最重要的研发任务就是提升芯片良品率，要达到90%或更高，企业才有合理利润。

❖ 市场研究成果

产出可能是消费者研究、市场趋势分析、竞争对手分析、市场机会与风险评估、价格和分销策略建议等市场研究成果，这些成果以报告、演示文稿、可视化分析软件、模型等形式呈现，为企业在激烈市场竞争中取得优势提供决策支持。

市场研究成果可以用涉及的决策活动的金额规模、决策准确性来衡量。当然，这种衡量要做到十分准确是有难度的，但在理论上是存在这种衡量尺度的，可以通过内部和外部专家评价近似地对市场研究成果进行衡量。

❖ 工程研发成果

产出可能是工程项目的技术文档、设计图纸、原型机或样机、实验数据、代码等工程研发成果，为后续新工程建设全过程提供全面技术支持。工程研发与工程生产是有区别的，一项工程研发可以支持多项同类工程生

商业模式分析： 原理、方法与应用

产，而每项工程生产各有其特点，还需要进一步针对性研发，可以根据具体情况将其归入工程研发或工程生产活动。

工程研发成果可以用工程价值和工程利润水平进行衡量。

❖ **其他研发活动成果**

实验性研发、管理系统研发、供应链和物流管理系统研发、用户体验设计等其他研发活动也各有其对应资源产出。

其他研发活动成果形式各有不同，衡量尺度也各有其特点。

这里只列举了研发活动资源转换单元在流量资源方面常见的产出成果，其分类标准并不十分严谨，也没有涵盖所有类型研发活动资源转换单元，具体到某个企业，研发成果可能是有特点的，要根据企业经营具体情况进行描述。

7.3.2　设施资源产出影响

研发活动资源转换单元也会对一些设施资源产生一定产出影响，下面是常见的设施资源产出影响(但不限于这些)。

❖ **对研发团队的影响**

研发团队不仅作为设施资源投入支持研发活动资源转换单元，其本身也受企业开展研发活动的影响。

研发活动对研发团队的产出主要影响如下：一是研发活动为团队提供明确的目标和方向，增强了团队凝聚力和使命感；二是通过参与创新项目，团队成员能够不断提升专业技能，促进团队成员职业水平提高；三是跨学科合作激发了团队创造力和知识融合能力，促使团队在结构和角色分配上更加优化，更能适应项目需求；四是企业在研发团队建设上投入大量资源，可以扩大研发团队规模。

❖ **对研发设备的影响**

研发设备不仅作为设施资源投入支持研发活动资源转换单元，其本身也受企业开展研发活动的影响。

研发活动资源转换单元对研发设备的影响主要是使研发设备产生损耗，尤其在高科技行业，研发设施要保证先进性，其损耗速度非常快，不仅有有形损耗，还有无形损耗，这使企业需要不断投入资金进行研发设备补充。例如，对于领先的人工智能领域企业，由于人工智能模型训练芯片

更新换代的速度非常快，企业每年都要花费大量资源更新人工智能芯片，用于开发新人工智能模型。

❖ 对知识资源的影响

知识资源不仅作为设施资源投入支持研发活动资源转换单元，其本身还受企业开展研发活动的影响。

研发活动资源转换单元对知识资源的影响是显著正面的。首先，研发活动资源转换单元能丰富企业的知识库，积累新的技术专利和研发成果，增强企业的技术储备；其次，通过市场研究和客户反馈，研发活动资源转换单元能够准确捕捉市场需求和趋势，指导技术创新方向。总的来说，研发活动资源转换单元有利于形成更具竞争力的知识资源体系。

❖ 对研发协作网络的影响

研发协作网络不仅作为设施资源投入支持研发活动资源转换单元，其本身也受企业开展研发活动的影响。

企业开展研发活动会显著增强研发协作网络的活力和效能。通过积极参与协作研发活动，企业能够增强与高校、研究机构、供应商、客户及其他企业的了解和信任，建立紧密合作关系。同时，随着研发活动开展，企业还可以不断地扩大协作网络，并对协作成员进行优化，使研发协作网络质量不断提升。

❖ 对品牌的影响

品牌作为一种资源，其内容涵盖了品牌的名称、标志、声誉、形象、知名度、忠诚度、文化内涵及与之相关的知识产权等。品牌资源是企业在市场竞争中的重要无形资产，良好的品牌资源能够帮助企业在市场中脱颖而出，吸引并保留顾客，提升市场份额，是企业实现可持续发展的关键。

领先的研发活动对品牌的影响是积极的。持续创新和技术突破有助于塑造企业品牌价值和市场地位，树立企业技术领先形象，增加顾客对品牌的信任和忠诚度。现在高科技公司定期公布企业研发成果已经成为越来越常见的举动，是企业打造品牌的重大活动，深受市场关注。

7.4 影响研发活动资源转换单元转换效率要素

影响研发活动资源转换单元转换效率的要素包括研发活动资源转换单

元所需要的重要能力、研发活动资源转换单元的运作流程与技术，以及研发活动资源转换单元中的策略。外部因素也对研发活动资源转换单元有影响，但因为不同企业的研发活动资源转换单元面对的外部因素是不同的，差异较大，所以这里不做进一步阐述。

7.4.1 研发活动资源转换单元所需要的重要能力

研发活动资源转换单元是在一定设施资源基础上进行资源转换的，但研发设施并不等同于研发能力，研发能力的形成还与研发流程设计、研发团队人力资源管理、研发过程控制、研发组织与文化及具体实施有关。企业研发能力水平如何，一般可从下列五方面考虑。

❖ 创新能力

创新能力指企业在新产品开发、现有产品改进、新工艺应用、新服务创造等方面不断创造新产品、新技术的能力。这种能力不仅表现在生成新想法和新概念的初步创意阶段，还涵盖在将这些创意转化为实际可行的解决方案、新产品或新服务的整个过程中。

❖ 适应市场能力

适应市场能力指企业在识别市场变化、顾客需求及竞争动态后，能够迅速并有效地调整其研发方向和项目优先级，以开发出满足市场需求的新产品或新服务的能力。这种能力要求企业具备敏锐的市场洞察力、灵活的研发流程及高效的跨部门沟通机制，以确保研发活动资源转换单元能够及时反映市场的最新需求和趋势，从而增强新产品市场竞争力和顾客满意度。

❖ 敏捷的研发能力

敏捷的研发能力指企业在快速变化的市场环境中，能够迅速响应客户需求和技术变革，以高效、灵活的方式进行新产品和新服务研发。这种能力表现为跨部门团队紧密合作、短周期迭代、持续反馈和适时调整研发方向，以确保快速交付高质量创新成果。敏捷的研发能力使企业能够有效缩短新产品上市时间，提升客户满意度，并在竞争激烈的市场中保持领先优势。

❖ 研发执行能力

研发执行能力是指企业能够按照既定计划和要求，将构思中的新产品成功开发并投入生产的能力。这种能力涵盖项目管理、资源协调、技术实施和质量控制等多个方面，确保研发项目高效、按时和高质量完成。在高科技领域，经常有企业迟迟不能按计划开发出新产品，甚至使企业陷入困境。例如，黑莓公司曾是智能手机市场的佼佼者，其以独特的物理键盘和安全性著称。然而，在面对触屏智能手机迅速崛起时，该公司尽管有相应计划，但是研发执行能力严重滞后，未能开发出有竞争力的触屏产品，导致公司在与苹果公司和使用安卓系统的其他公司竞争中迅速失去市场份额，最终退出了智能手机消费市场。

❖ 低成本研发能力

低成本研发能力指企业能够在有限资源条件下有效推进新产品研发的能力。这些企业在节约成本方面采取多种方法，包括精简研发流程、利用开源技术和平台、采用模仿创新方法、实施敏捷开发方法，以及通过合作伙伴关系和外包来共享风险与分摊成本。此外，具有低成本研发能力的企业往往具有较强市场洞察力和灵活创新文化，能够快速识别并集中精力在有潜力项目上，避免资源无效投入。这种能力提高了研发成本效益，增强了企业在激烈市场竞争中的灵活性和生存能力。

以上列举了一些研发过程中需要的重要能力，不同企业在重要能力方面会有所侧重和取舍，并且也不仅限于上述这些能力。

7.4.2 研发活动资源转换单元运作流程与技术

❖ 研发活动资源转换单元运作流程

不同类型的研发活动资源转换单元具体运作流程是不一样的，但一般来说，研发活动资源转换单元运作流程包括以下几个步骤：

（1）研发活动发起。研发活动并不是程式化的操作，活动的开展要有一个发起步骤，确定企业要开展某项研究和开发。发起部门可能来自企业高层管理团队、市场和销售部门、研发部门本身、顾客，甚至是合作者，这些部门根据自己判断和需要发出研发活动要求。

（2）市场调研与需求分析。研发活动发起后，并不一定会直接立项，企业一般会组织正式调研和分析，通过分析当前市场趋势、消费者需求、竞争对手状况，以及技术发展趋势来识别潜在市场机会和客户需求。这一阶段目标是收集足够信息，以指导研发方向和决策，确保研发项目与市场

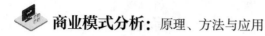
商业模式分析：原理、方法与应用

需求和企业战略相匹配。

（3）目标设定与规划。基于市场调研结果，企业将明确研发项目的具体目标、预期成果和关键绩效指标。此外，企业还需规划项目时间表、预算、资源分配（包括人员、资金和设备）及风险管理计划，确保项目顺利进行。

（4）概念设计与创新。在此阶段，研发团队将基于需求分析和目标设定进行创意思考和概念设计，探索可能的解决方案和技术路径。概念设计与创新旨在形成一系列可行产品、服务或过程初步方案，为后续开发工作奠定基础。

（5）实验室研发。研发团队将在实验室环境中对选定概念进行深入研究和技术开发。这可能包括科学实验、技术验证和原理性验证，目的是确认所提出概念和技术的可行性与有效性。

（6）原型开发与测试。基于实验室研究成果，研发团队将开发产品或技术原型，并对其进行一系列测试，以评估其性能、可靠性、安全性和用户体验等。测试结果将用来指导原型做进一步改进和优化。

（7）研发结果分析。对原型测试数据和反馈进行全面分析，评估原型是否达到预定设计标准和性能要求。分析结果将用于确定是否需要进行额外迭代开发或改进。

（8）产品设计完善。根据原型测试和分析结果，研发团队将对产品设计进行最终细化和完善。这一阶段目的是解决所有已识别的问题，确保产品设计符合所有技术规格、用户需求和市场标准。

（9）生产过程开发。开发适合大规模生产的制造流程和技术。这包括确定生产线布局、选择合适生产设备、制定质量控制标准和流程及进行生产成本分析。

（10）市场测试与验证。在目标市场中对产品进行有限范围发布，以测试市场反应和消费者接受度。市场测试反馈将用于评估产品定价、促销策略和分销渠道的有效性，为全面市场推广提供数据支持。

（11）产品发布准备。这一步骤是完成所有必要的市场准备工作，包括营销材料制作、销售团队培训、促销活动规划及分销网络建立，确保所有相关部门和合作伙伴都准备好支持新产品的成功发布。

上面列示的是研发活动资源转换单元常见运作流程，但并不是所有研发活动资源转换单元都完整地包括这些步骤，有些情况下可能只包括其中一部分，如基础性研究就没有后面的产品设计、测度和发布等活动；有些也会有更多步骤，如很多产品研发会反复进行调研，或者增加与合作者进行联合等环节。

❖ 研发活动资源转换单元中的技术与技术路线模式

研发活动资源转换单元中直接使用的技术首先是由研发项目的任务决定的，不同行业企业、不同研发任务中采用的技术是千差万别的，无法统一描述，这里不做进一步探讨。除直接使用技术外，研发活动资源转换单元在技术路线模式上也有不同的选择，不同的模式适用的开发任务也不同，对于研发活动资源转换单元的转换效果也有明显影响。下面介绍一些常见的研发活动资源转换单元技术路线模式，这些模式划分也是相对的，并未覆盖所有研发技术路线模式。

(1)线性顺序模式。这是一种传统的研发模式，按照需求分析、概念设计、详细设计、开发实现、测试验证等顺序步骤进行。它适合需求明确、技术成熟、创新性不高的项目，如标准化新产品的研发活动资源转换单元。

(2)迭代模式。该模式是通过循环迭代的方式，允许快速反馈和优化，逐步完善新产品或新技术。它适用于需求不断演进、需要快速响应市场反馈的新产品开发，常见于软件和互联网服务的研发活动资源转换单元。

(3)并行工程模式。该模式是通过多个研发阶段或团队同时进行工作，缩短研发周期。它适用于大型复杂项目，如汽车和飞机制造行业研发活动资源转换单元，一般需要跨学科团队紧密协作。

(4)敏捷开发模式。这种模式强调快速响应变化，通过短周期迭代，持续交付可用产品增量。它适用于响应快速变化的市场需求和高度不确定的环境，如科技初创公司的研发活动资源转换单元。

(5)模块化开发模式。该模式是通过模块化设计实现功能独立，便于单独开发、测试和维护。它适用于新产品需要高度定制化或未来可能升级场景的研发活动资源转换单元。

(6)开放式创新模式。这种模式是利用外部资源和知识，通过合作、众包等方式进行创新。它适用于需要广泛创意和技术多样性的行业企业，如消费电子类企业研发活动资源转换单元。

(7)跨学科集成模式。该模式是结合不同学科知识和方法进行综合性研究和开发。它适用于解决多领域交叉的复杂问题，如医疗设备行业企业的研发活动资源转换单元。

（8）风险驱动模式。该模式重点关注风险管理和控制，降低不确定性。它适用于高风险、高回报的创新项目，如新药品的研发活动资源转换单元。

（9）技术驱动模式。该模式以技术创新为核心，推动产品开发和市场应用。它适用于技术领先型企业的研发活动资源转换单元，专注于科研成果的商业转化。

（10）市场驱动模式。该模式根据市场需求和用户反馈，指导研发方向和新产品特性。它适用于市场导向型企业的研发活动资源转换单元，如快速消费品行业。

（11）平台化开发模式。这种模式主要是构建技术平台或框架，支持多种应用和服务开发。它适用于需要快速扩展和生产多样化产品的企业的研发活动资源转换单元。

（12）用户中心设计模式。该模式以用户需求和体验为中心，进行新产品设计和开发。它适用于用户体验至关重要的新产品研发活动资源转换单元，如移动应用行业。

（13）知识产权导向模式。该模式注重创新成果的知识产权保护，以增强企业竞争力。它适用于创新密集型行业企业的研发活动资源转换单元，如制药和半导体行业。

（14）技术标准化模式。这种模式主要是参与制定或遵循技术标准，以提高新产品的市场竞争力。它适用于行业领导者或标准制定者的研发活动资源转换单元。

7.4.3　研发活动资源转换单元中的策略

❖ 研发活动资源转换单元中的策略划分

研发活动资源转换单元中的策略可以从不同角度来制定。

（1）从研发的创新性视角。原创策略，即开发全新产品；增量创新策略，即在现有产品上进行部分创新；模仿策略，即没有创新，仅模仿开发现有产品。

（2）从研发的重点视角。有的侧重新产品功能，有的侧重新产品外观，有的侧重新产品用户操作体验。

（3）从研发进度和成本视角。有的侧重长期的大项目开发，有的侧重短期的小项目开发。

(4)从研发组织视角。这涉及企业如何确定研发组织结构和资源配置等相关问题。

❖ 企业常见的研发活动资源转换单元中的策略

一般企业常见的研发活动资源转换单元中的策略有如下几种：

(1)内部研发。企业依靠自己研发部门开展研发活动。这种模式允许企业完全控制其研发过程和成果，保护知识产权，并直接整合新技术或新产品到其业务中。

(2)外包研发。企业将特定研发任务或项目外包给第三方服务提供商，特别是那些需要特殊技能或设备的项目。这可以帮助企业减少成本、加速开发进程并利用外部专业知识。

(3)联合研发(合作研发)。企业与其他企业、研究机构或大学合作进行项目研发。这种模式可以分摊研发成本和风险，同时结合各方的专长和资源。

(4)开放式研发。企业通过开放式研发平台征集外部的创意和解决方案，鼓励广泛的参与者(包括顾客、研究人员、独立发明家等)贡献他们的创意和技术。这种模式有助于捕捉更广泛的创新机会。

(5)众包研发。类似于开放式创新，众包研发是通过网络平台将研发任务公开给大众，任何感兴趣的个人或团队都可以参与解决问题或开发新技术。这有助于利用全球智力资源。

(6)支持或加入孵化器和加速器。企业可以通过支持或加入孵化器和加速器项目来开展研发活动，这些平台提供资源、资金、指导和网络来帮助初创企业或新项目快速成长。

(7)内部创业(企业孵化)。企业内部鼓励员工提出新的商业想法，并为其提供资源进行研发。这种模式有助于激发内部创新，同时保持项目与企业核心战略的一致性。

上述各种研发活动资源转换单元中的策略都有其优势和局限性。例如，内部研发要求有较多的设施资源来支持，研发周期长，研发成果不确定性大；外包研发需要较少的设施资源、较多的流量资源，研发成果确定性大，但产出效率不会太高。在企业研发实务中，可能需要从多个角度来制定研发活动资源转换单元中的策略，这些策略将保证企业的研发适用于企业外部环境和内部条件，符合企业战略目标，能取得理想研发效果。

**案 例**

名创优品的商品研发策略

名创优品面向对价格敏感的年轻消费群体，以低价、简约、美观的商品为特色，主打"高性价比+快时尚设计"。为使这一商业模式能够顺利实施并产生良好效益，名创优品对产品品种的要求是，既要新，还要好，还能覆盖广泛的品类。为此，名创优品制定的新产品研发策略包括以下内容：

第一，研发团队与供应商深度合作，无缝衔接。

第二，采用标准化生产与模块化设计，降低生产复杂性。

第三，与知名 IP 合作开发联名商品，提升品牌附加值。

第四，侧重产品外观和美学设计。

第五，充分利用市场数据，以数据驱动研发，使研发更加贴近市场需求。

第六，采取试销机制，进行快速迭代与优化，提高研发成功率。

第七，研发品类多，但每个品类少而精，这样既能扩大产品线，又能减少管理难度和消费者选择难度。

第8章
生产活动资源转换单元分析

8

生产活动是指企业为生产产品或提供服务而进行的各种有组织的操作与流程。它涵盖了从原材料处理、加工制造到成品组装、质量检测等一系列环节。生产活动资源转换单元致力于将资源转化为市场需求的产品，确保产品质量和生产效率，是企业实现规模化、标准化和经济效益的重要部分。通过优化生产流程、引入先进技术和提高员工技能，企业的生产活动资源转换单元不断提升其生产能力与市场竞争力，确保稳定供应和满足客户需求。

生产活动在企业中的存在状态是比较多样的。有些企业并没有明显的生产活动，产品通过外包方式或外部采购方式生产；有些企业的生产活动承担了很多其他的功能，如在生产过程中融入了顾客活动，尤其在服务产品生产过程中，这是常见的方式，在这种情况下，生产活动也承担着顾客发展的职能；还有些企业的生产活动是跨部门的，如在一个教育机构中，为学生提供教学服务是一种生产活动，但可能需要学校大多数部门的参与。显然，在这些情况下，把生产活动划分为一个单独的资源转换单元是不合适的。

本章内容只是说明在一般情况下，拥有职能清晰的生产活动的企业，其生产活动资源转换单元分析的一般情景，作为进一步分析生产活动资源转换单元的一个示例，具体到每个企业，其生产活动资源转换单元设置和范围应根据企业运营的实际情况进行划分和分析。

8.1 生产活动资源转换单元内容

企业生产活动是指企业利用一定资源(如人力、物力、财力、技术、设备等),通过一系列工艺和操作,将原材料转化为产品的过程。这个过程涉及多个环节,包括原材料处理、零配件加工、质检、组装、测度、包装和成品储存等,最终目的是生产出符合市场需求的产品。

生产活动资源转换单元是企业的核心部分,对于制造业企业来说尤为重要。在生产活动资源转换单元中,企业需要合理调配资源,确保生产过程的高效和产品质量。同时,随着市场竞争的加剧和消费者需求的多样化,企业也需要不断创新和改进生产工艺,以提高生产效率和产品质量,满足市场需求。

生产活动资源转换单元还涉及供应链管理、生产计划制订、生产现场管理等多方面。企业需要通过精细化管理和技术创新不断优化生产流程,降低成本,提高产品质量、生产效率和市场竞争力。

传统生产活动仅指实物产品的生产,但随着服务型企业在经济中的比例越来越大,生产活动也包括了服务产品生产。目前纯粹的、百分百的实物产品生产企业已经很少了,绝大多数企业即使不是服务型企业,也有相当一部分经营活动是向顾客提供服务产品的。因此,这里的生产活动是广义的,包括了服务产品生产。

服务产品生产与实物产品生产有类似之处,需要有一系列操作流程,包括设计与开发、资源投入与配置、服务标准化、服务交付与实施、质量控制与改进、服务改进与售后、客户关系管理等。此过程与实物产品生产类似,也需要利用一定人力、物力、财务、技术和设备资源,转换成的是服务产品。

服务产品与实物产品一样,同样有质与量的概念,比如,一个旅游公司在一定资源条件下能够为游客提供旅游服务的品质和数量是相对确定的,只不过服务产品是即时的、无形的,不能存储,如果不消费就会立即损耗掉。此外，服务产品质和量的衡量是相对的，不像实物产品那样准确和稳定，有一定弹性。

其实很多实物产品也有存储时间限制，一些食品企业生产的食品往往只能保存数天，甚至数小时，而服务产品可以理解为保存期极短的产品，这样理解服务产品就与实物产品更加接近。在本书中，服务产品与实物产品一样，也被视为一种较特殊的资源，如果没有特殊说明，我们将实物产品和服务产品统称为产品。

生产活动资源转换单元在企业经营活动中有着重要的意义，主要体现在以下方面：

第一，生产活动资源转换单元输出的产品是企业服务于顾客的主要载体，也是企业满足市场需求的主要方式。产品质量的好与坏及价格的高与低，将直接影响顾客对企业品牌认知、影响企业市场竞争力。

第二，产品销售是企业获得收入的主要途径，同时在大多数企业产品生产成本也是构成企业经营成本的主要部分，因此生产活动资源转换单元的产出与投入效率也决定了整个企业的盈利状况。

第三，尽管采购、营销、研发、物流等方面的技术能力和创新能力非常重要，但是在很多制造和服务企业，生产活动资源转换单元的技术水平、创新能力也是企业的关键竞争力，在诸多竞争力中起到主导作用。例如，在中国光伏发电设备制造业，发达国家的研发能力在过去一直领先于中国，但中国企业通过投资生产环节的设备和技术，首先在生产活动资源转换单元上取得了竞争优势，然后将这种优势扩大到其他经营环节，从而在整体上赶上甚至超过了发达国家企业。

8.2　生产活动资源转换单元资源投入

8.2.1　设施资源投入

下面是常见的企业生产活动资源转换单元所需设施资源(但不限于这些)。

❖ **生产设施**

生产设施是指用于制造、加工、组装和测度产品的各种设备、工具和基础设施。对于制造业来说，生产设施是最重要的经营资源，对生产效率、产品质量和成本控制具有重要价值。

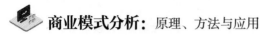

具体来说，生产设施包括多种类型：将原材料和零配件加工成半成品和成品的制造设备，如车床、铣床、冲压机、注塑机；将不同部件装配在一起的装配设备，如自动化装配线、机器人、传送带、焊接设备；检验产品质量的检验设备，如测量仪器、光学检测设备、X 射线检测设备、质量控制软件；传送物品的物流和搬运设备，如叉车、自动引导车辆(AGV)、升降机、输送带；提供基础资源的公用设施，如供电系统、供水系统、压缩空气系统、暖通空调系统；管理生产过程的信息技术设施，如计算机网络、服务器、生产管理软件与系统(如 ERP 系统、MES)；处理废料的环保设施，如废水处理设备、废气处理设备、固体废弃物处理设备；为各种设施提供物理空间的厂房和场地；等等。

生产设施投入往往十分巨大，其巨大规模和复杂性可以为企业建立较高的竞争壁垒。例如：建设一个 3nm 和 5nm 制程的芯片工厂，单厂设备投资超过 200 亿美元；建设一个现代化的大型石油炼化厂，需要百亿美元投资；建设一个新能源汽车超级工厂，也需要投资 50 亿美元甚至更多。所以，生产设施不仅是企业生产活动资源转换单元实施资源转换的必要手段，其投入也构成了企业最重要的经营成本，优质的生产设施能够生产高质量产品，还可以形成规模效应，为企业带来财务上的优势。

由于生产设施投资大、质量要求高、建设周期长，因此也有些企业会跳过生产设施投入，直接利用市场中的生产设施进行外包生产，将经营重点聚焦到营销和研发活动上，这些企业商业模式与拥有生产设施企业商业模式有着显著不同。

❖ 生产经验与知识

生产经验与知识是指在生产过程中积累的技能、方法、技巧，以及对生产流程和技术的理解与掌握，它们是企业和员工通过长期实践、观察、学习和总结所获得的无形资源，直接影响生产效率、产品质量和创新能力。

生产经验与知识存在的形式包括但不限于：企业员工大脑中关于生产方面的意识、知识经验、操作规范、协作方式；各种操作、培训和技术相关的文件和文档；包含各类生产活动信息的数据库和信息系统；企业内部各类知识共享平台；企业培训与教育体系；包含在生产活动流程中的操作程序等。

这些生产经验与知识在企业生产过程起到的具体作用有优化生产流

程、提高产品质量、提高生产效率、促进创新和改进、培训生产活动中的人力资源、处理各种生产危机等，如果没有生产经验与知识作保证，再好的生产设施也无法充分发挥作用。正是由于生产经验与知识的加持，一些历史悠久的企业才能够长期保持产品在质量和成本上的优势。例如，丰田公司在汽车生产上积累了丰富的经验与知识，甚至创新了独特的精益生产、质量管理和生产管理方法，因此与竞争企业相比，尽管在单项技术方面(如发动机技术)及生产设备方面，没有特别优势，但是其汽车产品作为一个整体在质量和成本上具有明显的综合竞争力，长期位列全球销量和利润榜前列。作为相反例子，Fisker Automotive 是一家美国电动汽车制造商，创立于 2007 年，公司曾经投入巨资建设了现代化生产设施、设计了先进车型，但由于生产经验不足、质量控制不佳，所生产的产品质量问题频发，最终导致破产。

❖ 独特的地理位置资源

独特的地理位置资源在生产活动资源转换单元中起着至关重要作用，尤其是对于某些特定产品，它们不仅影响产品质量和特性，还能为品牌赋予独特价值和竞争优势。例如，茅台公司在中国白酒行业属于头部企业，茅台酒的生产依赖茅台镇独特水源和微生物环境，该镇位于赤水河畔，水质纯净，富含矿物质，非常适合酿酒，如此气候和土壤条件为酿酒提供了理想环境。在其他行业也有类似的情况，如美国的高科技企业很多在硅谷创立，很大原因是硅谷具有独特的地理位置，硅谷位于美国加利福尼亚州的圣塔克拉拉谷地，气候宜人，四季分明，适合生活和工作，并且硅谷周边有众多顶尖大学和研究机构，如斯坦福大学和加州大学伯克利分校，为硅谷提供了源源不断的高科技人才和科研成果。因此，地理位置资源的重要性不仅是从自然角度看的，还有从经济和社会角度分析的。

❖ 供应链与合作关系

供应链与合作关系是指企业在经营过程中，与外界各类供应商和合作者在协作过程中所形成的协作关系，这种合作关系对企业生产活动资源转换单元非常重要，确保了生产过程的连续性和高效性。与原材料和零部件供应商合作，保证了企业获取原材料和零部件的及时性和质量；与物流和运输供应商合作，保证了物资的正常和迅速运送；与金融机构合作，为企业提供了经营所需的财务流动性资源；等等。例如，苹果公司在全球范围内拥有超过 300 家供应商，这些供应商遍布多个国家和地区，为苹果公司提供生产所需的各种零部件和服务，这些公司主动围绕苹果公司进行技术工艺改进，保证了苹果公司可以生产出优质产品，甚至还配合苹果公司完成在环保和可持续发展方面的承诺。苹果公司在供应链和合作方面积累的协作关系资源是其他一些手机厂商难以比拟的。

8.2.2　流量资源投入

维持生产活动资源转换单元的资源转换需要在设施资源基础上，不断投入流量资源，在生产活动资源转换单元中投入的常见流量资源有下列类型(但不限于这些)。

❖ 生产人员工资及相关支出

生产活动资源转换单元需要较多员工，熟练的技术工人往往需要比市场平均水平高的薪酬才能招募进来，有些还要给予良好的生活福利补贴。在典型制造业企业中，人员工资及相关支出占企业全部成本的比例为 10%~30%。对于劳动密集型行业的企业，人员工资比例可能更高，而对于高度自动化或资本密集型行业的企业，这一比例相对较低。随着经济发展和劳动力市场供需缺口缩小，生产人员人均工资在近年来增长很快，对企业成本形成较大负担，故很多企业通过提高自动化、智能化水平降低生产员工比例，甚至完全用机器人取代一线生产人员。这项流量资源投入在未来可能会呈现不断减少趋势，但不同行业、不同地区企业之间可能会存在较大差异。

❖ 原材料和零配件费用

它是指企业从外部购买原材料与零配件的支出费用。企业生产活动资源转换单元离不开必要的原材料和零配件，不同企业的这项费用在企业总成本中的比例差异很大，如果企业技术含量较高、品牌力强、所在行业竞争不激烈，相应的原材料和零配件支出费用会较小，否则，这些费用就会很大，甚至占企业总成本的很大一部分。此外，企业纵向一体水平也会影响该项费用比例。一般来说，在汽车制造业、电子产品制造业、化工行业、金属加工业、纺织业、食品加工业等，企业原材料和零配件支出费用比例较大。

❖ 生产活动资源转换单元中的运行和维护费用

生产活动一旦开始，生产设备就进入运行状态，就要消耗一定的运行和维护费用，以保证生产设施及相关活动正常进行，常见的这类费用包括能源和水消耗、设备维护和维修费用、现场发生的各种物品处理和物流费用、所产生的保险租赁费用等。这些支出费用可以视为投入生产活动资源转换单元中的流量资源。

❖ 生产活动资源转换单元中必要的信息资源

在某些企业生产活动资源转换单元中，必要的信息资源也是维持生产活动资源转换单元运行所需投入的资源，在激烈市场竞争中，这些信息资源有助于控制产品生产品种、数量和供应时机，使企业所生产产品能够更及时有效地符合市场需要。这些信息包括市场信息、生产计划信息、库存信息、供应链信息、生产过程信息等。例如，一家名为玉子屋的日本快餐公司每天生产约 10 万份午餐饭盒，供应数千家企业，正是由于该公司能够充分利用顾客信息，准确预测出每天需求量，误差基本只有 0.1%，因此每天废弃的饭盒极少，而其他快餐公司为了满足不确定的市场需求，每天废弃的快餐盒量达到 5% 以上。正是得益于信息资源优势，玉子屋仅在废弃成品上就节约了大量成本。

❖ 环保和废物处理费用

有些企业在环保和废物处理方面的费用比较大，因此也应作为一项独立资源投入，如化工、冶金、石油和天然气、制药、垃圾处理等行业中企业，它们在生产过程中都有较多有害废弃物、废气、废水等产生，其中针对损害人类健康和环境的物质，大多数国家都有强制性治理要求。

8.3 生产活动资源转换单元资源产出与影响

8.3.1 流量资源产出

生产活动资源转换单元产出的最主要流量资源是产成品，包括实物产品和服务产品，同时可能还会产出一些副产品。

❖ 实物产品

生产活动资源转换单元产出的产品有很多是以实物形态呈现的，如汽车、服装、食品等，实物产品具有有形性、可持续性、存储性、可移动性，以及重量、尺寸、成分等物理和化学属性。在过去，实物产品构成经济成果的主要部分，但随着经济发展，服务产品的比重在不断加大。

❖ **服务产品**

有些生产活动资源转换单元产出的是服务产品，没有具体实物形态，如教育、金融、心理咨询、法律服务等，服务产品具有无具体形状、不可储存、不可移动、不可持续、没有物理和化学属性、顾客参与等特点。但服务产品也有数量和品质上的属性，且是由生产活动资源转换单元决定的。

在现代经济中，服务产品的比例越来越大，在一些发达国家，其价值甚至已经超过了实物产品。此外，即使生产活动生产的是实物产品，很多时候也包含了服务产品内容，越来越多企业在销售实物产品的时候必须同时提供优质服务，这是顾客价值不可缺少的一部分。

❖ **副产品**

在生产过程中不可避免会产出一些副产品，这些副产品有些是有价值的，可以加以利用，有些是没有价值的，有些是有负价值的，需要企业花费一定费用去处理，甚至会给企业带来较大负担。例如，钢铁企业在生产钢铁时会产生大量冷却水，这些冷却水有较高余温，可以将其供应给其他企业或个人加以利用，这就是有价值的副产品，同时钢铁生产还会产出废渣，废渣会占用大量存储空间，还会对水土有一定污染，这就是有负价值的副产品。随着技术进步，有时候一些原来只有负价值的副产品也可以重新加以利用，产成正价值，如废渣因为技术改进可以用来作为制造建筑材料的原料时，就有了正价值。

8.3.2 设施资源产出影响

生产活动资源转换单元运作也会对一些设施产生一定产出影响，常见的设施资源(但不限于这些)产出影响包括以下几方面：

❖ **对生产设施的影响**

生产设施不仅作为设施资源投入支持生产活动资源转换单元，而且其本身受企业开展生产活动的影响。

生产活动资源转换单元会对生产设施产生重要影响，一般会使生产设施出现损耗，会出现类似于折旧现象，可以是直接物理和化学磨损，也可以是因时间流逝而产生的无形磨损。生产活动资源转换单元对生产设施的影响是复杂的，有时生产设施也会因为一定程度使用而提高性能，或者因为生产规模扩大而提高效率。例如，芯片制造业企业的生产活动越多，产品生产线运行越稳定，生产活动效率就越高。

❖ **对不动产的影响**

不动产不仅作为设施资源投入支持生产活动资源转换单元，其本身也受企业开展生产活动的影响。

生产活动资源转换单元对不动产的影响也是两方面的：一方面，会在一定程度上使不动产产生磨损；另一方面，经常使用的不动产因为经济活动的增加而出现增值，如对于一家餐厅，其不动产位置价值会因餐厅的经营而不断得到积累。

❖ **对生产经验和知识的影响**

生产经验和知识不仅作为设施资源投入支持生产活动资源转换单元，其本身也受企业开展生产活动的影响。

生产活动资源转换单元对生产经验和知识的影响一般是正面的，可帮助持续积累各方面知识和经验，从而有助于提高企业整体竞争力。

❖ **对供应链和合作关系的影响**

供应链和合作关系不仅作为设施资源投入支持生产活动资源转换单元，而且其本身也受企业开展生产活动的影响。

生产活动资源转换单元对供应链和合作关系的影响一般也是正面的，更多的生产活动可以促进企业与供应链和合作企业有更多交易和协作活动，从而加强双方的信任关系，积累更多合作信息，提高供应链合作效率和质量。

具体到某一个企业，生产活动资源转换单元产出的流量资源和设施资源在数量和类型上都是各有特点的，在进行商业模式分析时要根据具体情况进行针对性分析。

8.4 影响生产活动资源转换单元转换效率要素

影响生产活动资源转换单元转换效率的要素包括生产活动资源转换单元所需要的重要能力、生产活动资源转换单元的运作流程与技术及生产活动资源转换单元中的策略和管理方式，外部因素也对生产活动资源转换单元有影响，但因为不同企业的生产活动资源转换单元面对的外部因素是不同的，差异较大，这里不做进一步阐述。

8.4.1 生产活动资源转换单元所需要的重要能力

进行生产活动资源转换单元运作需要具备多种重要能力，尤其是品质管理、生产成本、生产效率等方面要有较强的运作能力，这些能力的形成不仅与相应的设施资源有关，还与企业生产流程、人力资源管理、过程控制、生产的组织方式和文化有关，并且每个企业的能力基础也各有特色。下面是常见的重要能力(但不限于这些)。

✥ 品质管理能力

品质管理能力是指企业保证产品高质量的能力。优秀的品质管理能力能够提高产品溢价水平，改善企业财务状态，提高顾客满意度，提升企业品牌形象，还可以使企业具有更稳定的市场竞争地位。例如，丰田公司长期以来在品质管理方面非常优秀，公司在品质管理方面采用了多种手段：建立贯彻精准制造和及时生产(JIT)理念的丰田生产系统，推行全面质量管理，推行质量控制环，严格供应链管理，及时召回管理等，并在全范围全过程中进行持续改进。优秀的品质管理助力丰田公司成为世界著名的汽车公司。

✥ 生产成本控制能力

生产成本控制能力是指企业管理生产过程中各种费用支出的能力。优秀的生产成本控制能力能够使企业在保证必要产品品质情况下，使单位产品成本降低到较低水平，从而改善企业盈利状况，提高企业竞争力。比亚迪公司早期进入电池制造业时，就展现出了卓越的生产成本控制能力，该公司采用自研产品、建立垂直产业链、应用低成本技术和替代材料、扩大生产规模、梳理电池生产线等多种方式，使电池成本降低为同类进口产品的几分之一，产品质量大幅提升，较高的质量和超低的成本为该公司赢得了大量市场份额和丰厚利润。

✥ 生产计划执行能力

生产计划执行能力是指企业能够按照预定时间表和生产目标，有效地组织和协调各种资源(如人力、物力、资金等)，确保生产活动顺利进行并达到预期成果的能力。这种能力需要企业合理制订生产计划、科学调配生产资源、有效控制生产进度，并能应对市场需求变化，保持生产连贯性和效率。2024年，深圳有一家较早推出折叠屏产品的科技企业宣告破产，很大程度上就是因为生产计划执行能力不足，迟迟不能按计划推出量产产品，最终被其他竞争企业反超，从而失去发展机会。

以上列举了一些生产活动资源转换单元中需要的重要能力，不同企业在重要能力方面会有所侧重和取舍，并且也不仅限于上述这些能力。

8.4.2 生产活动资源转换单元运作流程与技术

❖ 生产活动资源转换单元运作流程

在现代经济中，产品类型非常庞杂，实物产品与服务产品的区别也非常大，而且无论是实物产品，还是服务产品，其具体形态也是多不胜数。不同的产品形态有不同的生产流程，很难统一。下面主要以实物产品的生产为例，介绍生产活动资源转换单元的一般运作流程。

生产活动资源转换单元运作流程一般包括生产计划、生产操作、生产线与设备管理、现场物料管理、质量控制、生产安全与环境管理等活动环节。

(1)生产计划。它主要包括生产目标设定和任务安排、资源配置规划、生产能力评估、物料需求计划、生产协调与沟通、进度跟踪与调整及应急预案制定等。通过这些活动，确保生产过程有序、高效地进行，形成完整的生产管理体系。

(2)生产操作。它主要包括如何从操作角度将原材料通过各种技术手段和工艺流程转化为成品，确保生产过程的高效和产品质量稳定。这一环节包括技术选择与应用、生产工艺流程设计与优化、操作标准制定与培训、工人生产操作等。

(3)生产线与设备管理。它主要包括生产线布局设计、设备选型与安装、设备维护、设备管理系统及设备更新与淘汰等。通过这些活动，确保生产线和设备高效、稳定运行。

(4)现场物料管理。它主要包括物料接收与验收、物料存放与库存管理、物料配送、物料使用监控等。通过这些活动，确保生产现场的原材料、半成品和成品得到高效管理。

(5)质量控制。质量控制在很多企业生产活动资源转换单元中是与其他各项活动环节融合在一起的，但鉴于市场对产品质量要求越来越高，有些企业会将产品质量控制作为一个独立的活动环节进行管理，甚至会由一个独立的部门负责运作，因此产品质量控制也可以有相应独立的内容。它一般包括质量标准制定、进料检验、过程控制、质量检验、质量审核与改进、员工质量意识提升等。

(6)生产安全与环境管理。与质量控制活动类似，生产安全与环境管理在很多企业生产活动资源转换单元中也是与其他各项活动环节融合在一起的，但鉴于企业承担的社会责任越来越大，外界对企业在安全与环境方面的要求越来越高，生产安全与环境管理也日益具有相对独立的内容。它包括生产过程中安全管理体系建立、安全操作规程与标准制定、安全培训与教育、风险评估与隐患排查、应急预案制定与演练、安全设施与设备管理、事故报告与调查、环境保护管理、资源节约与循环利用，以及环境监测与评估等。

❖ 生产活动资源转换单元中的技术

在生产活动资源转换单元中，每个企业会谨慎选择所需要的生产技术，在选择生产技术时需要考虑一些因素，如投资要求、成本要求、技术成熟性、生产效率、生产灵活性、质量水平、环保和法规要求、战略要求、供应链情况等。不同生产技术对生产资源转换单元的投入产出具有决定性影响，因此，了解生产资源转换单元采取什么样的生产技术是非常必要的。

下面列示在实物型生产活动资源转换单元中常用的一些技术。

(1)手工生产。这种方式依赖人力和简单工具来进行生产，适用于生产量较小、个性化程度较高的产品。

(2)单元生产。这种方式是将生产过程组织成多个小的生产单元(或称为制造单元)，每个单元内集成完成某个产品或零部件所需的全部或大部分工序，最后将各个部分进行集成。它适用于多品种、小批量、附加值高、生命周期短的产品。

(3)流水线生产。这种方式是将整个生产过程分解为一系列连续、依次进行的工序，每个工序由专门的工作站(工位)负责，从而实现产品的快速、连续生产。它适用于大批量、标准化产品的生产。

(4)机械化生产。这种方式是利用机械设备来替代或辅助人工进行生产，提高生产效率和产品一致性，常见于农业和制造业。

(5)自动化生产。这种方式是通过自动化设备和控制系统实现生产过程的自动化，减少人工干预，提高生产效率和质量，适用于大规模生产。

（6）柔性制造系统（FMS）。这种方式是利用计算机控制和自动化设备，使生产系统具有一定灵活性，能够快速适应不同产品的生产需求。

（7）计算机集成制造系统（CIMS）。这种方式是将计算机技术、信息技术和制造技术相结合，实现设计、制造、管理等全过程的集成化和自动化。

（8）增材制造（3D打印）。这种方式是通过逐层添加材料的方式制造产品，适用于复杂结构和小批量生产。

（9）智能制造。这种方式是利用物联网、云计算、大数据、人工智能等先进技术，实现制造过程的智能化和自适应控制，提高生产效率和产品质量。

（10）绿色制造。它是在生产过程中采用环保材料和工艺，减少能源消耗和污染排放，促进可持续发展。

上述这些技术的划分并不十分严谨，彼此之间是有交叉的，一些企业生产活动资源转换单元可能同时呈现上述多种技术特征。例如，特斯拉新能源汽车生产既是流水线生产、自动化生产、智能制造，也采用计算机集成制造系统开展生产。此外，从不同的角度来看，生产技术也有不同的划分方式，这里所列示的内容只是说明企业有多种方式能够实现产品生产活动资源转换单元运作。

8.4.3　生产活动资源转换单元中的策略和管理方式

生产活动资源转换单元中的策略是与其管理方式密切联系的，一种生产管理方式对应着一系列的策略，如标准化生产方式意味着生产资源转换单元中的投入流量资源、设施资源、生产流程中的各个环节都是标准化的。为简便起见，在本部分我们将生产管理方式设为生产资源转换单元的一组策略，两者是同等含义的，这样我们对生产管理方式的讨论就相当于对生产资源转换单元中策略的讨论。

生产活动资源转换单元管理方式与所采用的生产技术密切相关，甚至有时候不加区分，但两者侧重点不同，生产技术侧重制造产品的具体工具、设备和方法，而管理方式侧重生产过程规划、组织、控制和优化生产活动资源转换单元的方法和策略等。

❖ 基于生产管理过程角度的生产管理方式划分

在现代生产中，生产活动的管理方式随着技术水平的发展而日新月

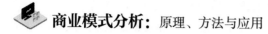

异，很多优秀的企业开发并实践出一些不同类型的生产管理方式。

（1）标准化生产管理是通过建立统一的生产标准、流程和操作规范，确保生产活动有序并高效进行。标准化生产管理不仅有助于企业实现规模化和集约化生产，降低生产成本，提高产品质量和生产效率，还能提升企业整体运营水平。

（2）精益生产是通过最大限度地减少浪费，提高生产效率、降低成本、提升产品质量和缩短交货时间。这种生产方式起源于日本丰田汽车公司，后来被广泛应用于制造业和服务业。

（3）敏捷制造是快速且灵活地响应用户需求。它强调通过现代通信手段迅速配置技术、管理和人员等资源，快速响应市场变化，实现制造的敏捷性。敏捷制造起源于20世纪90年代，在美国国防部支持的一项多家企业合作研究项目中被提出。

（4）全面质量管理是一种以客户为中心，以全员参与为基础的管理方法。它强调产品质量的核心地位，通过建立科学、严密、高效的质量体系，提供满足用户需要的产品或服务。这种方法的特点包括全面性、全员性、预防性、服务性和科学性，旨在通过持续改进和数据分析提高企业工作质量和服务质量，最终实现长期成功和获得竞争优势。

（5）六西格玛管理是一种先进的质量管理方法，旨在通过减少产品和流程出现缺陷的次数，提升品质和客户满意度。它强调以数据和事实为基础，注重流程优化和改进，通过实施DMAIC改进方法，即定义、测量、分析、改进和控制五个阶段，实现突破性的质量改进。六西格玛管理不仅能降低企业运营成本，还能促进组织创新、提高组织绩效和竞争力，是企业追求卓越和持续发展的重要战略举措。该生产管理方法最早在摩托罗拉和通用电气等公司被广泛应用。

（6）基于约束理论管理是首先识别生产系统中的瓶颈环节，然后针对这些瓶颈制定具体优化策略，如改进工艺流程、增加设备投入或优化人力资源配置，以提高瓶颈环节的生产能力，并确保瓶颈环节得到持续改善，从而实现整个生产系统的优化和效率提升。

（7）项目管理是为了确保生产项目高效有序开展。它通过设置明确目标、制订详细计划、合理分配资源和建立有效沟通，实现对项目进度和质量的全面把控。通过项目管理，团队能够更好地协作、及时调整方案以应对变化，最终确保项目按时、高质量完成。项目管理常用于一次性生产任务和大型工程项目。

(8)即时生产(Just-In-Time,JIT)是通过实时监测物料库存和客户订单进行生产,优化生产工艺,从而减少浪费,提高产品质量。它的核心在于实现物料、信息和生产的同步化,强调在恰当的时间以恰当的数量生产恰当质量的产品。JIT方法在汽车制造、电子制造等行业中得到了广泛应用。

(9)看板管理是一种视觉化的生产管理方法,通过使用看板(如卡片或电子显示板)来控制生产流程和库存。每个看板代表一项任务或一批产品,并实时显示生产进度和状态。通过拉动系统,使生产只在有需求时启动,从而减少库存和浪费,提升生产效率和响应速度。看板管理经常配合精益生产使用,有助于确保各工序之间协调与流畅。

(10)持续改进是通过员工在日常工作中的小幅度改进,不断提升生产效率和质量的管理方法。这个方法倡导全员参与,从一线工人到高层管理者,共同识别和消除浪费,优化流程和工作方法。通过持续的小改进,企业能够实现显著的绩效提升和竞争力增强,形成一种追求卓越的企业文化。

❖ 基于其他角度的生产管理方式划分

以上生产管理方式主要是针对生产过程管理的,由上述各种生产管理方式的描述可以看出,这些划分是有一定交叉的,在实务中也不仅局限于上述方法。生产管理方式还可以从其他角度来划分,如从生产需求管理角度来划分,可以划分为推式生产和拉式生产;从生产规模和产品特点的角度来划分,又可以划分为大批量生产、定制化生产、小批量灵活生产等。不管是从哪个角度进行划分,这些划分都不是严格区分的,并且在实际中也并不仅局限于这些方式。基于其他角度的生产管理方式划分也有多种类型。

(1)推式生产是企业根据市场预测和计划提前生产产品,并推向库存或市场。这种方式有助于实现大规模生产和库存管理,但如果需求预测不准确,可能导致过量库存或缺货问题。推式生产适用于需求相对稳定和可预测的环境。

(2)拉式生产是以实际需求为导向的生产管理方式,只有在接到客户订单或市场需求信号时才启动生产过程。此方法旨在减少库存和浪费,通过按需生产提高资源利用率。拉式生产能够快速响应市场变化,适用于需求波动较大的环境,但需要高效的供应链和灵活的生产系统支持。

（3）大批量生产是采用生产线流水作业的方式，将生产任务分成多个环节，提高了生产效率和产品质量，适用于生产大规模标准化产品的企业。

（4）定制化生产是注重客户个性化需求的满足，企业根据顾客的要求进行生产，每个产品往往是定制的，适用于高端定制化产品和服务。

（5）小批量灵活生产是传统大批量生产的折中方式，既保留了批量生产的高效率特点，又兼顾了定制化生产的灵活性，适用于生产规模中等、市场需求较为多样化的企业。

8.4.4　服务产品生产资源转换单元中的技术和管理方式

上述内容主要是针对实物产品生产活动，在服务产品生产活动中，同样有相应的生产技术和生产管理方式，所运用技术和管理的复杂程度并不比实物产品生产简单。这里补充介绍一下生产服务产品的技术和管理方式。

❖ 服务产品生产活动资源转换单元中的技术

现代服务机构已经广泛应用了信息技术、通信技术、自动化技术、客户关系管理系统、物联网技术等。下面是服务产品生产活动资源转换单元中常用的一些技术。

（1）在线银行系统。客户可以通过互联网进行账户查询、转账、支付等操作，其中应用的信息技术确保了数据的安全性和处理效率。

（2）无人零售。依托自动化技术实现自助购物和结账，减少了人工成本，增加了服务时间和网点，提高了购物的便捷性，在无人零售中，应用了自助结账系统、智能货架设施（其中包括传感器、射频识别技术）、人工智能面部识别技术、机器人技术等。

（3）远程医疗。应用该技术能够在不同地点为患者提供诊断、治疗、咨询和健康管理等服务，打破了地理上的限制，使医疗资源能够更广泛地分布和被利用。在远程医疗中，应用了视频会议、远程监控（其中涉及复杂的穿戴设备，实时监测患者的健康数据）、远程影像设备、远程手术（机器人手术系统，外科医生可以通过远程控制机器人手臂进行手术操作，实时传输高清影像和触觉反馈，实现跨地域的精准手术操作）、电子病历和健康管理系统等。

（4）智能教育。它是运用人工智能为学生提供更方便、个性化、更广泛的教育服务，能够在教育公平化、发掘学生潜能、降低教育成本、提高教育质量方面提供传统教育无法比拟的优势。在智能教育中，广泛应用了人工智能技术，能够为每个学生提供量身定制的人性化学习方案，并能及时对学生的学生情况进行评估、反馈和调整。

❖ **服务产品活动资源转换单元管理方式**

现代服务机构也普遍借鉴了实物产品生产管理方式，下面为常见的一些管理方式：

（1）制定标准化服务流程。通过制定详细的服务标准和操作规程，确保每次服务的质量和一致性。这种方法在连锁诊所和医院、酒店、快递等行业得到广泛应用。

（2）个性化定制服务。为顾客提供个性化服务和精准营销，提高客户满意度和忠诚度。例如：针对顾客财务状态和财富管理需求特点，金融行业提供个性化的银行与理财服务；针对学生的兴趣、能力特点和期望，教育机构提供个性化的学习方案；针对客户的兴趣、预算和行程要求，旅行服务机构为顾客提供定制化的旅行路线、住宿安排和活动计划；等等。

由上述关于服务产品生产活动资源转换单元介绍可知，很多在实物产品生产中的技术、策略，如人工智能、VR 技术、物网联和项目管理、全面质量管理、业务流程管理、持续改进等，在服务产品的生产活动资源转换单元中也得到广泛应用，并且在先进科学技术上的应用并不落后于实物产品的生产活动资源转换单元。因此，与实物产品生产活动资源转换单元一样，服务产品的生产活动资源转换单元中的技术、策略与管理方式的改进和创新一直在进行中，服务产品生产活动资源转换单元在商业活动中的地位也在不断提升。

第9章
促销活动资源转换单元分析

促销活动是指企业为提升产品或服务的市场知名度、吸引顾客、促进销售而进行的有计划的市场推广行为。促销活动资源转换单元包括广告宣传、促销折扣、发放赠品、会员奖励等多种形式，旨在加强品牌与消费者的沟通，激发消费者购买欲望，提升市场份额。通过有效的促销活动，企业能够迅速响应市场变化，满足客户需求，增强品牌影响力，实现销售目标并推动企业的可持续增长。

不同企业的促销活动在形式上差别很大：主要为少数下游大企业生产产品的企业，几乎没有促销活动；有些企业的促销活动是与其他活动结合在一起的，如保险公司的促销活动通常与保险经纪人的招聘活动结合，高科技企业往往把每次的技术突破作为促销活动主要手段；有些企业的促销活动是跨部门的，如在咨询公司中，因为不能明显地进行广告宣传，其促销活动由全体咨询专家在每个可能的场合进行。因此，在这些情况下，把促销活动划分为一个单独的资源转换单元是不合适的。

本章内容只是说明在一般情况下，拥有职能清晰的促销活动的企业，其促销活动资源转换单元分析的一般情景，作为进一步分析促销活动资源转换单元的一个示例，具体到每个企业，其促销活动资源转换单元设置和范围应根据企业运营的实际情况进行划分和分析。

9.1 促销活动作用

促销活动是企业向顾客传递有关本企业及产品的各种信息，说服或吸引顾客购买其产品，以达到扩大销售量的一种活动。实质上，促销活动是一种综合性沟通活动，即企业(信息提供者或发送者)发出刺激消费的各种信息，并把信息传递到一个或更多的目标市场(信息接受者，如听众、观众、读者、顾客或用户等)，以影响其态度和行为，达到提高企业和产品知名度、改善与顾客关系、增加销售额的目标。促销活动的本质是激发顾客的购买意愿，也就是使有购买企业产品意愿的顾客基础越来越大。

在市场营销的 4P 策略即产品(Product)、价格(Price)、渠道(Place)、促销(Promotion)策略中，促销策略是关键组成部分。在本章中，我们将重点讨论促销活动，而非内涵更宽的营销活动。

9.1.1 促销活动对企业的作用

对企业来说，促销活动具有但不限于下列具体作用。

❖ 吸引顾客和促进销售

促销活动能够通过各种优惠、折扣、赠品等吸引顾客注意力，激发他们的购买欲望，从而促进销售增长。这不仅可以帮助企业实现销售目标，还能提高市场份额和品牌影响力。

❖ 增强品牌知名度和忠诚度

通过促销活动，企业可以展示自身品牌形象和产品优势，加深顾客对企业的认知和了解。当顾客对企业和产品产生好感时，他们更有可能成为忠实客户，持续购买企业产品。

❖ 促进市场细分和定位

促销活动促进企业针对特定市场细分和定位进行定制化沟通及推广，

使产品有效到达目标客户群，并通过特定促销信息和优惠来吸引他们。

❖ 推广新产品或服务

当企业推出新产品或服务时，促销活动可以有效地将其推向市场，吸引顾客的关注和试用。通过促销活动，企业可以收集顾客的反馈和建议，进一步完善产品，提高市场竞争力。

❖ 提供市场信息

促销活动，特别是那些需要顾客反馈的活动(如促销赠品反馈等)，可以为企业提供宝贵的市场信息，如顾客偏好、市场趋势和潜在需求，帮助企业制定未来营销策略和产品开发计划。

❖ 抵御竞争对手

在激烈市场竞争中，促销活动可以帮助企业抵御竞争对手冲击，稳定或扩大市场份额。通过灵活促销策略，企业可在竞争中占据有利地位。

9.1.2 促销活动对顾客的作用

有人认为促销活动是企业的一种"诈术"，只是为企业服务的，它提高了经营成本，这是需要顾客来承担的，但并没有实质性地改变产品与服务，因而对顾客没有价值。这是一种误解，从顾客角度来说，企业促销活动同样具有积极意义。

❖ 经济价值

促销活动通常包括各种折扣、优惠券、满减、买一赠一等，这些都能直接减少顾客购物时的支出，让顾客以更低价格购买到心仪商品或服务，从而节省开支。

❖ 选择价值

促销活动往往涉及多个产品或服务，这样顾客可以在更广泛的范围内进行选择。特别是当企业推出新产品或新服务时，促销活动可以帮助顾客了解并尝试这些新产品，满足他们多样化需求。

❖ 体验价值

一些促销活动，如免费试用、限时体验等，可以让顾客在购买前先行体验产品或服务。这种体验不仅可以帮助顾客更好地了解产品，还能提升他们购物满意度和愉悦感。

❖ 信息价值

促销活动往往伴随着大量宣传和推广，这些活动可以为顾客提供有关产品、价格、促销详情等信息。通过这些信息，顾客可以做出更明智的购买决策。

❖ 心理价值

促销活动通常能带给顾客一种"占便宜"或"得到额外好处"的心理满足感。当顾客感到自己从促销活动中获得了实惠或特权时，他们的购物体验会更加愉快。

9.2 促销活动资源转换单元内容

企业通过促销活动资源转换单元激发顾客购买意愿，这是一个复杂的过程，需要企业花费大量人、财、物资源，还需要长期努力，是企业经营活动中一项艰难而重要的工作。本节将通过分析顾客发展一般过程、促销活动资源转换单元运作的主要形式，进而阐明促销活动资源转换单元具体内容。

9.2.1 顾客发展一般过程

从企业向顾客发送信息到顾客产生明确购买意愿是一个不断加强的过程，不能一蹴而就。在这个过程中，顾客对企业和产品的心态及理解是不断变化的，企业要针对性地采取合适的促销活动。为此，我们要进一步分析顾客发展的一般过程。

顾客从对企业和产品一无所知到产生明确购买意愿的大致过程可以分为四个阶段：潜顾客→知道顾客→认同顾客→意愿顾客。

❖ 潜顾客

潜顾客是指所有对企业产品具有购买可能性的顾客，这个可能性与顾客购买行为和企业经营范围有关，如果企业产品完全不在顾客考虑范围内，顾客将很难购买，如一个未成年人购买烈性酒的可能性就几乎可以忽略。此外，企业产品也要有销售给顾客的必要渠道，否则也没有现实的可能性，如欧洲生产冰激凌的企业就很难将本土生产的冰激凌销售给遥远的非洲顾客。

潜顾客可以衡量，可以有规模、收入水平、购买行为习惯等特征。例如，对于一个快餐厅来说，服务半径内所有有外出就餐需求的人口就是其潜顾客，具有相应的规模、收入水平、消费习惯等特征，但如果该快餐厅增加外卖销售，则潜顾客的特征将会发生变化。

潜顾客尽管是"顾客"，但并不意味着其对企业产品有任何了解，可能对企业一无所知，只是存在着潜在的购买可能性，企业的促销活动资源转换单元运作就是从潜顾客开始的，潜顾客之外的促销活动是无意义的。因此，企业开展促销活动首先要了解潜顾客范围。在分析潜顾客范围时，要注意设置合适的"购买可能性"标准：如果标准较高，潜顾客范围会缩小，会忽略一些有价值的潜顾客；如果标准太低，潜顾客范围扩大，则可能会分散企业经营者的注意力。

❖ 知道顾客

知道顾客是指知道企业产品的顾客。知道顾客产生于潜顾客中，对企业产品有一定程度了解，这个"一定程度"是由企业根据自身情况来确定的，如可以将了解企业身份和产品特点的潜顾客定义为知道顾客。了解企业但不在潜顾客范围内的顾客，因为对企业销售影响不大，所以不属于知道顾客。

顾客了解企业产品是产生购买行为的必要前提，因此，知道顾客比潜顾客离购买企业产品更进了一步，但也仅仅是知道企业，并不意味着有现实的购买意愿，甚至也不一定对企业有明显正面评价。

对于前文提到的快餐厅来说，知道顾客包括从快餐店门口经过的顾客流、餐厅广告能够影响的附近顾客群，这个范围要比潜顾客小很多。

❖ 认同顾客

认同顾客是指对企业产品有正面评价的知道顾客。在这个阶段，顾客不仅对企业产品持有正面认同，而且了解程度也会进一步加深。对于正面评价程度的衡量，也是企业根据情况确定，如可以用"是否愿意向亲朋好友介绍和推荐"作为衡量标准。相较于知道顾客，认同顾客离购买产品又进一步。

❖ 意愿顾客

认同顾客根据自身的购买力，在对企业产品性能和价格进行评价后，

商业模式分析：原理、方法与应用

认为综合价值比较满意，就会产生购买意愿，成为意愿顾客。意愿顾客产生购买行为的可能性极大，只要有合适的购买场景，就会购买企业产品。需要注意的是，意愿顾客不仅有购买意愿，而且具有真实购买力，但是否真的产生购买行为，还需要交易现场的一些条件。例如，对于上述的快餐店，如果顾客已经进入餐厅准备购买了，那么其就成为意愿顾客，但如果又发现餐厅中的供应不足或需要排队，则最后也有可能不能形成购买，这属于现场生产资源转换单元问题。

从潜顾客到意愿顾客是一个过程，这个过程反映了企业是如何一步一步获得真实顾客的，我们称为"顾客发展过程"，可用如图 9-1 所示的顾客发展模型来表示。

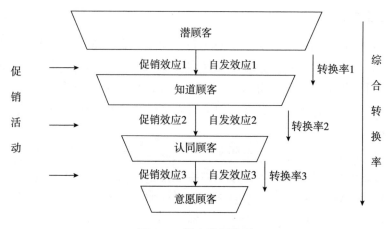

图 9-1　顾客发展模型

在这个模型中，下一层次顾客是在上一层次顾客基础上渐次发展而来的；每个层次顾客在向下一层次顾客发展过程中，有不同的转换率，转换率的大小取决于两个效应，一个是自发效应，即上一层次顾客会自然而然地发展到下一层次，但很多时候这种自发效应并不明显，这时企业就需要开展促销活动，形成促销效应，提升转换率；促销活动在不同层次之间形成的促销效应不同，因此企业有必要根据自身情况有针对性地设计促销活动资源转换单元，以达到综合转换率最佳，如当前企业从认同顾客到意愿顾客的转换率较低，那么促销活动资源转换单元就应该提升促销效应 3，而不是促销效应 1 和促销效应 2。

170

顾客发展模型把每个层次的顾客基础视为不同性质的顾客资源，把促销活动视为转换这些顾客资源，这为分析促销活动资源转换单元运作效率和效果提供了一个精准工具。

9.2.2 促销活动资源转换单元主要操作形式

促销活动资源转换单元可以利用下列形式促进顾客的发展，但不限于这些形式。

❖ 投放传统媒体广告

● 报纸广告。在报纸上刊登的广告，具有较高的可信度和广泛的读者群。

● 杂志广告。在杂志上刊登的广告，可以针对特定兴趣和行业的读者群体。

● 广播广告。通过广播电台播放的广告，适合覆盖广泛的听众。

● 电视广告。通过电视节目间隙播放的广告，能够生动展示产品和品牌。

❖ 投放户外广告

● 户外广告牌。设置在公路、街道和公共场所的大型广告牌，具有较高可见度。

● 公交和地铁广告。利用公交车、地铁车身、车内空间、车站进行的广告投放，覆盖城市中大量通勤人群。

● 霓虹灯和 LED 屏幕广告。利用霓虹灯和 LED 屏幕在夜间展示的广告，适合繁华商业区。

❖ 投放数字媒体广告

● 搜索引擎广告。通过搜索引擎(如 Google、Bing)展示的关键词广告，可基于用户搜索行为进行精准投放。

● 展示广告。在网站上展示的横幅广告、弹出广告等，覆盖广泛的网络用户。

● 社交媒体广告。在社交平台(如 Facebook、Instagram、Twitter、微信、微博)上投放的广告，能够进行精准用户定位和互动。

● 视频广告。在视频网站(如 YouTube、优酷)上播放的广告，具有生动视觉效果。

●电子邮件广告。通过电子邮件发送的广告和促销信息，直接触达目标受众。

❖ 投放新兴广告形式

●移动广告。在移动设备上展示的广告，包括应用内广告、短信广告等。

●程序化广告。通过程序化购买平台(如 Google Ads、Facebook Ads)自动投放的广告，基于实时竞价和数据分析。

●原生广告。与内容融为一体的广告形式不易引起用户反感，如社交媒体中的赞助内容、新闻网站中的推荐文章。

❖ 店内广告

● POP 广告。在销售点(Point of Purchase)展示的广告，包括海报、展示架、悬挂广告等。

●试用体验。在商店内提供产品试用和体验，能够吸引顾客关注和购买。

❖ 开展公关活动

通过建立良好公共关系塑造公司正面形象，包括赞助体育赛事、音乐会等大型活动进行品牌宣传；通过参与或支持公益活动展示企业社会责任，提高品牌形象；通过媒体发布新闻稿和举办新闻发布会进行品牌和产品推广等。

❖ 销售促进

销售促进是在短期内刺激顾客购买，这方面的促销方式是常见的，包括但不限于下列几种形式：

●价格折扣。直接降低产品或服务的价格，吸引顾客购买。

●买一赠一或买多赠一。鼓励顾客增加购买量。

●积分兑换。顾客在购买过程中累积积分，积分可用于兑换商品或服务。

●限时优惠。在特定时间段内提供优惠价格，刺激顾客在短时间内做出购买决策。

●试用装或免费体验。提供试用机会，让顾客在试用后决定是否购买。

●捆绑销售。将多个产品或服务组合在一起以较低价格销售。

● 会员特权。为会员提供专属优惠和特权，鼓励顾客成为会员并持续购买。

❖ 个人—个人促销

个人—个人促销是企业销售代表直接面对潜在顾客的一对一促销，包括面对面推销、电话销售或网络一对一销售。这种促销方式具有如下特点：一是互动性，需要销售代表与顾客面对面通过语言或文字互动；二是个性化，销售代表要根据顾客需求和兴趣，提供定制化信息和解决方案；三是即时反馈和高度适应性，销售代表要即时回应顾客问题和反馈，及时调整销售策略，灵活调整销售方案；四是建立个人关系，顾客会将与销售代表的个人关系(如对销售代表个人情绪)代入与企业关系中，这种个人关系对后续销售和稳定顾客关系维护至关重要。

❖ 直接促销

它是指直接规模化地向目标客户发送定制的信息，如以电子邮件、社交媒体、网络广告、短信、自动电话等方式直接向目标顾客推广产品或服务。直接促销与个人促销相同之处是它们都绕过中间渠道，直接面对顾客，同样具有互动性、个性化、即时反馈性等特点，不同之处是直接促销侧重于通过某种沟通方式大规模并快速激发顾客购买行为，并不需要像个人促销那样有销售代表存在。

在大数据和人工智能时代，企业利用所拥有的大量顾客信息可以高度定制所发送的信息，甚至每个顾客接收的信息都不相同(这也要得益于现在几乎每个人都拥有可以接收多媒体信息的智能手机)，并且企业还可以利用人工智能与顾客进行个性化互动，这使得直接促销越来越像个人促销，但因为直接促销节省了昂贵的销售代表费用，所以效率更高。假以时日，当人工智能高度发达后，直接促销可能会在很大程度上取代个人销售，不过个人销售代表真实的人性特点也许仍然会有助于与顾客建立独特的、更牢固的关系。

在应用上述各种促销活动资源转换单元操作形式时，要注意不同的促销活动资源转换单元因为具体的操作方式不同，在顾客发展的各个层次中起到的作用是不同的，企业应该在分析具体顾客基础情况后，有针对性地进行促销活动资源转换单元分析，而不是盲目加大促销投入。

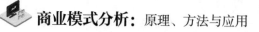

9.3 促销活动资源转换单元资源投入

9.3.1 流量资源投入

企业在促销活动资源转换单元运作中可能会产生各种费用，这些费用类型和金额取决于促销活动规模、类型、持续时间及实施渠道。下面是企业在促销过程中可能涉及的主要费用类别(但不限于这些)。

❈ 广告费用

♠媒体购买费用，即在电视、广播、在线平台、社交媒体、印刷媒介等渠道上投放广告的成本。

♠制作费用，即广告内容的创意开发、设计、拍摄和制作成本。

❈ 促销人员费用

♠促销员费用，如工资、奖金和佣金。

♠培训费用，如培训促销人员及相关人员费用。

♠办公费用，如促销人员相关差旅费用。

❈ 促销材料费用

♠印刷品费用，包括制作宣传册、传单、海报、横幅等印刷品费用。

♠包装与展示费用，即特殊促销包装或展示架设计和制造成本。

❈ 销售促进费用

♠折扣与优惠，即提供折扣、返现、优惠券或特价商品的成本。

♠赠品费用，即作为促销活动一部分赠送的免费商品或样品成本。

❈ 活动举办费用

♠场地租赁费用，即举办促销活动或展览所需的场地租赁费用。

♠装饰与布置费用，即活动场地的装饰、布置及相关物资租赁费用。

♠人员费用，即临时工作人员、演讲者、艺人或其他人员酬金。

❈ 直接营销费用

♠邮寄费用，即营销材料的打印、包装和邮寄费用。

♠电子营销费用，即电子邮件营销、短信营销或在线广告的成本。

❖ **市场调研费用**

♦研究费用，即在促销活动前进行市场调研以了解顾客需求和竞争态势费用。

♦数据收集与分析费用，即数据收集、分析和报告的费用。

❖ **技术和数字资源费用**

♦网站和社交媒体费用，即更新网站、社交媒体活动或特定促销应用开发费用。

♦在线广告费用，即搜索引擎营销(SEM)、社交媒体广告或其他在线广告平台费用。

❖ **公关与品牌传播费用**

♦合作费用，即与公关公司或品牌传播机构合作的费用。

♦媒体费用，即新闻稿发布、媒体关系维护费用。

♦赞助费用，即赞助活动或参与慈善事业的费用(用于提升品牌形象)。

组织促销活动时，企业需要仔细规划预算，考虑所有潜在费用，并确保投资能带来良好回报。理解这些费用有助于企业更有效地规划和执行促销活动，从而最大化其促销活动投资回报。

9.3.2 设施资源投入

促销活动资源转换单元中所依赖的重要设施资源一般有下面这些(但不限于这些)。

❖ **线下渠道**

很多促销活动的开展是需要线下渠道的，如门店、网点等有形场地，如果这些门店和渠道网点等是企业自己拥有的，就可以方便地经常使用，如张贴海报、提供赠品、推广新产品，以及开展各种表演、纪念、培训等主题活动等，这些可以有效吸引新顾客或者加强对老顾客的影响力。实际上，很多品牌连锁企业往往拥有数以千计甚至数以万计的门店和渠道网点，每天会有百万级、千万级的顾客，其主要的促销活动都在门店、渠道网点中进行。

❖ **线上渠道**

目前中国互联网普及率已经达到78%，几乎所有重要顾客群体都是经常使用网络的，有些企业具有流量线上渠道，这也是非常重要的促销活动资源转换单元设施资源。例如，一些知名企业官网有较大访问量，但一些生产具有社交特点产品的企业，其网络论坛也是众多粉丝经常访问的地方，其他如企业微博、微信公众号、各短视频平台账号，甚至企业在电商平台上的旗舰店，都是企业拥有的、具有较大流量的线上渠道，因而是能够比较自主地开展促销活动的设施。

❖ **品牌资源**

品牌资源是企业重要的无形资产，是企业与顾客保持联系的重要纽带，品牌资源也是促销活动资源转换单元中的重要设施资源，知名度高、口碑好的品牌更有利于吸引顾客关注，取得较好的促销效果。需要注意的是，不同的品牌是有不同"调性"的，当促销活动的方式与品牌调性一致时，促销的效果会更好。

❖ **各阶段顾客基础**

在本章前面小节中介绍了顾客基础的四个阶段，潜顾客、知道顾客、认同顾客、意愿顾客也是促销活动资源转换单元可以利用的设施资源，会影响促销效果。比如，如果企业潜顾客规模有限，那么企业重点促进潜顾客转换为知道顾客和认同顾客的公共媒体广告就不容易达到效果。对于某一时点的特定企业来说，四个阶段顾客基础是确定的。

9.4 促销活动资源转换单元资源产出与影响

对于企业来说，促销活动的作用是吸引顾客和促进销售、增强品牌知名度和忠诚度，其他作用都服务于这些主要作用。因此，促销活动资源转换单元主要产出就是设施资源，即顾客基础增加和品牌资源提升，还可能会增加吸引其他企业加入到渠道系统中来。在促销活动资源转换单元中，流量资源的产出并不是没有，如可能会收到来自合作方的一些合作收入，但一般并不重要，可以忽略。促销活动资源转换单元资源产出影响包括以下方面：

第一，对品牌的影响。品牌不仅作为设施资源投入支持促销活动资源转换单元，其本身也受企业开展促销活动的影响。促销活动资源转换单元是企业提升品牌资源的重要凭借。通过精心策划的广告活动，企业能够传递品牌价值、核心理念和产品优势，增强品牌认知度和美誉度。高质量的广告内容可以引发消费者情感共鸣，建立深厚品牌联想，进而提升品牌市场地位。

第二，对各阶段顾客基础的影响。顾客基础不仅作为设施资源投入支持促销活动资源转换单元，其本身也受企业开展促销活动的影响。

促销活动资源转换单元可以通过各种传播手段吸引新顾客关注，即把潜顾客转换为知道顾客。现代研究表明，约70%顾客都是通过各类广告了解新产品的。促销活动资源转换单元还可以强化顾客认知、使顾客产生情感认同，增加顾客对企业的好感，从而进一步把知道顾客转换成认同顾客、意愿顾客。所以，好的促销活动资源转换单元可以扩大各个阶段顾客基础。

第三，对线上线下渠道的影响。线上线下渠道不仅作为设施资源投入支持促销活动资源转换单元，其本身也受企业开展促销活动的影响。

随着促销活动开展，品牌资源和顾客基础提升，也会增强更多投资者关注，使其加入合作方行列，进而提升线上线下渠道资源。例如，一些品牌餐饮企业每次在大规模投入促销广告后，都会吸引一批加盟店，从而扩充各类合作方资源。

9.5 影响促销活动资源转换单元转换效率要素

影响代促销活动资源转换单元转换效率的要素包括促销活动资源转换单元所需要的重要能力、促销活动资源转换单元的运作流程与技术及促销活动资源转换单元中的策略，外部因素也对促销活动资源转换单元有影响，但因为不同企业的促销活动资源转换单元所面对的外部因素也不同，差异较大，这里不做进一步阐述。

9.5.1 促销活动资源转换单元所需要的重要能力

促销能力是一种综合能力，不同企业差别很大，此项能力优秀的企业面对同样水平的推介，会有更好效果。促销能力如果分解来看，可以分成下列这些能力。当然，在实际商业模式分析中，一般给予综合评价。

❖ 市场调研与分析能力

它包括对市场信息进行收集、对市场需求进行分析，以及对竞争对手动态、目标客户群体特征和行为习惯进行研究的能力。一些大型品牌消费品公司在这方面有很强的能力，有专门研究机构，研究水平甚至可以与学术机构相媲美。

❖ 各类广告媒体运用能力

它包括充分利用广告媒体进行各类广告宣传、数字营销(SEO、SEM、社交媒体营销、内容营销)的能力。这项能力要求企业推广人员能够掌握广泛的媒体关系。

❖ 销售渠道管理与促销策划能力

它包括销售渠道管理、促销活动策划和执行、公关活动策划与执行等方面的能力。这需要有相应执行力、客户关系管理与跨部门协作能力。

❖ 创新与创意能力

创新和好的创意有利于提高促销活动资源转换单元效果，创新与创意能力包括促销手段创新、促销渠道创新、广告手段和创意创新、对外部舆论环境创新性利用等方面的能力。在市场竞争越来越激烈、流量资源越来越来昂贵的现在，平庸的促销活动资源转换单元已经越来越没有经济性，对创新与创意能力的要求也越来越高。

9.5.2　促销活动资源转换单元运作流程与技术

❖ 促销活动资源转换单元运作流程

企业组织和管理促销活动资源转换单元需要遵循一定运作流程和原则，以确保促销活动资源转换单元运作成功和高效。以下是一些常见的促销活动资源转换单元运作流程。

(1)明确促销目标。它包括以下内容：具体化目标，如设定在特定时间段内提升销售额的具体百分比，或增加一定数量的新用户；与整体战略对齐，如确保促销目标与企业长期和短期营销目标保持一致等。

(2)市场调研与分析。它包括以下内容：目标市场研究，即深入了解目标市场顾客特征、需求和购买行为；竞争分析，即研究竞争对手的促销策略和活动，了解它们的优势和劣势；市场趋势分析，即关注行业动态和市场趋势，以便及时调整促销策略。

(3)制定促销策略。它包括以下内容：选择促销手段，即根据产品和市场特点，选择最合适的促销手段，如价格折扣、买一送一、限时优惠等；确定促销时间，即考虑季节性、节假日、竞争对手的活动时间等因素来确定促销时间；设计广告和宣传材料，即创作吸引人的广告文案、图像和设计，确保宣传材料能够吸引目标市场的注意。

（4）预算规划。它包括以下内容：详细列出所有成本，包括广告制作费用、媒体购买费用、人员工资、场地租金、物料制作费用等；设定预算限制，即根据企业的财务状况和促销目标设定合理的预算限制。

（5）团队组织与分工。它包括以下内容：组建团队，选择具备相关技能和经验的团队成员，确保团队具备开展促销活动所需能力；明确职责，即为每个团队成员分配明确的职责和任务，确保活动顺利进行；建立沟通机制，设立定期团队会议和沟通渠道，以便及时解决问题和分享信息。

（6）活动执行与监控。它包括以下内容：活动前准备，确保所有宣传材料、场地布置、产品库存等都已准备就绪；实时监控，即在活动进行期间密切关注销售数据、顾客反馈和竞争对手动态，以便及时调整策略；制订应急计划，以应对可能出现的意外情况，如产品缺货、技术问题等。

（7）效果评估与总结。它包括以下内容：收集数据，即收集活动期间销售数据、顾客反馈和其他相关信息；分析效果，即评估活动是否达到预期目标，分析成功和失败原因；总结经验，即记录活动过程中成功的经验和失败的教训，为未来促销活动资源转换单元运作提供参考。

（8）持续改进与创新。它包括以下内容：持续学习，关注行业内最佳实践和创新趋势，不断提升促销活动资源转换单元运作效果；优化策略，即根据市场反馈和数据分析结果优化促销策略和活动方案；创新尝试，即鼓励团队提出新想法和创意，勇于尝试最新促销手段和形式。

总之，企业组织和管理促销活动需要全面规划和执行，包括明确促销目标、市场调研与分析、制定促销手段、预算规划、团队组织与分工、活动执行与监控、效果评估与总结，以及持续改进与创新。通过有效组织和管理，企业可以成功地吸引顾客和满足顾客需求，实现销售和市场份额增长。

❖ 促销活动资源转换单元中的技术

促销活动过程涉及很多技术，这些技术往往体现了当时前沿技术特征。在农业时代，促销主要依赖口碑传播和直接接触，口头传播、集市推广、手写广告是主要的技术手段；在工业时代，印刷媒体、广播电视、直邮、公关活动得到广泛的应用；在信息时代，数字技术的迅猛发展极大地丰富了企业促销手段。下面列举一些信息时代常见的促销活动资源转换单元中的技术。当然，传统的促销技术仍然在使用，只是重要性和使用程度有所下降，对此这里不再介绍。

（1）信息化数据收集技术。收集顾客数据是开展信息化促销活动的基础，有多种方式可以收集顾客数据，包括移动定位、二维码和 NFC 技术、物联网、在线客服和聊天机器人、顾客网络搜索和浏览数据等。

（2）人工智能技术。人工智能技术是一种基础性技术，其本质是可以替代人类开展各类工作，被广泛应用在各种促销场合和促销活动中。

（3）大数据分析与数据挖掘技术。通过大数据分析与数据挖掘，可以了解顾客行为习惯、兴趣偏好和消费模式，帮助企业精准识别潜在顾客，并为不同类型顾客量身定制促销活动。

（4）社交媒体营销。利用社交媒体平台（如微信、微博、Facebook、Instagram 等）进行品牌推广和互动，能够快速提高企业知名度和美誉度。通过社交媒体广告、网红营销、管理用户生成内容等，企业可以吸引大量潜在顾客关注，增强品牌影响力。

（5）搜索引擎优化（SEO）和搜索引擎营销（SEM）技术。通过 SEO 和 SEM 技术，企业可以提高其在搜索引擎结果页面排名，增加网站流量。精准关键词广告投放能够吸引对企业产品或服务感兴趣的潜在顾客，促进其转化为知道顾客和认同顾客。

（6）电子邮件营销。电子邮件营销是一种成本较低且效果显著的促销技术。企业可通过发送个性化促销邮件、新闻通信和产品推荐邮件与潜在顾客保持联系，增加顾客品牌认同感和购买意愿。

（7）移动应用与位置服务技术。通过开发企业移动应用，企业可以向顾客提供更便捷购物体验和个性化促销信息。利用位置服务技术，企业可以向附近潜在顾客发送限时优惠信息，吸引其到店消费。

（8）虚拟现实（VR）和增强现实（AR）技术。利用 VR 和 AR 技术，企业可为顾客提供沉浸式产品体验，增强顾客对产品的认同感和购买欲望。例如，通过 AR 技术，顾客可以在虚拟环境中试穿衣服或体验产品功能，从而提高购买决策效率。

（9）客户关系管理（CRM）系统。通过 CRM 系统，企业可以记录和分析顾客互动历史，了解顾客需求和偏好，提供更有针对性的促销活动。CRM 系统还可以帮助企业管理和维护与顾客的长期关系，提高顾客忠诚度。

（10）内容营销。企业可以通过视频、白皮书、电子书等形式提供有价值的内容，吸引潜在顾客关注。优质内容不仅可以提高企业品牌认知度，还可以增强顾客信任感和认同感，促进顾客做出购买决策。

上述促销技术实际上是相互交叉的，涉及不同层次。例如，信息化数据收集技术和人工智能技术是其他所有促销技术的支持，而社交媒体营销也与移动应用是结合使用的，这里只是强调这些技术在促销活动中的广泛应用。实际上，从事促销活动的广告和媒体行业在各个时代都是应用新技术的先锋。

9.5.3　促销活动资源转换单元中的策略

为了保证促销活动资源转换单元正常进行，企业通常会制定一些策略，旨在指导促销活动资源转换单元能按企业规划得到有效执行。下面列举一些常见策略，但并不意味着所有促销活动资源转换单元应全部采用这些策略，而是要根据企业促销活动资源转换单元模式、方法并结合企业自身情况选择性地组合使用。

❖ 高密度广告轰炸策略

高密度广告轰炸策略是在短时间内通过高频次、广覆盖的广告投放，使目标市场中的潜在顾客快速了解并记住品牌或产品，从而迅速占领市场的促销策略。

这一促销策略要点如下：

◆集中投入。在特定时间段内集中进行广告投放，形成广告轰炸效应；广告频次高，确保目标顾客在短时间内多次接触广告信息。

◆多媒体覆盖。广告投放覆盖电视、广播、互联网、社交媒体、户外广告、印刷媒体等多种媒体渠道，确保广告信息能够广泛传播。

◆信息简洁。传播信息简洁明了，易于目标顾客快速理解和记忆。

◆预算充足。这需要有较高的广告预算支持，以满足高频次、多媒体广告投放需求。

◆市场调研充分。要进行充分市场调研，了解目标顾客与媒体接触习惯和信息接受偏好，在此基础上对各种媒体广告要有详尽规划，确保广告投放协调和覆盖效果最大化。

◆监测和评估效果。要进行密切的广告效果监测和评估，确保广告投放有效性和投资回报。

高密度广告轰炸策略能够在短时间内迅速提高品牌知名度和市场影响

力，对于吸引潜在顾客和提高品牌认知度效果显著。然而，由于广告信息通常较为简洁，对于培养认同顾客和意愿顾客的效果可能相对较弱。因此，企业需要在后续阶段通过促销活动资源转换单元其他操作形式（如开展公关活动、销售促进、个人促销等）来进一步强化顾客品牌认同和购买意愿。

❖ 事件促销策略

事件促销策略是通过策划和举办引人注目的事件或活动，吸引目标市场中的潜在顾客参与和关注，以提高品牌、产品或服务的知名度和市场影响力，最终推动销售和客户转化的促销策略。

这一促销策略要点如下：

●策划事件。根据目标市场特点和需求，策划具有吸引力和参与度的事件或活动，这需要策划人有敏锐的社会观察力，知道社会的舆论热点在哪里，需要有极高的想象力和创意能力。

●专业执行。要确保活动执行专业且有序，包括场地布置、活动流程、人员安排等，好策划也要有优秀执行才可实施。

●互动与参与。事件促销需要舆论持续关注，这不能只由促销方推动，还需要社会参与，因此要设计互动性强的活动环节，增强顾客参与感和体验感。

●媒体宣传。在活动前、中、后，通过电视、广播、互联网、社交媒体、户外广告等多种媒体渠道进行宣传和报道，扩大活动影响力。

●信息传达巧妙。要把企业和产品信息无痕迹地置入事件过程中，使顾客在不设防情景下了解品牌核心价值和产品特点。

●资源整合。要充分整合合作伙伴和赞助商资源，降低活动成本，提升活动效果。

●监测与评估效果。事件一旦展开，企业可以从中施加影响，使之保持合理发展方向。但在实施过程中，事件发展往往有自己的规律，有时则会出乎预料，企业要通过问卷调查、现场反馈、线上互动等方式进行监测与评估，以免失去控制。

公众对于广告有天然心理抵御，而事件促销会减少这种心理抵御，通过开展社会参与度高和互动性强的活动，迅速吸引潜在顾客注意力，提高品牌知名度和认知度，有助于潜在顾客向知道顾客和认同顾客转化。然而，单次活动影响力有限，需结合后续公关活动、销售促进、个人促销等方式，进一步强化顾客品牌认同和购买意愿，最终实现从潜顾客向意愿顾客转换。

❖ 体验式促销策略

体验式促销策略是一种通过让顾客亲身体验产品或服务方式，帮助他们深入了解产品特性和优势，从而提升品牌认知度和顾客忠诚度的促销策略。它的核心是通过实际体验，让顾客在真实场景中感受产品价值和独特之处，激发其购买兴趣和意愿。

这一促销策略要点如下：

● 传达产品信息。确保顾客体验的真实性和完整性，传达正确的产品信息，让他们能够真实感受到产品功能和优势，充分了解产品信息。

● 激发参与感与乐趣。在体验过程中可以模拟产品实际使用场景，通过设计互动性强的体验环节激发顾客参与感和乐趣，让顾客有更多快乐体验。

● 建立情感联接。通过真实体验，顾客与产品和品牌之间还会建立一种情感联接。例如，在体验活动中，品牌通过贴心服务和互动，能让顾客感受到品牌关怀和重视，增强情感上认同，从而对企业和产品更加信任。

● 个性化。根据不同顾客需求和偏好提供个性化体验方案，提高体验针对性和有效性。

● 培训和引导。安排专业人员进行现场指导和讲解，帮助顾客更好地理解和使用产品，增强体验效果。

● 效果跟踪。对体验活动进行效果跟踪和反馈收集，了解顾客体验感受和改进建议，不断优化体验活动。

体验式促销策略旨在通过深度体验，使潜顾客和知道顾客能够深入了解产品独特优势和使用效果，增强品牌认同感，从而转化为认同顾客。此外，真实的产品体验能够有效激发顾客购买兴趣和欲望，提升他们的购买意愿，使其转化为意愿顾客。

❖ 会员专享促销策略

会员专享促销策略是一种通过为企业会员提供专属优惠和特权，提升会员忠诚度和满意度的促销策略。目的是通过为会员提供特别待遇，增强会员对品牌的依赖性和购买意愿，从而提高客户留存率和销售量。

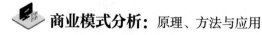

这一促销策略要点如下：

●会员招募。通过多种渠道(如网站、实体店、社交媒体等)积极招募新会员，并提供加入会员的激励措施，如首次购物折扣、注册即送礼品等。

●提供专属优惠。定期为会员推出专属折扣、赠品、优惠券等，以确保会员感受到独特价值。

●组织会员活动。定期组织会员专享活动，如新品发布会、会员日、会员专场促销等，增强会员参与感和归属感。

●个性化服务。利用会员数据分析提供个性化推荐和服务，提升会员购物体验。

●建立积分体系。建立积分奖励体系，如会员每次消费都能累计积分，积分可用于兑换礼品或抵扣消费，以鼓励重复购买。

●沟通互动。通过邮件、短信、App 推送等方式，定期与会员沟通互动，传递最新优惠信息和品牌动态，增强会员品牌认同感。

●确保数据安全。确保会员个人信息和数据安全，建立严格隐私保护机制，提升会员对品牌的信任度。

●控制成本。在这一策略下，花费在每位会员上的成本会比较高，需要准确测量每位会员的促销投入产出比，控制促销成本，增加每位会员的产出。

会员专享促销策略通过为会员提供独特价值和待遇、持续专属优惠和个性化服务，提升会员对品牌认同感和忠诚度，稳定意愿顾客规模和质量。此外，会员口碑传播和推荐效应也有助于吸引更多潜在顾客加入会员体系，实现从潜顾客到意愿顾客的良性循环。尽管按会员计算的促销成本较高，但是促销范围比较容易控制，因此这种策略可以较好地控制促销总成本。

❖ 联合促销策略

联合促销策略是指两个或两个以上的企业为了共同市场目标和利益，通过资源共享、优势互补、市场协同等方式，联合开展促销活动的一种促销策略。此策略通过整合各方品牌影响力、市场渠道和促销资源，达到扩大市场覆盖面、提升品牌价值、增加销售量等目标。

这一促销策略要点如下：

●选择合作伙伴。选择合适的合作伙伴是联合促销成功的关键。合作伙伴应在目标市场、品牌形象、产品特性等方面具有互补性和协同效应，不能有冲突。

🔹明确合作目标和策略。在开展联合促销之前，合作双方应明确具体合作目标，如提升品牌知名度、增加市场份额或推动新产品上市等。同时，制定详细促销策略，包括市场定位、目标客户群、促销方式、资源分配等。

🔹整合资源。联合促销需要双方共同投入资源，如广告预算、市场渠道、客户数据等。通过资源整合，能够最大化地发挥各自优势，提升促销活动资源转换单元效果。

🔹签订协议。在开展联合促销前，各方应签订详细合作协议，明确各自权利和义务，确保合作过程公平和透明。

🔹制订详细计划和分工。双方应制订详细促销计划，明确各自职责和任务，确保促销活动顺利实施，包括制定时间表、活动方案、宣传材料、销售政策等。

🔹建立沟通机制。为了确保联合促销的顺利进行，双方应建立良好的沟通机制，及时沟通和解决可能出现的问题，保持信息透明和共享。

🔹评估和调整。促销活动结束后，双方应共同评估促销效果，总结经验教训，并根据评估结果对未来促销活动进行调整和优化。需要注意的是，联合促销要保持品牌独立性，避免过度依赖合作伙伴，确保品牌个性不被稀释。

联合促销策略具有比较均衡的促销效果，通过联合促销，合作双方的品牌形象和知名度能够得到相互提升；可以整合双方市场资源，覆盖更广市场区域和顾客群体，从而增加潜在客户数量；可以有效提升目标顾客购买意愿，从而转化为实际销售，提高销售量和市场份额；能够分摊促销费用，降低单个企业促销成本，提高资源利用效率，达到事半功倍效果；联合促销需要双方共同创新促销方式，这有助于激发企业创新能力，提升市场应变能力和竞争力。

❖ 限时折扣促销策略

限时折扣促销策略是指在短时间内提供大幅度折扣或特别优惠，激发目标市场中的顾客立即购买产品或服务，从而在短期内迅速提高销售量和市场占有率的促销策略。

这一促销策略要点如下：

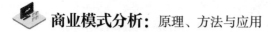

◆选择合适促销时点和时段。通常在购买峰谷和峰顶时期开展促销活动比较容易引起关注，确定的促销时间段也不宜太长，以保持活动新鲜感和紧迫感。

◆提供吸引力强的折扣。提供具有吸引力的折扣力度，如50%折扣、买一送一、满减优惠等，以吸引顾客注意。

◆多渠道宣传。要配合使用多种渠道进行宣传，确保所有目标顾客都能收到促销信息，或者固定时间进行宣传，让顾客形成购买习惯。

◆做好收入成本测算。因为多渠道宣传及折扣力度大，所以要进行严谨财务分析，确保在吸引顾客同时不影响企业利润。

◆做好库存和供应链管理。提前准备充足库存，保证供应链顺畅运作，及时补充库存，避免因供应问题影响促销效果。

◆客户服务准备。增加客服人手，提前培训客服人员，确保他们能够快速应对顾客在促销期间的咨询和投诉，提供优质顾客服务。

限时折扣促销策略由于折扣力度大且时间紧迫，容易激发目标市场中的潜顾客、知道顾客、认同顾客迅速转变为意愿顾客。然而，由于促销活动时间短，因此它对于培养认同顾客和长期品牌忠诚度可能效果有限。企业需要在促销结束后通过开展会员活动、售后服务、公关活动等手段，进一步巩固顾客对品牌的认同感和忠诚度，促进顾客持续购买。

❖ 病毒式促销策略

病毒式促销策略是指通过顾客之间自发传播，使企业品牌或产品信息迅速扩散的促销策略。利用社交网络传播特性，以低成本、广覆盖方式使信息像病毒一样迅速传播开来，从而达到提高品牌知名度和市场影响力目的。

这一促销策略要点如下：

◆创造有吸引力内容。内容要有趣、独特、富有创意，能够引起目标顾客兴趣和共鸣，从而自发地在他们社交网络上进行分享。

◆鼓励分享。在内容中设计鼓励分享机制，如提供优惠、抽奖活动、奖励计划等，激励顾客主动将信息传播出去。

◆利用社交媒体。充分利用各种社交媒体平台，如微信、微博、短视频平台等，扩大信息传播范围。

◆互动性强。设计互动性强的内容，如游戏、测试、问卷等，使顾客在参与过程中自然而然地分享和传播信息。

♠口碑营销。通过意见领袖、网红等具有正面影响力的个人来传播信息，借助他们的影响力快速扩散。

♠监测和调整。因为是一种"传染性"传播，所以其过程不易被控制，但企业也应该实时监测传播效果，做好应对预案，并给下次制定促销方案提供经验。

病毒式促销能够快速将信息传播出去，使潜在顾客转换为知道顾客甚至认同顾客，或者增加潜顾客规模。例如，一家原来只是区域经营的网红餐厅，潜顾客范围只限本地区，但在经过病毒式促销后形成全国知名度，该企业也因此调整战略，把经营范围从区域扩大到全国加盟，从而大大增加潜顾客范围。病毒式促销对于增加认同顾客和意愿顾客也有明显效果。实施病毒式促销的成本一般不是很大，难点在于创意开发和设计。

各种促销活动资源转换单元各有其特点，高密度广告轰炸策略的促销效果比较确定，可以在规定时间内达到促销目的，但不容易建立顾客美誉度，资金投入也比较大；事件促销策略和病毒式促销有时会起到出乎预料的效果，而且成本较低，但不易控制，不一定能与企业其他活动如生产活动、渠道活动协同，有可能贻误市场机会；体验式促销、会员专享促销、限时折扣促销等策略吸引顾客效果较好，但影响面较小，操作较为复杂。在实际促销活动资源转换单元中，应根据促销目的、预算和当时市场情况进行组合使用，以达到最佳效果。

　　产品交易活动是企业经营中的关键活动，是指企业为实现产品或服务的交换、销售和交付而进行的一系列活动。产品交易活动资源转换单元涵盖了从交易市场选择、产品定价、合同签订、订单处理、支付到现场产品组织和产品交付等环节，旨在促成产品价值的实现和顾客需求的满足。高效的产品交易活动资源转换单元是企业实现资源增值、整体盈利的最后"惊险一跃"，是推动企业在竞争激烈的市场中获得持续发展的关键。

　　几乎所有企业都有产品交易活动，但不同企业的产品交易活动资源转换单元是有区别的。有些企业产品交易活动是跨部门的，如全员销售企业，企业中所有部门的员工都参与销售；不同企业产品交易活动在要素构成上也存在较大差别，如有些是现场交易，有些是跨空间交易，有些是即时性交易，有些是跨时期交易。显然，用同一种模式来分析不同企业的产品交易活动资源转换单元是不合适的。

　　本章内容只是说明在一般情况下，企业产品交易活动资源转换单元分析的一般情景，作为进一步分析产品交易活动资源转换单元的一个示例，具体到每个企业，其产品交易活动资源转换单元设置和范围应根据企业运营的实际情况进行划分和分析。

10.1　产品交易活动资源转换单元的重要性

交易活动是指交易双方进行资源交换的行为，大多数情况是一方用资金与另一方非货币资源进行交换，因为货币化资金作为人类一项重大发明，是经济活动中价值衡量的通用标准，是交易活动资源转换单元中最常见的中介资源。但也并不总是如此，有时候也会出现资金之间的交换，如外汇交易，或者都是非资金资源之间的交换，如"以货易货"交易。交易中非资金形式的交换资源，我们习惯称为交易标的，可以是实物产品、服务产品、原材料和零配件或其他资产，交易活动资源转换单元通常伴随着对这些标的的权利转移，可以是所有权，也可以是使用权、受益权等。企业的交易有多种类型，有与供应链发生的交易活动，也有与合作者发生的交易活动，甚至在企业内部也有与内部员工和部门进行的交易活动，但在本章中，我们重点讨论产品交易活动，因为产品交易活动是各类交易活动中最重要的一类。

10.1.1　企业进行交易活动的目的

企业进行交易活动的目的之一，获取企业经营必需的资源，以维持企业经营活动的正常进行，如采购企业经营所需的各种原材料、零配件与产品。

企业进行交易活动的目的之二，把企业所生产的产品销售给市场，重新换回资金，实现企业盈利。

企业进行交易活动的目的之三，优化企业资源结构，如业务板块并购。

其他目的还包括：购买财产保险，以管理经营风险；完成环保服务、碳排放目标，以实现社会责任等。

10.1.2　企业进行交易活动的本质特点

交易活动是双方基于市场规则，以互利方式进行资源交换。所谓"市场规则"就是交易准则，是受社会惯例和法律体系支持的相关规定，或是双方在交易契约中的各项约定；所谓"互利"就是交易各方是自利、自愿的，以强制方式导致的非自愿交易规则不在本章所讨论范围内。

这就出现一个问题：为什么双方都能同时在交易中实现自利？这是因为双方资源价值评价体系不一样。如一台冰箱，企业会以投入冰箱研发、生产过程中的全成本来评估其价值，顾客则会根据自身情况，从使用效用角度去评估其价值，当顾客评估价值大于企业评估价值时，就会存在一个中间交易价格，如果双方以此价格交易，则都能获利。

10.1.3　交易活动资源转换单元对企业经营的作用

在本章中，我们重点讨论企业把自己所生产产品，包括实物产品和服务产品，销售给顾客，换取资金的交易活动。产品交易活动资源转换单元对于企业来说是最重要的一类活动资源转换单元。

在现代市场经济环境中，企业经营成功的标准，就是用企业在产品交易活动资源转换单元中获得的资金收入减去全部经营活动成本后的盈余来衡量，因此产品交易活动资源转换单元成果如何，是企业进行经营核算的关键。

产品能否最终与顾客达成交易，从而顺利实现销售，也是企业经营中最难和最不受控制的一个环节。马克思曾经说过，从商品到货币的过程是企业在经营中的"惊险一跃"，具有很大不确定性。为了减少这种不确定性，就要对交易活动资源转换单元进行精心设计和运作，从而降低企业经营风险。实际上，产品交易模式是商业模式中最重要的一个子模式，也是人们研究较多的环节。

10.2　产品交易活动资源转换单元基本要素

本节涉及产品交易活动资源转换单元基本要素。为简便起见（如无特殊说明），本章后面的"交易活动"均为"产品交易活动"。交易活动可以是逐项进行的，也可以是连续进行的，而连续交易活动可以看成由多个逐项交易活动密集发生形成的。本节主要说明按项目进行的交易活动内容。

10.2.1　产品交易活动资源转换单元要素内容

产品交易活动资源转换单元一般包括下列基本要素。

❖ 交易主体

交易主体是指参与交易的双方或多方。交易中付出货币一方通常被称为买方，交易中提供产品一方通常被称为卖方。尽管大多数交易都是一个买方、一个卖方，但是并不排斥可以同时有多个买方和卖方。此外，也存在双方交换的都是非货币产品这种情况，一般以产品流通性大、接受范围广的一方作为买方，另一方作为卖方。

❖ 交易标的

交易标的是指交易过程中卖方提供的交换对象，可以是有形商品(如产品、设备)或无形商品(如服务、知识产权)，也可以是由标的衍生出的权利(为简便起见，也被称为交易标的)，如一幢房屋在未来几年的使用仅是可以单独进行交易的。交易标的要有数量和品质规定。

❖ 交易价格

交易价格是指交易标的可以交换的货币量。交易价格可以用一个量表示，也可以用单价乘以数量的方式表示。

❖ 价格形成方式

交易价格可以通过多种方式形成，通常是由卖方标注标的价格，也可以通过谈判、拍卖或根据市场情况按某种方式调整来确定，甚至可以有多种方式同时使用。

❖ 交易市场

交易活动离不开市场。在传统经济中，市场是一个有形场地，买方与卖方在该场地中进行交易，具有同时、同地特点，但在现代经济中，由于网络技术、数字技术、各种电子机械设备的运用，以及交易规则越来越完善，交易市场可以是异地、异时，甚至是虚拟的，如电商平台。但无论如何，市场是交易进行的必需要素，不可或缺。在交易市场中，相关法律、法规和规章制度是一个重要部分，用于规范市场中的交易行为，保护交易各方合法权益。

❖ 交易合同

交易合同是交易双方所达成的书面或口头协议，明确规定了交易标的、价格、数量、交付条件、支付方式和违约责任等内容，是保证交易活动顺利进行的法律证据。在一些常规化的市场中，交易合同是制式的，或者没有成文的合同，而是按行业惯例规定，其实质与合同是一样的。

❖ 支付方式

支付方式是指买方支付交易价格的方式，常见的支付方式包括现金支付、银行转账、信用卡支付、电子支付等。

❖ 交付方式

交付方式是指卖方向买方交付交易标的方式和时间安排，可以是一次性交付或分期交付，也可以是连续性交付，或者是按某种条件进行交付等。

❖ 中介机构

在交易活动中，很多中介机构也是必要的。例如：金融机构，保证交易中的支付，提供资金融通等；保险和担保公司，为保障交易顺利进行提供风险控制，其中还可能涉及信用评估和担保措施，如信用证、保证金、抵押等；会计事务所，提供交易活动中的财务服务；律师事务所，提供相关法律服务；经纪公司和拍卖公司，为买卖双方达成协议提供撮合服务等。

10.2.2　交易要素不同构成不同交易活动资源转换单元

企业在进行交易活动时，上述每项基本要素都是需要企业去分析和选择的，不同的交易活动要素构成意味着企业在商业模式上的区别。

一家生产冷冻食品的企业可选择 A、B 两种不同的交易活动资源转换单元，如表 10-1 所示。

表 10-1　不同交易活动要素产生两种交易活动资源转换单元示例

交易活动要素	A	B
交易对手	电商平台上的消费者	经销商
交易标的	冷冻食品+售后服务	冷冻食品，一般没有售后服务
交易价格	较高	较低
价格形成	随行就市，经常变动，主动定价	协商定价，长期合同

续表

交易活动要素	A	B
交易市场	电商平台	线下交易
交易合同	按行规和消费者权益保护相关法律	双方协商
支付方式	现付	按约定定期支付
交付方式	通过第三方电商物流零星交付	通过专门的商业物流批量交付
涉及的中介	电商平台	银行承兑，可能还涉及法律和会计服务

通过上面案例和表 10-1 可知，两种交易方案中的交易活动要素存在较大差异，结合表中要素说明我们知道，即使是在销售形式上相同的产品，也可以因为要素不同而设计出具有很大差异的交易活动资源转换单元。

10.2.3 交易活动资源转换单元与收入模式的关系

在商业模式分析中，经常会谈到收入模式。收入模式是指企业通过产品或服务创造收入的策略和方法，包括销售哪些产品、销售方式、定价策略，以及向哪些类型顾客销售等。一般收入模式可以完全体现在交易活动的基本要素中，两者的对应关系如下：交易主体涉及把产品销售给什么样的顾客，交易标的涉及销售哪些产品，交易市场、合同、支付方式、交付方式、中介机构涉及销售方式，交易价格和价格形成方式涉及定价策略。

所以，对交易活动要素进行详细分析就可以揭示企业商业模式的收入模式。

10.3 产品交易活动资源转换单元资源投入

10.3.1 设施资源投入

企业产品交易活动资源转换单元需要一定设施资源作为基础，下面是常见活动中需要投入的设施资源(但不限于这些)：

❖ **品牌**

品牌形象代表了企业质量承诺和价值观念，能够在市场上形成差异化竞争优势，帮助产品在众多竞争对手中脱颖而出。较高的品牌知名度和美誉度能够提升消费者购买信心和信任感，增加顾客购买率，提高产品溢价水平；在面对市场波动和竞争压力时，优势品牌所形成的顾客忠诚度还能提供一定的缓冲和保护作用，使企业保持和扩大市场份额。此外，在交易活动资源转换单元中，品牌不仅能吸引消费者，还能增强销售渠道的信心和合作意愿，让渠道合作伙伴更倾向推销本企业产品。

❖ 顾客基础

顾客基础是指已经购买过企业产品的那些顾客，在支持产品交易活动资源转换单元中具有重要作用。一是，老顾客有一定复购率，可以为企业提供稳定的销售规模；二是，企业与老顾客的交易成本要比新顾客低很多，因为老顾客已经对企业和产品有一定了解，甚至建立了一定忠诚度，企业可以节约很多广告和促销成本；三是，认可企业产品的老顾客甚至还帮助企业进行口碑传播，扩大企业市场影响力。研究表明，必胜客老顾客购买力约是新顾客的三倍。

❖ 渠道

渠道是指产品交易活动的"现场"，可以是线下实体店，也可以是线上交易平台。渠道为产品与目标顾客交易提供媒介，是交易活动资源转换单元中必不可少的基础设施。没有渠道，交易就无法发生。因此，渠道覆盖越广泛、越具有多样性，就越能确保产品高效地到达目标市场和消费者手中。渠道的性能也会影响交易的发生，好的渠道可以方便交易，提高交易效率，降低交易成本，从而促进交易，反之则会影响交易。经常出现这样一种情况，企业促销活动做得很好，或者产品性能非常好，但由于渠道没有建设好，销售无法达到预期。

❖ 市场信息与交易系统

市场信息是指企业所收集的关于消费者行为、市场趋势、竞争对手动态等关键数据，能为企业决策提供科学依据。交易系统是确保交易活动能够顺利开展的设施，包括订单处理、库存管理、物流跟踪和客户服务等环节。市场信息经常是与交易系统融为一体的，两者协同作用有助于企业实时监控销售业绩和市场反应，及时调整销售策略和运营计划。例如，通过大数据分析和模型预测，企业可以洞察潜在市场机会和风险，提前制定应对措施，而现代交易系统的先进系统与技术，如电子商务平台和移动支付手段，可以拓宽销售渠道，改善客户的购买体验。一些品牌连锁企业，如瑞幸咖啡、蜜雪冰城、7-11便利店等，可以在短时间内扩张成千上万家店，离不开始市场信息与交易系统的支持。

❖ 销售团队

销售团队是产品交易活动的执行者，是企业与客户之间的直接联络点，其通过专业销售技巧和市场洞察力，能够有效地将产品和服务推向市场。优秀的销售团队能够与顾客建立良好而长期的关系，有利于提高顾客忠诚度和购买率，降低销售成本，还能够为企业提供宝贵的市场信息，帮助企业及时调整产品策略和市场定位。很多企业的销售团队人员很多，如大多数保险企业、直销企业及做直播的企业，其销售团队员工数量和质量是实现销售目标的重要保证。

10.3.2 流量资源投入

下面是企业产品交易活动资源转换单元所投入的常见流量资源（但不限于这些）。

❖ 产品

产品交易活动资源转换单元能够获得销售收入的主要原因是为顾客提供了产品，因此，产品是交易活动的核心和不可或缺要素，直接决定了交易活动的具体内容，在很大程度上影响了交易价值和结果。

在交易活动过程中，不仅产品数量影响销售收入，而且产品品质和特性也直接影响销售收入。同样数量的产品，因为产品品质不同，其销售收入可能差距巨大。看着相似的女士手包，因为品牌、做工和款式不同，价格可能会相差数百倍甚至上千倍。此外，产品品质和特性还关系到顾客的购买行为和品牌忠诚度，从而影响购买率。因此，高质量产品有助于企业在市场中树立良好声誉和建立竞争优势，提高销售收入。

产品作为交易活动资源转换单元中的流量资源投入还要考虑到可交易性，要能够适时地投入交易场景中。例如，企业计划在旅游景点销售饮料，但这些饮料存放在库房中，因为物流因素不能被及时投入销售现场，这些饮料就是缺乏交易性的资源，最终会影响交易活动。

这里所说的产品既包括实物产品，也包括服务产品，要注意服务产品具有即时性和不可存储的特点。

❖ 运营费用

在产品交易活动资源转换单元中，运营费用作为流量资源投入，发挥着重要作用。没有运营费用，整个产品交易活动就像没有燃料的汽车一样无法启动。产品交易活动资源转换单元中的运营费用涵盖交易活动过程中的人员费用、租赁费用、耗材费用、现场办公和物料费用、招待费用、保险费用、培训费用、现场的物流和仓储费用，以及其他与交易活动相关的杂费等，有时候交易提成费用也包括在运营费用中。一般情况下，交易活动的运营费用可能占到销售收入的1%~10%，有些产品，如化妆品、保健品和奢侈品等，比例可能会更高。

运营费用除与产品有关外，还与交易方式有关。直销模式的运营费用会较高，批发模式会较低，店铺销售模式则介于两者之间，在店铺销售模式中，线上交易模式的运营费用又低于线下交易模式。

需要说明的是，设施资源维护费用一般不属于运营费用，因为这些费用也是流量资源，主要用来使某些设施资源恢复和发展其数量与性能，考虑到这些设施资源并不仅仅在某一个资源转换单元中发挥作用，设施资源维护宜作为一个单独的设施资源发展活动资源转换单元来分析。

10.4 产品交易活动资源转换单元资源产出与影响

10.4.1 流量资源产出

下面是企业在产品交易活动资源转换单元中所产出的常见流量资源（但不限于这些）。

❖ 销售收入

销售收入在产品交易活动资源转换单元中是最主要的资源产出，体现为企业通过交易产品或服务获得资金资源，它是衡量企业市场表现和经营成果的关键指标之一。销售收入为企业提供了必要的资金支持，这些资金可以用于支付原材料采购、员工工资、运营费用及设施维护等各项开支，从而维持企业正常经营和持续发展。

❖ 其他流量资源

除了销售收入，产品交易活动资源转换单元还能产生其他一些流量资源。

（1）实时顾客流量。这是在交易现场出现的顾客流量，其实也是一种

商业模式分析：原理、方法与应用

资源，是伴随交易活动而产生的，一旦交易活动结束，实时顾客流量也会同时消失，但这个资源可以利用，最典型的应用就是同时搭售其他相关产品，将实时顾客流量资源转换成相关产品销售收入。例如，在淘宝上交易产品时，会出现"顺手买1件"选项，并将相关商品链接推送给顾客，这就是一种搭售行为。

（2）顾客预付金。预付金是顾客提前交给企业的一种资金，用来锁定一些顾客权益（如优惠权、优先购买权等），这些资金本质上仍然属于顾客所有，但在没有完成消费之前是可以利用的。在有些场景下，顾客预付金金额大、存放时间长，对于企业经营来说是一种非常有价值的资金。

10.4.2　设施资源产出影响

企业产品交易活动资源转换单元也会对一些设施资源产生一定的产出影响，下面是常见的设施资源产出影响（但不限于这些）。

❖ 对品牌的影响

品牌不仅作为设施资源投入支持产品交易活动资源转换单元，其本身也受企业开展产品交易活动影响。

产品交易活动资源转换单元对品牌的影响是多维度且深远的。每一次成功的交易活动都是品牌承诺的一次兑现，销售团队的专业表现和服务质量直接影响消费者对品牌的感知，可以强化品牌与顾客之间的情感联接，有利于强化品牌地位。此外，交易活动还通过顾客反馈和市场响应为企业提供宝贵的信息，帮助企业调整品牌定位和策略，确保品牌与目标市场建立的关系能够持续而稳定。一般来说，成功的交易活动越多，品牌就越能够得到强化；反之，不成功的交易活动也会影响品牌资源，甚至会损害品牌形象，而长期没有交易活动，品牌则有逐步退化的可能。所以，产品交易活动对品牌的影响是显著的，但也是复杂的。

❖ 对顾客基础的影响

顾客基础不仅作为设施资源投入支持产品交易活动资源转换单元，其本身也受企业开展产品交易活动影响。

产品交易活动资源转换单元直接扩大顾客基础，交易活动越多，顾客基础就正向增长，其影响在数量上是非常直接的。在这个过程中产品交易活动会影响顾客基础特性，主要表现：一是交易活动会影响顾客基础类型，需要考虑这个类型是不是企业营销计划的目标顾客。例如，某保健品企业计划以高收入城市的中年顾客作为自己的目标顾客，但经过一段时间销售后，发现产品主要被顾客作为礼品赠送给长辈使用，这时企业就要考虑是否有必要重新定位自己的目标顾客。二是交易活动整个过程会影响顾客满意度，从而影响顾客基础价值。

❖ **对渠道的影响**

渠道不仅作为设施资源投入支持产品交易活动资源转换单元，其本身也受企业开展产品交易活动的影响。

产品交易活动对渠道的影响主要体现在渠道效率、合作关系和市场覆盖方面。通过有效执行产品交易活动，能够在三个方面影响渠道：一是能够提升渠道成员积极性和忠诚度，增强他们对企业产品推广的主动性和力度；二是销售团队与渠道伙伴之间紧密互动和沟通，不仅能够及时传递市场需求和反馈，还可以提供必要的培训和支持，帮助渠道伙伴更好地了解产品特点和销售技巧，从而提高渠道整体运作效率；三是在交易活动中积累的市场数据和客户信息，有助于企业优化渠道布局和资源配置，确保产品在各个渠道都能有效覆盖和快速流通。

❖ **对市场信息与交易系统的影响**

市场信息与交易系统不仅作为设施资源投入支持产品交易活动资源转换单元，其本身也受企业开展产品交易活动的影响。

在产品交易活动过程中，企业能够实时收集有关消费者行为、市场趋势和竞争态势等关键信息，这些数据积累为市场信息系统完善提供了丰富的资料，企业可以借此检验市场信息的准确性，调整市场策略，使信息系统更加精准和实用。同时，频繁的交易活动也可促使企业优化交易系统，提升订单处理、库存管理、支付流程和客户服务效率。

❖ **对销售团队的影响**

销售团队不仅作为设施资源投入支持产品交易活动资源转换单元，其本身也受企业开展产品交易活动的影响。

产品交易活动能在多方面影响销售团队：一是成功的交易活动能影响销售团队士气和凝聚力，稳定销售团队；二是活跃的交易环境要求销售团队成员不断学习和适应市场变化，积累产品知识、谈判技巧和提升客户服务能力，以应对日益复杂的客户需求；三是销售业绩反馈也可以增强团队

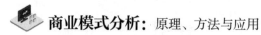

成员的自我认知，促使销售团队优胜劣汰、自我更新；四是交易活动的开展有利于改进工作流程和沟通模式，提高团队协同能力、灵活性和应变能力。

可见，品牌、顾客基础、渠道、市场信息与交易系统和销售团队这些设施资源，一方面作为产品交易活动资源转换单元中的设施资源投入，另一方面也是产品交易活动资源转换单元中的设施资源产出，成功的产品交易活动资源转换单元可以用最少代价使这些设施资源得到增强。

10.5　产品交易活动资源转换单元价值耦合分析

10.5.1　价值耦合过程

在产品交易活动资源转换单元中，有一个重要问题需要进行精准分析，就是顾客会在什么情况下进行实际交易活动（购买）。这个过程涉及四个因素，以及它们之间的关系：一是产品性能，二是顾客对产品性能的价值判断，三是交易场景，四是产品定价。其他方面因素也会存在，但相对次要。这四个因素之间的关系：当在特定交易场景中向顾客销售具有一定性能的产品时，会激发顾客对产品的价值判断，顾客会以这个价值判断与产品定价进行比较，如果判断产品价值高于产品定价，就会产生购买意愿，且幅度越大，顾客购买意愿就越强。其中，产品性能因素是通过研发活动资源转换单元、生产活动资源转换单元和促销活动资源转换单元中资源投入与产出确定的，而在这些活动资源转换单元中资源投入与产出大致呈比较明确的关系，因而通过分析这些活动资源转换单元中的资源就基本上能确定产品性能；交易场景就是企业产品销售活动现场，有时还会延伸到产品使用场景，比较容易识别；产品定价由企业交易策略决定，一般也容易确定。

在这四个因素中，不容易确定的是产品性能会以什么样的方式激发顾客价值判断，因为顾客价值诉求是复杂的、多维的，只要激发其中足够的价值就可促成购买行为，但困难的是并不容易识别哪些顾客价值需求会被激发。

鸿星尔克公司是一家主要从事运动鞋、运动服装和运动配件生产与销售的中国公司，在市场上一直比较低调。2021 年河南遭遇特大暴雨灾害，鸿星尔克在自身经营面临挑战情况下，宣布捐赠5000万元物资用于救灾，远多于业内一些实力雄厚的大企业，引发了公众广泛关注和强烈共鸣。这一善举通过网络迅速传播，消费者被这种强烈的社会责任感深深打动，纷纷用实际行动支持鸿星尔克，使其产品销量激增，一时供不应求。在这个例子中，我们可以认为鸿星尔克产品爆火主要来自其树立了良好的品牌形象。出乎意料的是，激发消费者产生强烈价值共鸣的是鸿星尔克作为行业中相对较弱企业，勇于承担社会责任的品牌形象，而不是传统的运动、时尚、科技强者的品牌形象，鸿星尔克这种品牌形象与很多以强者姿态定位的运动品牌形象形成了鲜明对比。

可见，对于目标顾客来说，从产品性能（品牌形象也可认为是产品性能一部分）到顾客价值判断是一个复杂过程，这个过程具有非直接性和跃变性，如同物理学中变压器原理，从一端施加某个电压，经过并不连接的线圈进行耦合作用，就可以从另一端输出不同电压一样，我们将具有一定性能特点的产品在特定交易场景中转换成顾客价值的过程称为价值耦合过程。

价值耦合反映了顾客对产品价值的判断，如果其符合顾客价值条件，顾客就会购买产品；如果不符合顾客价值条件，就不会购买。因此，研究价值耦合机制，有利于我们深入理解交易活动资源转换单元中的顾客购买行为，有助于准确分析交易资源转换单元中的投入产出关系。

10.5.2　价值耦合要素

价值耦合分析主要涉及下列三个要素：

❖ 产品性能组合

企业产品的品质可以用一组性能维度来衡量。例如，酒店服务产品的性能可以从下列维度进行衡量：房间内用品的卫生情况，设施质量和整洁程度，房间隔音效果，服务响应速度，早餐质量，正餐质量，地点的商业化水平，酒店星级，安保设施和人员充足度，房间面积，酒店灯光，无线网络。

如果某酒店在上述每个维度上都是高分值，那么无疑是一家高档酒店。实际上，在任何维度上获得高分值都需要不菲投入，但在某些性能维度上的投入并不能引起目标顾客相应价值感，因此大多数酒店一般会在性能维度上进行有差别投入，以保证最优的总顾客价值与总投入比率。这种在不同性能维度上的特意安排就形成不同产品性能组合。

❖ 顾客价值维度组合

顾客价值感来自内心，是心理需求，这些心理需求通过对产品性能感知而产生，会在特定交易场景中把相应产品性能指标解释为心理需求满足水平。一般来说，顾客对产品的心理需求是多方面的，每方面的心理需求可以视为一个价值维度，顾客关注的价值维度就构成顾客价值维度组合。

同样以酒店服务为例，因为旅行目的和旅行预算因素，普通商务旅行顾客的价值维度可能包括下面几种：一是舒适性，即有利于休息；二是安全感，即能够确保人身和工作安全；三是方便出行，即便于处理工作；四是餐饮营养和口味，主要是早餐。对于有旅游需求的旅客，可能会增加休闲娱乐方面的需求；对于高端商务差旅，可能会因为要接待商务客人而对酒店品牌、外观形象和设施方面有更多需求。

❖ 产品交易场景

产品交易场景是指企业与顾客在进行产品交易活动时所处的特定交易场合。一个产品交易场景意味着特定市场环境，包括但不限于市场所处政治、经济、社会、技术和自然环境因素，也包括产品供应情况、竞争情况及购买者自身的情况。如一瓶汽水，在城市超市里销售和在海边沙滩上销售就是两个不同的产品交易场景，而对于顾客来说，其价值具有很大区别。因此，在进行价值耦合分析时，一定要明确产品交易场景是什么，否则将很难进行准确判断。

10.5.3　价值耦合关系分析

价值耦合是指从产品性能维度到顾客价值维度的投影过程，这个过程并不是一对一的，而是 N 对 N 的。例如，酒店客人的安全感需求是否得到满足，不仅与安保设施和人员充足度有关，还可能与设施质量和整洁程度、房间内用品的卫生情况、服务响应速度、酒店灯光有关，乱糟糟的设施、不卫生的用品、昏暗的灯光都会让顾客感到不安全。此外，设施质量和整洁程度、房间内用品的卫生情况也影响顾客的舒适感。

产品在性能维度上的各个指标通过价值耦合作用，形成顾客各个价值维度指标后，就可以进一步汇总成顾客总价值（顾客对产品价值的总评价），顾客总价值减去产品定价就是顾客能够得到的该产品的"顾客价值剩余"，一般来说，顾客价值剩余大于 0 时，顾客就会产生购买意愿，且该值越大，购买意愿就越强。

价值耦合过程可以用如图 10-1 所示模型来表示。

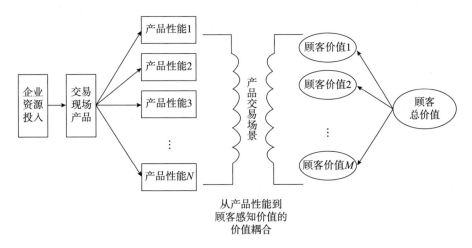

图 10-1 价值耦合示意

价值耦合是从多维产品性能到多维顾客价值的投影，再反映为顾客在一定价格下的购买意愿，这之间存在着某种对应关系，考虑这种对应关系不一定是线性的，我们用表函数来表示。如图 10-2 所示，左侧产品性能组合矩阵每一行代表一组产品性能，在一定交易场景下，对应中间顾客价值维度组合矩阵中相应一行，再在一定产品价值条件下对应相应顾客购买意愿矩阵。

$$\begin{pmatrix} P_{1,1} & \cdots & P_{1,M} \\ \vdots & \vdots & \vdots \\ P_{J,1} & \cdots & P_{J,M} \end{pmatrix} \xrightarrow{\text{某交易场景}} \begin{pmatrix} V_{1,1} & \cdots & V_{1,N} \\ \vdots & \vdots & \vdots \\ V_{J,1} & \cdots & V_{J,N} \end{pmatrix} \xrightarrow{\text{某产品价格}} \begin{pmatrix} W_1 \\ \vdots \\ W_J \end{pmatrix}$$

产品性能维度组合　　　　　顾客价值维度组合　　　　顾客购买意愿

图 10-2 产品性能、顾客价值、顾客购买意愿价值耦合关系

根据产品性能、顾客价值、顾客购买意愿价值耦合关系，对顾客购买行为进行深入分析，能够揭示顾客购买产品的深层动机。尽管没有成熟的、系统的方法进行此类分析，但并不意味着这种分析是无效或没有必要的。

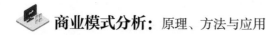

虽然看上去要找出图 10-2 中的价值耦合关系系数是一件复杂且困难的工作，但实际上，在企业经营者大脑中都有一个或较模糊或清晰的价值耦合关系式，这是在经营实践中形成的。只是长期以来，因为缺少对价值耦合概念的认知，企业经营者并不会主动梳理其中准确的关系和参数值。在这里，我们要使这种耦合关系分析成为一项主动工作，并力争使耦合关系更加完整和清晰，这种分析可能会暴露很多经营者关于产品顾客价值方面的认知问题，但有利于之后进一步改进。

分析价值耦合还需要充分利用企业经营历史数据或实验数据，并且还要密切注意产品交易场景变化，交易场景变化会显著改变价值耦合关系。经常会出现这种情况，一个新产品在刚刚被推出时会受到市场热切欢迎，产品供就应求，但当企业投入巨额资源扩大生产量后，市场又突然冷却下来，产品出现滞销，变化之快经常令企业猝不及防。出现这种情况是因为在一开始热销时，拥有产品的顾客数量很少，顾客购买产品可以满足其猎奇和炫耀需求，而一旦产品被大量供应，很多人拥有产品，尽管产品还是那个产品，但是顾客购买积极性大大下降，这实际上可以视为产品交易场景发生了变化。

在条件允许情况下，分析价值耦合关系可以使用更复杂和更强大的工具，包括大数据和人工智能技术，还可采用先进的信息收集工具，如可在交易现场使用更多传感设备自动采集顾客数据等。

因为产品交易活动资源转换单元是整个商业模式中的重要部分，是企业实现其价值的"惊险一跃"，所以对产品交易活动资源转换单元中的价值耦合过程进行精准分析对整个商业模式分析和设计都是非常必要的，可以帮助企业规划合理的产品性能、确定更符合企业产品的目标顾客，更合理地进行研发、生产、促销和渠道建设等活动。

10.6　影响产品交易活动资源转换单元转换效率要素

影响产品交易活动资源转换单元转换效率的要素包括产品交易活动资源转换单元所需要的重要能力、产品交易活动资源转换单元运作流程与技术以及产品交易活动资源转换单元中的策略，外部因素也对产品交易活动资源转换单元有影响，但因为不同企业的产品交易活动资源转换单元面对的外部因素不同，差异较大，这里不做进一步阐述。

10.6.1　产品交易活动资源转换单元所需要的重要能力

在产品交易活动资源转换单元中，产品交易能力对产品能否顺利转换为销售收入起着重要作用，在同样的外部环境、产品、品牌、销售网络前提下，优秀的产品交易能力能够产出更多销售业绩。通常产品交易活动所需要的重要能力包括但不限于下列一些类型。

❖ **市场数据分析能力**

市场数据分析能力是通过分析和解读市场与销售数据，帮助企业做出更加精准的决策能力。它可识别出潜在顾客群体，优化库存管理，并通过销售预测调整销售计划，确保企业能够最大化市场机会，同时减少滞销风险。

❖ **创新与应变能力**

创新与应变能力是指企业在给定的品牌、渠道、产品基础上，仍能灵活调整策略、适应市场变化的能力。这种能力可以帮助企业在市场环境发生变化时迅速调整销售方式，如在市场需求下滑时，开发新的促销活动或通过创新的营销手段吸引顾客，以保持竞争优势。

❖ **顾客服务能力**

顾客服务能力是在交易现场通过提供优质、贴心的服务来满足顾客需求并提升客户满意度的能力。在产品交易活动资源转换单元中，顾客服务能力体现在多个环节，如快速回应顾客咨询、帮助顾客找到合适的产品、解决交易过程中出现的问题，以及在结账时提供便利的支付选择。优质的顾客服务能够提升顾客购物体验，增强顾客对品牌的信任感与忠诚度，并直接影响顾客的购买决策与复购意愿。

❖ **销售现场管理能力**

销售现场管理能力是通过优化销售流程、合理分配人力资源来提升销售效率的能力。这种能力能确保销售过程中的每一个环节都高效运转，减少顾客等待时间，提升顾客购买体验，从而提高现场成交率。

❖ **销售成本控制能力**

销售成本控制能力是通过对销售相关费用的精准管理，降低销售运营成本的能力。它通过合理规划营销活动、优化物流配送、谈判更有利的采购条件等方式，可以减少销售过程中的不必要开支，从而提升企业利润率。

❖ 销售团队与供应链协作能力

销售团队与供应链协作能力是指销售团队能够与供应链保持高效沟通与合作，以确保产品供应稳定、及时交付的能力。这种能力在产品交易活动中起到了桥梁作用，通过协调各方资源保障库存水平适当，减少缺货或积压情况的出现，最终提升顾客购物体验与企业销售效率。

每个企业在上述各项产品交易能力上的体现是不一样的，企业应该根据自身情况对产品交易能力进行规划和发展，形成有自己特色的产品交易能力。

10.6.2 产品交易活动资源转换单元运作流程与技术

❖ 产品交易活动资源转换单元运作流程

产品交易活动资源转换单元运作的一般流程如下：

(1) 交易活动发起。交易活动可以由买方发起，也可以由卖方发起，或者双方根据约定同时进入市场中发起。具体交易活动发起情景可能是比较复杂的，如卖方通过广告促销方式引起买方关注，然后买方主动进入市场购买卖方产品，这种情况就不能简单分辨出哪一方是发起方，但具体到某一个时间点或某一种场景，一般是可以区别哪一方更加主动促成交易。发起方在交易中是主动一方，需要采取积极措施和策略，使交易向有利于己方方向发展。

(2) 市场调研和需求识别。在交易活动开始时，参与方通常要对市场进行调研，了解市场情况、价格水平和潜在交易对手。其中，最重要的一项是识别潜在交易对手需求，不同的交易对手，其交易需求是不同的。交易对手需求在本质上决定了交易标的价值，如果这个价值大于己方所提供交易标的成本，交易才是合算的。

(3) 交易对手选择。市场上会存在多个交易对手，经过市场调研，交易者会选择最有利于自己的对手进行交易，双方都是如此。一般原则是选择对己方所提供交换物需求价值最高的对手进行交易。当然也会考虑其他一些因素，如是否有利于己方长期发展等，有些交易对手会出价较高，但未来可能会形成交易垄断，从而影响己方发展，这时就应该回避这些交易对手。在企业商业模式设计中，交易对手选择就是设计目标顾客，是一项关键工作。

（4）交易谈判和签约。在确定交易对手后，双方会对价格、交货时间、支付方式、质量保证等条款进行谈判，并签订合同，明确双方权利和义务。在常规性交易中，这个过程会按行业规定或相关法律法规处理，并不一定需要明确合同。

（5）订单处理。在形成交易合约后，对于卖方企业来说，这些合约就会以订单方式进入企业系统，企业将启动相关处理流程，与企业中其他活动如研发、生产等进行衔接，组织交易标的供应。

（6）标的交付和结算。它是指企业按合约要求将标的交付给顾客，并完成相关结算和支付事项。

（7）交易善后。在交易标的交付后，交易基本上就完成了，但经常还会有一些善后工作，如保质保价、保险赔付等。

❖ 产品交易活动资源转换单元中的技术

产品交易活动资源转换单元运作不是一个简单过程，其中涉及很多技术手段，这些技术手段体现在交易活动流程中的各个环节，如产品展示、交易信息沟通与传输、支付、交易文件记录与保存、顾客信息管理、产品供应与交付等，随着人类社会发展，与交易活动相关技术一直不断演进，产品交易活动资源转换单元因此也发生了翻天覆地的变化。由于交易活动中的技术手段是非常复杂的，完全梳理这些技术手段是一项艰巨工作，在此不做深入研究，下面仅列举一些重要交易活动中的技术，借以说明技术手段在交易活动中的作用。

（1）电子商务平台。它是一个在线市场，企业在平台上展示和销售产品，客户可以浏览、购买和支付商品，实现无缝线上交易和服务。电子商务平台对产品交易活动资源转换单元下列环节有重要影响：

● 产品展示环节。电子商务平台提供详细产品信息、高清图片和视频展示，使客户能够更好地了解产品特点和优势，促进购买决策。

● 顾客接触和沟通环节。通过内置在线聊天、客户评价和常见问题解答（FAQ）功能，电子商务平台帮助企业与客户进行即时沟通、解答疑问，提高客户满意度。

● 交易信息传输环节。电子商务平台自动生成和传输订单确认、发货通知等信息，简化交易流程，减少人工错误，提高效率。

♦支付环节。电子商务平台集成多种支付方式，如信用卡支付、PayPal 和移动支付，确保支付过程安全、快捷，提升客户体验。

（2）虚拟现实和增强现实技术。它通过创造沉浸式和互动式虚拟环境，使客户能够更真实地体验和了解产品，从而促进购买决策和提升用户体验。虚拟现实和增强现实技术对产品交易活动资源转换单元下列环节有重要影响：

♦产品展示环节。利用虚拟现实和增强现实技术提供沉浸式产品展示，让客户可以虚拟试用产品或看到产品在真实环境中的效果，尤其适用于家具、汽车、房地产等行业，提升客户视觉和感官体验。

♦顾客接触和沟通环节。通过体验虚拟现实和增强现实技术，销售人员可以进行虚拟演示和互动，提供更生动产品介绍，增强客户参与感和理解，强化沟通效果。

♦交易信息传输环节。利用虚拟现实和增强现实技术可以展示复杂的产品内部结构和功能，通过互动体验传递详细产品信息，增强客户对产品的认知和信任。

♦顾客信息管理环节。通过体验虚拟现实和增强现实技术收集客户互动数据和反馈，帮助企业更好地了解客户偏好和需求，从而优化产品设计和营销策略。

（3）即时通信工具。例如，微信、WhatsApp、Slack 等即时通信工具提供实时聊天、语音和视频通话功能，使企业能够与顾客和团队进行即时、高效沟通，提升协作和客户服务质量。即时通信工具对产品交易活动资源转换单元下列环节有重要影响：

♦顾客接触和沟通环节。即时通信工具提供实时沟通渠道，销售人员和客户可以随时联系，快速解答疑问，提供个性化服务，增加客户满意度。

♦交易信息传输环节。即时通信工具使订单确认、报价和其他交易信息传递更加快速和便捷，减少沟通延迟和误解，提高交易效率。

♦交易文件记录与保存环节。即时通信工具可以传输和保存合同、发票和其他重要文件，确保交易文件完整性和易于查询，方便后续管理和审计。

♦顾客信息管理环节。通过聊天记录和客户互动数据收集，即时通信工具帮助企业更好地了解客户需求和偏好，支持客户关系管理和营销策略优化。

● 支付环节。即时通信工具通过集成支付链接和提醒功能方便客户及时完成支付，提高交易完成率和提升支付体验。

● 产品展示环节。即时通讯工具虽然主要用于沟通，但是通过分享多媒体内容(如图片、视频、演示文稿)可以辅助产品展示，提供详细的产品信息和演示，增强客户购买意愿。

(4)顾客关系管理系统。它是一种用于管理公司与当前及潜在顾客之间互动和数据的技术，旨在提高客户满意度、提升销售和客户保持率。顾客关系管理系统对产品交易活动资源转换单元下列环节有重要影响：

● 顾客接触和沟通环节。顾客关系管理系统集中管理客户互动记录，帮助销售和客服团队了解客户需求和历史，提高沟通效率和个性化服务水平。

● 交易信息传输环节。顾客关系管理系统跟踪销售进程和客户互动，自动记录和更新交易状态及客户反馈，确保交易信息被及时传递和跟进。

● 顾客信息管理环节。顾客关系管理系统收集和分析客户数据，包括购买历史、偏好和反馈，帮助企业深入了解客户行为，制定精准营销策略。

● 交易文件记录与保存环节。顾客关系管理系统自动存储客户交易记录、合同和发票等文件，便于查询和管理，确保交易文件的完整性和安全性。

● 产品供应与交付环节。顾客关系管理系统集成供应链信息，帮助企业协调库存和订单管理，确保产品及时交付，提升客户满意度。

(5)供应链管理系统(SCM)。它通过协调和优化从原材料采购到产品交付的全过程，提高效率、降低成本，并确保产品质量和及时交付。供应链管理系统对产品交易活动资源转换单元下列环节有重要影响：

● 产品供应与交付环节。供应链管理系统优化库存管理和物流流程，确保产品及时、准确地交付给客户，减少库存成本和交付延迟，提高客户满意度。

● 交易信息传输环节。供应链管理系统提供实时供应链信息和订单状态更新，确保交易双方及时了解订单进展，减少信息不对称和沟通误差。

● 交易文件记录与保存环节。供应链管理系统自动生成和存储采购订单、发货单和其他相关文件，便于追踪和管理交易记录，确保文档完整性和可追溯性。

◆顾客信息管理环节。供应链管理系统集成客户订单信息和需求预测，帮助企业调整生产和库存计划，满足客户需求，提升客户服务水平。

◆支付环节。供应链管理系统集成供应商和物流服务付款信息，自动化支付流程，减少手动操作，提高支付效率和准确性。

（6）大数据分析和人工智能技术。它通过收集、处理和分析海量数据，提供深刻的商业洞察，模拟人类智能进行自动化操作，优化决策，提高企业运营效率和顾客满意度。大数据分析和人工智能技术对产品交易活动资源转换单元下列环节有重要影响：

◆产品展示环节。大数据分析和人工智能技术通过分析客户行为和偏好，提供个性化推荐和动态定价策略，提升产品展示效果和转化率。

◆顾客接触和沟通环节。大数据分析和人工智能技术驱动聊天机器人和虚拟助手提供 7×24 小时客户服务，快速响应客户问题和需求，提高客户沟通效率和满意度。

◆顾客信息管理环节。大数据分析和人工智能技术帮助企业收集、整合和分析客户数据，生成精准客户画像，支持个性化营销和客户关系管理。

◆交易信息传输环节。大数据分析和人工智能技术可以自动处理和传输订单、库存及供应链信息，减少人为错误，提高交易信息准确性和及时性。

◆产品供应与交付环节。大数据分析和人工智能技术优化库存管理和物流规划，预测需求变化，提高供应链响应速度和准确性，确保产品及时交付。

（7）区块链技术。它是一种分布式账本技术，通过去中心化和加密算法确保数据透明性、安全性和不可篡改性，被广泛应用于金融、供应链和数据管理等领域。区块链技术对产品交易活动资源转换单元下列环节有重要影响：

◆交易信息传输环节。区块链技术确保交易信息透明和不可篡改，使各方能够安全、迅速地共享和验证交易信息，减少信息传输中的误差和欺诈行为。

◆交易文件记录与保存环节。区块链技术自动记录并加密存储每笔交易详细信息，确保交易文件完整性和安全性，方便查询和审计。

◆支付环节。区块链技术通过智能合约自动执行支付流程，确保交易条件达成后即时付款，降低支付风险，提高交易效率。根据区块链技术开发出的去中心化数字货币对全球现存货币体系产生较大影响。

◆产品供应与交付环节。区块链技术提供了全链条产品追溯能力，记录产品从生产到交付的每一个环节，提高供应链透明度和效率，确保产品真实性和质量。

(8)物联网技术。它通过将物理设备连接到互联网，实现设备之间的数据交换和通信，从而提升智能化和自动化水平，被广泛应用于各行各业。物联网技术对产品交易活动资源转换单元下列环节有重要影响：

◆产品展示环节。物联网技术使智能设备能够实时展示产品性能和状态，通过远程监控和演示增强客户对产品的理解和信任。

◆顾客接触和沟通环节。物联网技术设备可以收集和分析客户使用产品的数据，帮助企业更好地了解客户需求，并通过智能客服系统提供个性化建议和支持。

◆交易信息传输环节。物联网技术可以自动收集和传输交易相关数据，确保信息准确性和实时性，减少人为错误，提高交易效率。

◆交易文件记录与保存环节。物联网技术设备能够自动生成和存储交易记录，包括产品使用情况、维护历史等，提供完整交易档案，方便查询和管理。

◆产品供应与交付环节。物联网技术在物流和供应链管理中应用广泛，通过实时追踪和监控货物状态，优化配送路线和库存管理，确保产品及时、安全地交付。

以上只列举一些现代先进技术对产品交易活动资源转换单元的影响，但并不仅限于此，这些技术连同其他一些重要技术一起已经深刻地改变了产品交易活动资源转换单元。在工业时代，中国零售企业年度销售达到数百亿元就是极限了，但采用多项技术的淘宝、拼多多等电商平台仅用十几年时间销售额均超了数万亿元。可以预计，这些技术还将继续改变产品交易活动资源转换单元。因此，进行产品交易活动资源转换单元分析并不是一项古老商业活动，而是要密切关注其中所运用的各项技术。

10.6.3 产品交易活动资源转换单元中的策略

产品交易活动资源转换单元还涉及一些策略，这些策略是企业为实现产品交易目标而制定的一系列规则，旨在指导交易活动能按企业规划得到有效的执行。其中，最重要的策略是产品价格和交易现场顾客关系方面的策略，其他如支付、现场产品销售组合、突发事件处理等方面也可以制定相应策略。交易策略可以非常简单，如当出现某些信号时就采取相应行动，也可以比较复杂，需要用数据模型或人工智能来做出反应。

❖ 产品价格策略

产品价格策略直接影响产品市场接受度和企业盈利能力。在产品价格策略方面，企业可以采用多种不同类型方法来吸引客户、增加销量和提升市场竞争力。

(1)免费策略。顾客总是对免费产品高度关注。给一件产品降低10元，效果可能远不如免费送顾客价值10元的产品。因此，善用免费策略可以帮助企业快速扩大市场，但免费成本同样也非常高，企业要做好控制。

(2)渗透定价策略。它是设定一个相对较低初始价格来吸引大量买家，以迅速扩大市场份额的策略。一旦市场占有率提高，企业可以通过成本节约或品牌效应逐渐提高价格。

(3)撇脂定价策略。它是在产品生命周期早期阶段设定高价，从早期使用者那里获得最大利润，之后随着市场饱和逐渐降低价格的策略。苹果公司在推出新款手机时，最初价格一般定得很高，目标顾客是那些愿意为最新技术和品牌地位支付溢价的消费者。之后随着时间推移，价格会逐渐下降，以吸引更广泛的消费者群体。

(4)成本加成定价策略。它是在产品成本基础上加上一定利润率来确定售价的策略。

(5)竞争定价策略。这种策略是根据竞争对手价格来设定自己产品价格，可以设定价格与竞争对手持平、低于竞争对手或高于竞争对手。

(6)心理定价策略。它是利用消费者心理预期来定价的策略，如"奇数定价"，即设定9.99元而不是10元，因为消费者可能会将其视为更低价格点。

(7)动态定价策略。它是根据市场需求、库存水平或时间变化调整价格的策略。例如，一些打车软件在高峰时段会实施动态定价，价格上涨以平衡供需。

(8)精准分类定价策略。这种策略是把产品拆成不同类别，精准定价、定向卖给特定购买者，以获得更高销售收入。例如，把一只整鸡拆成鸡胸、鸡爪、鸡翅、鸡内脏、鸡架等分开销售，会比卖整只鸡获得更高销售收入。

❖ 交易现场顾客关系策略

在产品交易活动现场，与顾客互动时采用何种策略至关重要，它可以直接影响顾客购买决策和满意度。下面列举一些常见的策略(但不限于这些)：

(1)顾客至上策略。它强调将顾客需求和满意度放在首位，确保每一次产品交易活动都以顾客为中心。例如，Zappos 是一家知名网上鞋店，其以卓越客户服务著称，他们提供免费退货政策，即使顾客购买后一年内退货，也无须支付任何费用。此外，他们的客服人员被授权在必要时可采用超常规政策，以确保顾客满意。

(2)价格透明策略。这种策略是在标价和促销方面保持完全透明，确保顾客明白自己为什么付费及付费价值。这种策略有助于建立顾客信任并减少交易后的不满。

(3)体验营销策略。它是通过创造独特购物体验来吸引顾客，如举办产品试用、互动游戏、抽奖活动等，或者通过设计店面布局使顾客在购物过程中感觉轻松愉快，如光线明亮、标识清晰和易于导航。

(4)个性化服务策略。它是通过收集和分析顾客数据，提供个性化产品推荐、服务和体验的策略。例如，亚马逊利用顾客历史购买记录和浏览行为来推荐相关产品，提升转化率。它们还会发送个性化邮件，提醒顾客补充常用商品或推荐可能感兴趣的新产品。

(5)即时响应策略。它是一种确保在交易活动现场能够迅速响应顾客需求和解决问题，缩短等待时间的策略。例如，许多零售店和餐馆采用自助结账机和移动支付选项，以减少顾客排队等候时间。此外，配备充足员工和训练有素的服务人员也是即时响应策略的一部分。

(6)顾客参与策略。它鼓励顾客参与交易活动过程，增加互动和参与感。例如，宜家推出"自己组装"概念，鼓励顾客参与到产品组装过程中，增加了顾客的购物体验与乐趣。

(7)提高顾客忠诚度策略。它是通过建立顾客忠诚计划，鼓励重复购买和推荐新顾客的策略。例如，星巴克推出"星享卡"会员计划，通过积分积累、生日礼物、免费饮品升级等福利，增强顾客忠诚度和提升重复访问率。

❖ 其他产品交易活动资源转换单元中的策略

其他如支付、现场产品销售组合、产品交付和突发事件处理等方面也可以制定相应的策略，下面分别举例说明(但不限于这些)：

(1)饥饿销售策略。产品短缺会吸引顾客对产品关注和感兴趣，进而有利于企业维持或提升产品市场热度和价格。这种策略利用了顾客对稀缺资源的心理反应，促使他们加快购买决策，以避免错过机会，从而达到增加产品销售和利润目的。

(2)支付策略。为加速交易活动过程并提升顾客满意度，企业可以接受无现金支付系统，支持通过手机应用、信用卡或电子钱包等快速支付，目的是提高支付效率，缩短排队时间，增强顾客体验。

(3)产品组合销售策略。企业可根据目标市场和季节变化调整现场产品组合。例如，在夏季可以将冷饮和一些食品捆绑销售，或者在顾客购买日用品时提供轻便服饰优惠券等，进行交叉组合销售。

(4)产品交付策略。对于网上购物顾客，实行当日送达服务。这种策略通过加强与物流合作伙伴的合作，确保快速、准时的产品交付，从而提高顾客满意度和忠诚度。

上述各种交易策略各有特点，并且交易策略也并不限于以上类型。因此，在实际交易活动中，可以采取的策略类型是非常丰富的，企业可根据其自身营销目标、顾客情况、产品情况进行组合安排及制定。在所有交易活动策略中，价格策略是最基础、最重要的，因为价格策略直接决定顾客交易意愿。

第11章
售后服务活动资源转换单元分析

售后服务活动是指企业为确保产品或服务在交付后能够持续满足顾客需求而进行的系统性支持工作。该活动资源转换单元包括安装指导、使用培训、维修保养、技术支持和顾客反馈处理等，旨在提升顾客满意度和忠诚度。售后服务活动资源转换单元不仅帮助企业解决产品使用中的问题，还能收集顾客反馈，推动产品改进与创新，是企业维护品牌形象、提升市场竞争力和实现长期发展的重要部分。

售后服务活动在企业活动中的存在状态也是比较多样的。有些企业并没有售后服务活动，如产品使用是即时性的或比较简单，尤其是即时服务的产品，其售后服务活动相对较少；有些企业没有售后服务是因为将售后服务外包给了其他企业；有些企业售后服务活动可能承担了其他的职能；也有些企业售后服务活动是跨部门的，由企业中的多个部门承担。在这些情况下，把售后服务活动划分为一个单独资源转换单元是不合适的。

本章内容只是说明在一般情况下，拥有职能清晰的售后服务活动的企业售后服务活动资源转换单元分析的一般情景，作为进一步分析售后服务活动资源转换单元的一个示例，具体到每个企业，其售后服务活动资源转换单元设置和范围应根据企业运营的实际情况进行划分和分析。

11.1 售后服务活动资源转换单元内容

售后服务活动是指在商品出售以后，为了保证商品效用能得到正常体现且满足顾客需要，所提供的各种延后服务活动。

按字面意思，售后服务活动应该是商品销售后的服务活动，但从销售结束到商品被投入使用经常还有一个过程，并且投入使用也是一个持续过程，因此，在实务中，售后服务范围并没有严格边界，按照约定俗成的理解，下列活动都可以列入售后服务活动资源转换单元：从商品售出到投入正常使用期间所涉及的活动，如送货、安装、技术咨询与培训等；在销售后为保证商品正确使用所涉及的活动，如日常维护、运维保养、耗材和零配件供应等；在销售后商品因质量问题所涉及的活动，如退换、召回、保修、问题零配件更换等；为获得顾客反馈或维系顾客关系而开展的活动，如满意度调查、顾客联谊、商品使用情况跟踪等；在销售后为使商品正常使用而提供的服务活动，如测量、规划、咨询、策划、设计等。

售后服务活动资源转换单元是企业整个经营过程中的重要部分，可以保证商品在顾客手中保持良好使用状态，为商品提供重要附加值，从而提高企业信誉和消费者满意度，扩大市场份额和提高销售效益。在有些行业，如电梯、汽车、商用空调、矿山机械等行业，售后服务活动是企业取得竞争成功的关键活动，企业必须持续为顾客提供优质售后服务活动。

售后服务活动资源转换单元需要大量投入：一是建立售后服务体系需要在设施资源、售后人力资源体系上进行不菲投入；二是售后服务运营还需要持续的资金、物资消耗。这些投入可能会占到企业经营成本相当大的一部分，如果售后服务活动开展不当，还可能会给企业经营带来沉重负担。曾经有一家 PC 制造企业在商品销售后忽略了对售后服务活动资源转换单元的管理，导致在大量销售一段时间后因售后服务量太差，不能满足顾客需要，且在定价中没有充分考虑售后成本，出现重大亏损。

11.2　售后服务活动资源转换单元资源投入

11.2.1　设施资源投入

售后服务活动资源转换单元所依赖的重要设施资源有很多，下面列举常见的六类。

❀ 顾客关系管理信息系统

当为顾客提供售后服务活动时，这套系统可以回溯顾客商品使用资料，为顾客提供更精准的服务。如果系统再融合大数据和人工智能分析技术，则能高效地帮助售后服务人员更快捷、更准确地响应顾客需求。其中，积累顾客数据是尤其有价值的活动。

❀ 顾客自助服务支持系统

企业通过提供一系列技术和系统，使顾客能够自主完成某些服务或操作，而无须直接依赖人工帮助。这种支持系统主要利用自动化技术和系统，为顾客提供良好服务体验，具有便捷性、自助性、高效性、低成本等特点。顾客自助服务支持系统一般采用可以显示文字、图片、视频的网络方式，可以在 PC、手机和特定终端上提供服务。

❀ 各类支持售后服务的物联网设备

物联网设备在提供售后服务活动方面发挥着越来越重要的作用，这些设备通过互联网连接，能够收集和交换数据，从而为用户提供更加个性化和及时的服务。

一些主要的物联网设备：智能家居设备，如智能恒温器、安全摄像头、照明系统等，这些设备可以进行远程监控和控制，使厂商能够提供实时故障排查和远程维修服务；可穿戴设备，如智能手表和健康追踪器，它们能够提供关于用户健康和设备性能的实时反馈，便于制造商及时提供软件更新和健康咨询服务；工业物联网设备，在制造、物流等行业中这些设备如传感器和监控相机可以用于实时监控设备状态、预测维护需求、缩短停机时间等。这些设备都是企业在销售商品时安装在商品上的，使顾客与企业保持直接联系，这也是很多企业提供售后服务活动的必要工具。

商业模式分析： 原理、方法与应用

❖ 呼叫中心

呼叫中心是一种专门设施，用于接收和发出大量电话呼叫，主要用于顾客服务、支持、销售和营销活动。它们可以是物理办公空间，也可以是虚拟的，员工远程办工。随着技术发展，呼叫中心已经扩展到包括电子邮件、社交媒体、即时消息和网页聊天等多种通信渠道，因此有时也称联系中心。呼叫中心可利用各种技术，如自动呼叫分配、互动语音响应、人工智能等，并常与顾客关系管理系统结合起来应用。

❖ 售后服务团队

售后服务活动还需一批专注顾客满意度提升和商品维持的售后服务团队，通常由技术支持人员、顾客服务代表、服务工程师等多种人才组成，他们不仅要有丰富的售后服务经验和技能，还要有强烈的服务意识、良好的沟通技能，且人员规模一般较大，需要企业通过长期努力、制定有效激励机制和管理体系才可以建设起来。

❖ 零部件备件体系

有些制造企业的售后服务活动资源转换单元需要建设庞大的零部件备件系统，以确保维修和服务高效进行。为此，需要精心规划资源投入，包括仓库空间、物流管理、信息技术系统和人力资源等，不仅要有足够库存来满足客户需求，还需要高效的物流支持以确保快速配送。例如，全球领先的某工程机械制造企业，其分布广泛和完备的备件系统可以在机械发生故障时快速供应各种备件，从而最小化停机时间和维护成本，保证售后服务质量。

以上列举了六类常见的售后服务活动资源转换单元设施资源，很多企业同时拥有其中数种，并且经常结合起来使用。当然，售后服务活动资源转换单元设施资源并不仅限于上述几种，有些企业也拥有自己独特的支持售后服务活动资源转换单元的设施，需要在商业模式分析中进行认真甄别。

11.2.2　流量资源投入

维持售后服务活动资源转换单元运作需要在利用设施资源基础上不断投入流量资源，下面是在活动中常见的流量资源类型（但不限于这些）。

❖ 售后服务团队人员支出

它主要指售后服务人员的薪酬和奖励。在售后服务活动中，需要大量

218

售后人员, 其支出取决于多种因素: 与商品性质有关, 有些商品需要较多售后服务活动; 与商品销售规模有关, 规模越大, 售后服务量也会相应增加, 人员支出也越大; 与商品质量有关, 商品质量越好, 则售后服务支出比例相对较小; 与售后服务政策也有关, 有些企业会提供较长时期、较广泛的售后服务活动, 人员支出就会较多, 有些则相反, 人员支出会相应较少。

❖ 售后服务物资消耗

在售后服务活动资源转换单元中, 物资消耗主要取决于服务类型、行业和具体服务内容。常见的物资消耗包括更换的备件、耗材、工具设备、包装材料、运输和物流、各种顾客培训材料和产品说明、安全相关用品等。

❖ 售后服务培训费用

它主要包括员工培训费用及顾客培训费用, 这些培训需要企业制作各类培训课程, 以及聘请培训教师等。

❖ 售后服务管理和行政费用

维持企业售后服务体系还需要设置一些管理组织, 并安排相应管理人员, 以及一定办公场地等, 而领导和监控售后服务正常运行也需要支出一定费用, 即形成售后服务管理和行政费用。

❖ 售后服务设施资源运营费用

有些设施资源建设投资是阶段性的, 但其运营费用是需要持续投入的, 包括软件和许可证费用、服务器租赁费用、系统持续调试和改进等费用, 如企业客户关系管理系统要持续不断地更新顾客信息等, 这些都会产生一定费用。

❖ 售后服务中的财务费用

它包括用于支付顾客赔偿、支付保险的费用等。

11.3 售后服务活动资源转换单元资源产出与影响

11.3.1 流量资源产出

售后服务活动资源转换单元同时也产出各种流量资源, 活动中常见的流量资源产出有下列类型(但不限于这些)。

❖ 售后服务销售收入

除基础售后服务项目外，很多售后服务是需要收费的，即使在保修范围之内，商品超范围安装、使用耗材、顾客造成的损坏维修也是收费的，在保修范围外和保修期外提供售后服务收入则会更高。在整个商品使用期内，售后服务费用有时会远大于购买商品费用，其在有些企业收入中占据很大比例。因此，有些企业会有目的地通过降低商品售价扩大商品销售基数，形成一种主要依靠售后服务获取收入的商业模式。

❖ 商品售后损耗抵消

企业在销售产品时经常会为处理商品质量等问题而预留一个损耗费用，用于顾客维修、赔偿等，良好的售后服务活动会降低这些损耗，相当于把预留成本又计提回来，是一种费用回收收入。

11.3.2 设施资源产出影响

售后服务活动资源转换单元的设施资源产出影响是多方面的，具体包括以下几种。

❖ 对售后服务活动资源转换单元中使用的各种设备资源的影响

售后服务活动资源转换单元所使用的各种有形设备资源，如顾客关系管理信息系统、顾客自助服务支持系统、各类支持售后服务的物联网设备、呼叫中心、售后服务团队、零部件备件体系等，随着售后服务活动开展会产生不同程度的有形或无形消耗。有形消耗是指设备资源物理性老化、磨损；无形消耗是指系统使用一段时间后就会功能落后，需要更新换代。无论何种消耗，都意味着这些设施资源不断折旧，具体在哪些设施资源上折旧，以及以何种方式折旧，要根据企业具体情况而定。

❖ 对顾客基础的影响

售后服务活动资源转换单元的对象是已经购买商品的顾客，但这些顾客会通过各种方式，如面对面交流、社交网络等，把企业及产品信息传播出去，从而形成更多认识顾客，良好的售后服务活动有助于促进顾客发展，如将潜顾客转换为知道顾客、认识顾客，甚至是意愿顾客。有研究表明，在电商平台的顾客中，有90%的顾客在购买前会看顾客评论，这些评论中很多是关于售后服务的，如果因售后服务活动处理不好而产生差评，会对产品销售有非常大的影响。

❖ 对品牌形象与声誉的影响

良好的售后服务活动可以直接提升企业品牌资源形象和声誉。品牌资源是支持企业在市场上获得经营优势的重要条件，在企业经营全过程中具有重要价值，而决定品牌资源价值的主要指标就是品牌形象与声誉。

❖ 对商品和顾客相关信息的影响

在售后服务活动资源转换单元中，企业收集到的商品和顾客相关信息，如顾客基本信息、顾客偏好、顾客使用习惯、顾客反馈意见、商品型号、商品使用情况、商品维修记录等，是非常有价值的信息资源，这些信息资源对于改进商品质量、提高服务效率、降低市场风险、提升市场竞争力、帮助企业做出正确经营决策具有重要支持作用，企业甚至可以利用这些顾客信息开发新业务，增加收入来源。

11.4 影响售后服务活动资源转换单元转换效率要素

影响售后服务活动资源转换单元转换效率的要素包括售后服务活动资源转换单元所需要的重要能力、售后服务活动资源转换单元运作流程与技术及售后服务活动资源转换单元中的策略，外部因素也对售后服务活动资源转换单元有影响，但因为不同企业的售后服务活动资源转换单元所面对的外部因素是不同的，差异较大，这里不做进一步阐述。

11.4.1 售后服务活动资源转换单元所需要的重要能力

售后服务能力是基于售后服务设施资源基础形成的，但售后服务设施并不完全等同于售后服务能力，售后服务能力的形成还与服务流程设计、人力资源管理、过程控制、售后服务运营投入等诸多因素有关。

一般企业售后服务能力水平如何，可以从下列几种能力(但不限于这些)入手进行分析。

❖ 响应能力

能够迅速响应客户服务请求，缩短客户等待时间，这是一种非常重要的能力。商品一旦出现问题，往往会影响顾客的正常活动，给顾客带来损失，因此，顾客总是要求快速解决。有调查表明，在一般行业中，顾客就售后服务进行电话咨询时，如果等待少于20秒，顾客会感觉比较及时，如果等待不超过 1 分钟，顾客也是可以接受的，但如果等待超过 3 分钟以上，顾客将会非常不耐烦，从而产生不满情绪。

❖ 问题解决能力

问题解决能力是指能够有效诊断问题并提供解决方案的能力。提高问题解决能力并不是简单的事情，需要企业进行大量投入，尤其是人力资源投入。比如，很多高科技企业为提高售后问题的远程解决能力，配备了大量工程师，这些工程师支出远超过一般非技术客服人员支出。如果要提高现场问题解决能力，则需要投入大量维修网点和技术工人。

❖ 与顾客沟通能力

与顾客沟通能力是指能够与顾客保持良好沟通的能力，包括正确理解顾客问题，以及让顾客充分了解企业在售后服务方面的努力，并让顾客对企业工作做出正面评价和回应。

❖ 定制服务能力

定制服务能力是指能够给顾客提供针对性定制服务的能力。不同顾客有其不同情况，量身定制的售后服务能够给顾客带来专属感，从而更有效地解决顾客问题，提高顾客满意度。

❖ 成本控制能力

成本控制能力是指能够用合理成本为顾客提供服务的能力，它也是判断售后能力的一个关键指标。在很多时候，为顾客提供满意的服务并不难，难的是如何既让顾客满意又把成本控制在企业可承受的范围内。

❖ 意外事件处理能力

意外事件处理能力是指在售后服务过程中经常会出现一些意外情况，如出现没有遇到过的商品问题、遇到要求不合理的顾客、出现随机干扰等意外事件，企业能否从容应对也是评价售后服务能力指标。

以上都是在售后服务活动资源转换单元中需要的一些重要能力，不同企业在重要能力上会有所侧重和取舍，而且不仅限于上述这些能力。

11.4.2 售后服务活动资源转换单元运作流程与技术

❖ 售后服务活动资源转换单元运作流程

企业以何种方式开展售后服务活动，与外部环境、顾客特点、商品特点、使用场景、维修技术等都有关系，很难一一列举。如果把售后服务活动资源转换单元运作流程分解成售后服务发起、售后服务组织、售后服务内容提供、售后服务收费、售后服务监控五个环节，那么每个环节都有其不同形式。假设每个环节有3~5种形式，作为一个售后服务体系，在理论上有数百种甚至上千种组合，不同组合意味着不同资源投入和转换效果，因此企业要进行谨慎选择。

(1)售后服务发起。一般企业售后服务活动主要由以下四个方面发起：

◆顾客发起，即顾客通过电话、微信、网络客服平台等工具，向企业发起售后服务请求。

◆定期发起，即企业定期给顾客提供售后服务，如定期检测、定期寄送耗材等。

◆数据分析发起，即售后管理系统根据收集的数据进行分析，确定某类顾客需要售后服务，并发起。在这种情况下，商品中一般安装有实时运行的数据监测器，当商品在运行过程出现问题时，可以自动进行分析判断，并反馈给企业。例如，某些汽车在使用过程中，如果被发现有不安全情况，企业在收到信息后会主动提醒。

◆随机发起，即对使用商品进行随机抽检，并给予相应售后服务。

(2)售后服务组织。下面是常见的企业售后服务组织形式(但不限于这些)：

◆自建售后服务团队。企业自建售后服务团队可以提供更好的售后服务，还有利于企业准确、及时地获得顾客对商品意见的反馈，帮助企业不断改进商品。

◆服务外包。一些企业会将售后服务交给第三方服务公司来做，这样可以降低成本和提高效率。

◆经销商负责售后。有些企业会将售后服务活动交给经销商负责，这种方式可以更好地利用经销商本地化资源和优势。

◆顾客参与。售后服务活动是为顾客服务，而且很多售后服务活动直接就是由顾客发起的，因此售后服务过程需要顾客积极参与目的如下：可以获取更多信息，使售后服务活动有的放矢，提高准确性；由顾客操作也可以节约一些成本；适当的顾客参与还可以提升顾客体验。

◆供应商参与。在售后维修过程中，会使用材料和耗材，其中很多是由第三方供应商提供的，因此由供应商分担一部分售后服务活动也是一些企业的选择。比如，由供应商给顾客介绍材料使用方法等。

（3）售后服务内容提供。提供售后服务内容的具体形式如下（但不限于这些）：

♠上门服务，即专业维修人员上门提供技术支持或商品维修。

♠使用状态监测，即在商品使用期间，通过收集安装在商品上的传感器的信息可以监测商品使用状态，并给予顾客反馈，如可以发现一些使用中的隐患等。

♠热线服务，即通过客服电话、网络在线客服、智能客服、社交媒体等回答顾客的各种问题。

♠商品退换，即由顾客将不合格商品退回企业，企业给予退货或更换新商品，甚至可以由企业主动上门退换。

♠顾客培训，即为顾客更好地使用商品提供现场培训、视频或书面培训材料。

♠提供延保服务和保险，即提供额外保修服务或相关财产保险计划。

♠提供忠诚度计划和奖励，即提供积分、优惠券、特别促销等奖励计划，提升顾客忠诚度，并保持与顾客的长期联系。

♠顾客自助服务支持，即通过各类自助服务平台或远程系统，指导顾客自行解决一些使用中出现的问题。

♠社群服务，即有些企业还为顾客提供社交平台，让有同样使用经历的顾客参与社群，获得社交服务，如很多汽车企业会组织车友会，举办各种社交活动，丰富顾客生活。

♠耗材供应服务，即对于一些商品使用过程需要的一些耗材，企业也可能会将其列入售后范围。

（4）售后服务收费。在大多数情况下，企业会为销售的产品提供基础的免费售后服务，甚至政府会制定法律对免费售后服务进行强制规定。在中国，政府规定空调整机保修期不得低于一年，如果有质量问题，由企业免费维修，而如果一周内出了问题，还可以直接退换货等。有些企业还会延长免费服务期，如将保修期延长到2年甚至6年。其他如热线服务、顾客培训、提供忠诚度计划和奖励，一般也多是免费服务。

但还有很多售后服务项目是收费的。例如，由顾客导致的商品问题，以及超出保险期的商品问题，企业会对售后服务进行收费，收费价格根据售后服务项目而有所不同；商品在使用过程中会消耗很多耗材，少数低价耗材有可能免费，但大多数耗材是需要收费的；社群服务、使用状态监测等，有些企业是免费的，而有些企业是收费的。

售后服务活动有多种收费方式（但不限于这些）：

● 按服务花费的人工和材料收费，即按次或按量收费。

● 按服务包或套餐方式收费，即企业提供预先定义的服务包，包含一系列服务，如定期维护、检查和更新，顾客可以一次性购买这些服务包，在服务包内项目将不再收费，如果服务期内没有售后，则不退费。

● 按订阅服务收费，即对于持续服务支持，如软件更新、技术支持或云服务，客户可能需要支付定期订阅费用，如月费或年费，之后企业自动提供服务。

● 按增项收费，即在免费保修项目之外搭售增项服务，比如很多家用热水器都是提供免费安装的，但由于线路、管道调整或增加等因素需要提供额外服务，这些都是免费项目之外的增项，顾客一般要另外付费。

● 增值分成。在某些情况下，售后服务费用可能基于服务性能增值结果，如节能产品节省的能源成本一部分被作为企业售后服务收入。

● 按需收费，即根据顾客实际使用售后服务量收费。

上述各种收费方式可以组合使用，其中有些售后服务收费规模可能大到足以与商品销售相提并论，甚至成为公司主要收入形式。例如，一些咖啡机使用定制咖啡胶囊、早期喷墨打印机使用定制墨盒，其耗材消耗量比较大，它们的价值量甚至分别超过了咖啡机、打印机本身，成为企业的主要利润来源。对于这样的耗材业务，一般企业会作为一个单独业务部门来对待，而不仅仅是开展售后服务。还有增值分成、订阅服务等，如果规模比较大，则可以单独作为企业业务。实际上，传统汽车4S店中很大一部分服务内容就属于售后服务活动资源转换单元，这已经成为汽车制造企业的主要利润来源。

（5）售后服务监控。在给顾客提供售后服务活动过程中，以及完成售后服务后，还要对售后服务人员的工作成果、顾客体验进行监控，保证售后服务能提升顾客满意度、维持品牌声誉、避免可能产生的经济与法律纠纷，达到持续改进售后服务投入产生效果目的。常用的售后服务监控方式如下（但不限于这些）：

● 客户满意度调查，即通过问卷调查或反馈表格收集客户对售后服务的满意度评价。可以在服务完成后立即发送调查，询问关于响应时间、服

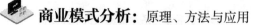

务质量、技术人员专业程度和整体满意度等方面的问题。

♦设定并监测工单跟踪服务指标，即对售后工单设定关键绩效指标并进行监测，如平均响应时间、问题解决时间、首次解决率、回访率等，以评估服务效率和效果。

♦监控社交媒体和在线评价，即监控社交媒体平台和在线评价网站上的客户反馈及评论，这些是获取客户真实感受的重要渠道。

♦神秘顾客评估，即使用神秘顾客对售后服务进行评估，他们也以普通客户身份体验服务流程，提供客观的服务质量评价。

♦直接沟通，即定期与客户进行一对一交谈，了解他们对售后服务的看法和建议。这种直接沟通可以提供深入洞察和改善客户关系。

♦内部质量审查，即定期进行服务流程和案例内部审查，以识别流程瑕疵和改进机会。这可以通过定期开展团队会议和案例研讨会来实现。

♦员工服务技能评估，即通过对员工定期进行服务技能评估，判断他们是否具备提供高质量服务所需知识和技能。

♦客户忠诚度和保留率监控，即分析客户忠诚度和保留率数据，了解售后服务如何影响客户长期行为和公司收益。

♦记录并分析投诉和问题解决过程，即记录和分析客户投诉以及问题的解决过程与结果，寻找常见问题和趋势，以便针对性改进。

♦判断是否遵守质量标准和认证，即判断是否获得、维护相关的质量管理体系认证，监控售后服务流程是否符合相关标准。

❖ 售后服务活动资源转换单元中的技术

售后服务活动并不是商品研发、制造和销售活动后打补丁的企业活动，其技术手段也是多种多样的，先进的技术可以提高服务效率、增强客户体验，并提供更加个性化的服务。下面是一些在售后服务活动资源转换单元中常用的技术工具和手段(但不限于这些)，从中可以看出，当前企业售后服务活动也是广泛应用高新技术的领域。

(1)客户关系管理系统。客户关系管理系统用于管理公司与现有及潜在客户之间的互动，包括客户信息管理、服务记录、沟通历史和客户反馈等，有助于提供更个性化的服务和提升客户满意度。

(2)服务管理软件。这类软件用于自动化服务请求管理过程，包括服务单创建、分派、跟踪和问题解决，以提高售后服务响应速度和处理效率。

（3）远程诊断和支持技术。它是通过互联网远程连接到客户设备，进行故障诊断、软件更新或配置调整，减少上门服务需要，提高服务效率。

（4）移动应用和移动设备。服务人员可以使用移动应用和设备（如智能手机和平板电脑）接收服务任务、查看客户信息、记录服务过程和更新服务状态，以提高现场服务灵活性和效率。

（5）自助服务门户和常见问题解答。提供在线自助服务门户和常见问题解答，使客户能够快速找到解决问题的信息，减轻客服中心压力。

（6）聊天机器人和自然语言处理技术。使用聊天机器人提供7×24小时基础客户咨询服务，解答常见问题，同时采用自然语言处理技术提高机器人的理解和交流能力。

（7）大数据分析和人工智能技术。通过分析大量客户数据和服务记录，人工智能可以帮助识别服务趋势、预测客户需求和自动化某些服务流程。

（8）物联网技术。对于智能设备，使用物联网技术可以实现设备实时监控、故障预警和远程维护，提前解决问题，避免故障发生。

（9）视频会议工具和虚拟现实技术。使用视频会议工具可以进行远程沟通和咨询，使用虚拟现实技术可以进行远程教学和指导，尤其对于复杂操作和维修任务。

（10）社交媒体监控和管理工具。监控社交媒体平台上客户反馈和品牌提及，及时响应客户咨询和投诉，提升品牌形象和客户满意度。

通过结合这些技术手段，企业能提供更快速、高效和个性化的售后服务，从而提升客户满意度和忠诚度。

11.4.3　售后服务活动资源转换单元中的策略

❖ 售后服务活动资源转换单元中的策略类型

在售后服务活动资源转换单元中，很多企业不仅采用了诸多先进技术，还相应地在售后服务管理中采用合理管理策略。下面列举一些在售后服务管理中经常采用的策略，企业实际采用的策略并不局限于此，并且随着科技创新和市场不断发展，会产生新策略。

（1）快速响应。对于售后服务活动资源转换单元来说，确保顾客问题或需求能够得到快速响应是最重要的策略。有时候，即使问题不能马上被解决，也要保证快速响应，快速响应能够很大程度地化解顾客不满，为后续解决问题提供余地。

(2)服务流程透明化。顾客与企业在信息上是不对称的，天然会有不信任可能，企业需要对顾户明确说明服务流程，包括可能需要的时间、成本和步骤，保持流程透明化，并主动与顾客进行沟通和确认，增加顾客信任感。

(3)持续跟进。企业要建立一个顾客反馈系统，该系统服务完成后，要持续跟进顾客，了解服务后产品的使用情况：一方面，企业可以让顾客感到被重视，提升顾客满意度；另一方面，企业可以利用反馈的信息提取有价值的顾客和产品信息，以改进产品和服务。

(4)方便顾客。尽可能地为顾客提供方便，降低售后服务门槛，而不是有意设置障碍，阻止顾客提出服务要求；减少售后服务流程，如制定灵活的退换货政策，让顾客方便地进行退换。当然，方便顾客有可能会带来成本的增加，企业要在降低成本和方便顾客之间做好权衡。

(5)鼓励顾客学习。尽可能用顾客喜闻乐见的方式鼓励顾客学习产品知识和产品使用技能，帮助顾客更好地理解和使用产品，减少由误操作导致的售后服务问题。

(6)全方位支持。提供多种顾客服务渠道，如在线聊天、电话支持、电子邮件、社交媒体及现场支持，确保顾客可以通过各种便捷方式获得售后帮助。同时，在企业内制定相关制度和激励政策，鼓励企业内所有部门和人员都要具有服务意识，在所有可能接触到顾客的场合提供服务。

(7)提供顾客关怀。在提供售后服务时要意识到服务对象是人而不是产品，服务人员要共情顾客、理解顾客、站在顾客角度考虑问题。此外，还可以通过提供额外关心和支持，如赠送小礼品或提供额外优惠，体现对顾客的关怀。提供顾客关怀对提升顾客满意度有显著作用。

(8)服务标准化。制定统一服务标准和流程，确保售后服务高质量、高水平和一致性，同时服务标准化还有利于降低售后服务活动成本。

(9)利用技术手段降低售后服务成本。高质量售后服务确实会带来成本增加，但企业也不能因此降低服务品质，解决此问题的策略是开发售后服务相关技术，用科技手段降低服务成本，如使用客户关系管理系统，在考虑顾客体验情况下使用人工智能，在不影响顾客使用情况下提供顾客自服务系统等。

(10)制订风险管理和应急计划。识别潜在服务风险，并制订应急计划来应对可能的服务中断或质量问题，确保服务连续性和可靠性。

❖ 采用售后服务活动资源转换单元中策略的注意事项

上述各种售后服务活动资源转换单元中的策略各有特点，有的需要较多的资源投入。例如，利用技术手段降低售后服务成本需要大量的前期投入，适合大规模售后服务活动资源转换单元，在保证服务规模情况下，单位服务成本可以大幅度下降；服务标准化则需要大量员工培训成本，而且对意外事件处理可能不够及时；服务流程透明化和方便顾客理论上可以提升顾客满意度，但如果处理不好，则有可能产生额外服务纠纷、产生较高成本等。因此，企业在制定售后服务策略时，要根据产品特点、企业实力、同业情况及企业战略目标进行综合权衡，甚至形成自己售后服务活动资源转换单元的特色。

参考文献

［1］Amit R, Zott C. Value Creation in E-Business［J］. Strategic Management Journal, 2001, 22（6-7）：493-520.

［2］Barney J. Firm Resources and Sustained Competitive Advantage［J］. Journal of Management, 1991, 17（1）：99-120.

［3］Cardozo R N, Shipp S H, Roering K J. Proactive Strategic Partnerships：A New Business Markets Strategy［J］. Journal of Business & Industrial Marketing, 1992, 7（1）：51-63.

［4］Grant R M. The Resource-Based Theory of Competitive Advantage：Implications for Strategy Formulation［J］. California Management Review, 1991, 33（3）：114-135.

［5］Osterwalder A, Pigneur Y, Tucci C L. Clarifying Business Models：Origins, Present, and Future of the Concept［J］. Communications of the Association for Information Systems, 2005, 16（1）：1-25.

［6］Peteraf M A. The Cornerstones of Competitive Advantage：A Resource-Based View［J］. Strategic Management Journal, 1993, 14（3）：179-191.

［7］Prahalad C K, Hamel G. The Core Competence of Corporation［J］. Harvard Business Review, 1990, 68：79-91.

［8］Wernerfelt B. A Resource-Based View of the Firm［J］. Strategic Management Journal, 1984, 5（2）：171-180.

［9］陈怀超, 白珊, 侯佳雯, 等. 多因素联动对企业商业模式创新的影响：基于 fsQCA 方法［J］. 科技进步与对策, 2024（9）：140-148.

［10］池本正纯. 图解商业模式［M］. 耿丽敏, 译. 北京：人民邮电出版社, 2018.

［11］房西苑, 周蓉翌. 商业模式魔方［M］. 北京：机械工业出版社,

2020.

[12]顾元勋. 商业模式——原理与案例[M]. 北京：清华大学出版社，2024.

[13]何畅，孟韬，刘丽萍，等. 用户至上：数字赋能视角下顾客主导逻辑对商业模式创新的作用机制研究[J]. 中国地质大学学报(社会科学版)，2023(5)：119-131.

[14]黄旭. 战略管理：思维与要径[M]. 北京：机械工业出版社，2015.

[15]李雪蓉，张晓旭，李政阳，等. 商业模式的文献计量分析[J]. 系统工程理论与实践，2016(2)：273-287.

[16]李永洲. 新商业模式：商业模式迭代和爆发的底层逻辑[M]. 北京：光明日报出版社，2024.

[17]李振勇. 商业模式：企业竞争的最高形态[M]. 北京：新华出版社，2006.

[18]刘知鑫. 商业模式是设计出来的[M]. 北京：中国商业出版社，2020.

[19]迈克尔·波特. 竞争优势[M]. 陈小悦，译. 北京：华夏出版社，1997.

[20]帕特里克·范德皮尔，罗兰·维恩，贾斯汀·洛基茨. 商业模式革新：为客户创造全新价值的六大方法[M]. 梁庆祥，译. 广州：广东经济出版社，2022.

[21]三谷宏治. 商业模式全史[M]. 马云雷，杜君林，译. 南京：江苏文艺出版社，2016.

[22]汪寿阳，乔晗，胡毅，等. 商业模式创新：模型与案例[M]. 北京：科学出版社，2020.

[23]王超，张树山，李清. 整体型认知框架、商业模式创新与新创企业绩效——基于环境动态性调节作用的视角[J]. 税务与经济，2024(4)：91-98.

[24]魏炜，李飞，朱武祥. 商业模式学原理[M]. 北京：北京大学出版社，2020.

[25]魏炜，朱武祥. 发现商业模式[M]. 北京：机械工业出版社，2009.

［26］魏炜，朱武祥，林桂平. 商业模式的经济解释：深度解构商业模式密码［M］. 北京：机械工业出版社，2012.

［27］魏炜，朱武祥. 重构商业模式［M］. 北京：机械工业出版社，2021.

［28］翁君奕. 商务模式创新：企业经营"魔方"的旋启［M］. 北京：经济管理出版社，2004.

［29］吴何. 价值创造与商业模式：管理案例集［M］. 北京：中国计划出版社，2024.

［30］徐森. 一本书看懂商业模式：看懂商业模式，改变你的人生［M］. 北京：中国商业出版社，2022.

［31］亚当·J. 博克，杰拉德·乔治，王重鸣. 商业模式工具书（实战版）：创新商业模式的工具、方法及案例演练［M］. 浙江大学全球创业研究中心团队，译. 北京：人民邮电出版社，2020.

［32］亚历山大·奥斯特瓦德. 商业模式新生代［M］. 黄涛，郁婧，译. 北京：机械工业出版社，2016.

［33］亚历山大·奥斯特瓦德，伊夫·皮尼厄，格雷格·贝尔纳达，等. 价值主张设计：如何构建商业模式最重要的环节［M］. 余锋，曾建新，李芳芳，译. 北京：机械工业出版社，2023.

［34］原磊. 商业模式与企业创新［M］. 北京：经济管理出版社，2017.

［35］曾萍，宋铁波. 基于内外因素整合视角的商业模式创新驱动力研究［J］. 管理学报，2014(7)：989-996.

［36］曾小军. 解码商业模式［M］. 北京：中国财政经济出版社，2023.

［37］赵书华，臧维，娄梅. 战略管理与伦理［M］. 北京：中国财政经济出版社，2011.

后 记

　　商业模式是 2000 年以后商业世界中绽放的一朵奇葩，吸引了众多业内外人士的关注，甚至一度成为商业界的"时尚"。在前些年的创业热潮中，商业模式几乎成为创业界的"圣杯"，言必称商业模式，对商业模式的热情甚至使人们忽略了认真思考商业模式到底是什么，什么是"好"的商业模式，什么是"坏"的商业模式。但热情终有冷却的时候，潮水也有退去的时候，若干年后，当人们重新审视那些喧嚣一时的商业模式时，发现很多已经褪去光环，甚至走向没落。于是，又出现另外一种极端的观点，认为商业模式就是新瓶装老酒，不值得重视，追求商业模式创新就是企业经营的误区。

　　对商业模式或冷或热看法的背后，是我们对商业模式的研究还远远不够。自商业模式出现这么多年来，很少在正式的文献中看到商业模式的定量分析方法，而商业模式从其中英文名称来看，就应该是一种可以定量分析的"模型"（Model）。因此开发定量分析方法已经成为商业模式研究领域一项刻不容缓的任务。

　　这些年来，笔者一直关注商业模式研究与实务领域的动向，关心商业模式的变迁，咀嚼其中的各种观点，但无论业内外关于商业模式的评价如何，笔者一直坚信商业模式在企业经营中的价值。在尝试用先前各种方法分析具体企业商业模式而无果的情况下，笔者努力开发了一个新的商业模式分析工具，也就是本书提出的基于资源观的商业模式分析方法，在构建这个分析方法过程中，笔者将其建立在比较可靠的基础理论之上，并且尽量吸纳先前研究者的成果，同时尽可能符合实业界对商业模式的常识性认知，毕竟商业模式作为一种商业概念在实业界仍然拥有巨大的影响力。因此，本书提出的商业模式分析方法并不是抛弃式的全新再造，而是一种融合式的尝试。

商业模式分析：原理、方法与应用

　　在本书完成之际，人工智能在全球取得了重大发展，再次引起了各个层面的关注，很多人预期人工智能未来可能会对现有各个行业的商业模式产生颠覆性的影响，人们对商业模式的热情可能会被再次点燃。上次引爆对商业模式关注的是互联网技术取得了重大进展，笔者认为这次人工智能及相关新技术的突破对商业模式的影响可能会更广泛和深远，于是希望本书能在此过程中为相关企业和人士提供一些有益的启示。

　　本书的构思跨时多年，其间因为种种因素而搁置，能够完成最后的写作得益于多方的支持和帮助，包括我的家人、同事、学生和编辑，他们的鼓励和耐心是我完成本书的动力。本书财务相关的部分内容由张广利老师提供，在此一并表示感谢。

　　最后，也非常感谢关注本书的读者，希望能听到您的斧正之言，以便为本书的进一步完善提供改进意见。

胡宗良
2024 年 5 月